Ermanno Bencivenga

Spiele mit der Philosophie

Ein philosophisches Praktikum

FREESE

Titel der italienischen Originalausgabe:
Giochiamo con la filosofia
Übersetzung von Hans-Ludwig Freese

CIP-Kurztitelaufnahme der Deutschen Bibliothek

Bencivenga, Ermanno:
Spiele mit der Philosophie: ein philosophisches Praktikum/ Ermanno Bencivenga.
[Übers. von Hans-Ludwig Freese]. –
Berlin: Freese, 1992
Einheitssacht.: Giochiamo con la filosofia ‹dt.›
ISBN 3-88942-014-1

Potsdamer Str. 16 – 1000 Berlin 45

Gesamtherstellung: Fuldaer Verlagsanstalt GmbH
Printed in Germany
ISBN 3-88942-014-1

Spiele mit der Philosophie

Geleitwort zur deutschen Ausgabe von Gareth B. Matthews

Während meines Studiums als ausländischer Student der Philosophie an der Freien Universität Berlin besuchte ich in den Berliner Semesterferien die Universität Cambridge. In meinem ersten Semester in Berlin hatte ich schon in reichem Maße erfahren, was es heißt, ein philosophisches Thema gründlich und ordnungsgemäß zu erörtern. Die Vorlesungen, die ich dort besucht hatte, waren sogar Musterbeispiele dafür, wie man eine philosophische Frage gründlich untersucht. Meine erste Vorlesung in Cambridge unterschied sich jedoch grundlegend von allem, was ich von Berlin her gewohnt war.

Obwohl diese Lehrveranstaltung im Vorlesungsverzeichnis als ganz normale Vorlesung angekündigt war, war sie eigentlich keine. Anstelle des üblichen akademischen Monologs veranstaltete John Wisdom, übrigens ein berühmter englischer Philosophieprofessor, eine lebendige Diskussion, an der die Studenten sich engagiert und begeistert beteiligten. Auslöser dieses lebendigen Gesprächs war eine Frage, die Wisdom bedächtig an die Tafel schrieb: »Kann man zwei Tauben in eine Kiste stecken und zu einem späteren Zeitpunkt drei Tauben wieder daraus hervorholen?«

»Wenn eine der beiden Tauben ein Tauber ist, dann schon«, meinte jemand. »Und wenn man ihnen ab und zu Futter und Wasser gibt«, fügte ein anderer hinzu. »Und natürlich wenn man lange genug wartet«, schlug wieder ein anderer vor.

»Könnte man auch sieben herausnehmen?« wollte der Professor wissen.

»Wenn es sieben werden«, meinte ein vorwitziger Student: Die anderen lachten. (Ich auch).

Der Professor grinste. »Und könnten es sieben werden?« fragte er geduldig weiter. Hier meinte jemand, man müsse da schon etwas von Taubenzucht verstehen, im besonderen etwas über das Vermehrungstempo der Tauben wissen. Es meldete sich kein Taubenexperte. Offenbar gab es keinen im Hörsaal.

»Und wie wäre es mit 22?« fragte der Professor weiter. Die Studenten wurden unsicher. Allmählich peilten die Gedankengänge eine neue Ebene an. Jemand wollte wissen, wie groß die Kiste wäre. Ein anderer fragte, ob sie vielleicht mit einem Schloß versehen wäre. Wisdom malte eine Kiste mit einem großen Schloß an die Tafel.

Die Studenten neigten dazu, die Möglichkeit, in kurzer Zeit 22 Tauben herausholen zu können, auszuschließen, besonders dann, wenn die Kiste gut verschlossen wäre, wenn es nur einen Schlüssel gäbe und dieser unzugänglich wäre und so weiter. Aber trotzdem blieben einige unschlüssig. Diese unschlüssigen Studenten suchten nach den Gründen ihrer Unsicherheit.

»Und könnte man auch irgendwann eine große Anzahl Tauben herausholen, die alle eine menschliche Sprache sprächen?« fragte Wisdom. Um diese neuerliche Frage beantworten zu können, reichten Kenntnisse in der Taubenzucht schon gar nicht mehr aus. Das schien jedem klar zu sein. Jahre später versuchte man, Schimpansen eine Zeichensprache beizubringen. Die Ergebnisse dieser Versuche, die noch heute nicht unumstritten sind, wären für die letzte Frage des Professors relevant gewesen.

Ein Student meinte, kein Lebewesen könne eine menschliche Sprache sprechen, dem diese nicht von einem Menschen beigebracht worden wäre. Dann wurde geprüft, ob sich diese Behauptung halten ließe.

Diese Diskussion bei John Wisdom in Cambridge fand ich damals etwas beunruhigend. Wie um Himmels willen, fragte ich mich, sollte man in Wisdoms angeregter Diskussion dasselbe Fach wiedererkennen, das in Berlin immer nur in feierlichem Ernst praktiziert wurde. Später wurde mir allerdings klar, daß die nicht immer leicht erkennbaren Gemeinsamkeiten zwischen der Philosophie bei John Wisdom in Cambridge und der Philosophie in Berlin viel wesentlicher als ihre offenkundigen Unterschiede waren.

Soweit ich mich an dieses Jahr noch erinnern kann, hörte ich in Berlin keine Vorlesungen zum Thema Möglichkeit. Aber den Berliner Philosophen war der Begriff der Möglichkeit ebenso wichtig wie John Wisdom. Hätte man in Berlin über Möglichkeit gesprochen, dann hätte man diese Thematik genauso gründlich bearbeitet und ordnungsgemäß ausgelegt, wie man es schon bei den anderen Themen getan hatte.

In Berlin hätte man wahrscheinlich das Thema historisch behandelt. Schon Platon, wenn nicht gar die Vorsokratiker, unterscheidet verschiedene Arten von Möglichkeit. In der Philosophie des Aristoteles wird dann ausdrücklich daran gearbeitet. Den Begriff der Möglichkeit im Mittelalter hätte man in Berlin als eine weitere Entwicklungsstufe des Themas, die Möglichkeitsbegriffe der modernen Philosophie als letztes Kapitel in der Geschichte der Philosophie interpretiert.

Anhand des historischen Überblicks hätte man mindestens drei verschiedene Arten von Möglichkeit unterschieden: 1) die logische Möglichkeit, also ungefähr alles, was ohne Widerspruch zu beschreiben wäre; 2) die physikalische Möglichkeit, also alles, was nicht gegen irgendein Naturgesetz verstieße; 3) die metaphysische Möglichkeit, also alles, was mit den Prinzipien der Metaphysik zu vereinbaren wäre.

Ohne jeden Zweifel hatte auch Professor Wisdom solche Unterschiede ans Tageslicht bringen wollen. Ihm war es aber zusätzlich wichtig, immer anhand eines Beispiels – eines Falles, wie es Ermanno Bencivenga nennt – zu philosophieren. Darüber hinaus wollte er uns Studenten auch klarmachen, wie leicht sich das Nachdenken über die eine Art Möglichkeit in das Nachdenken über eine ganz andere Art verwandelt.

Wie schnell sich die Tauben vermehren können, ist einerseits eine Frage der örtlichen Verhältnisse – zum Beispiel der Nahrung, zusätzlicher Hormone vielleicht, des Bewegungsraums und so weiter. Aber es ist auch eine Frage der physikalischen Möglichkeit, denn die Gesetze der Biologie spielen hier eine wesentliche Rolle.

Die Frage, ob Tauben eine menschliche Sprache sprechen können, ohne daß sie von Menschen unterrichtet worden wären, ist besonders mehrdeutig. Man könnte meinen, es sei einfach widersprüchlich zu behaupten, irgendein Wesen spräche eine menschliche Sprache, ohne daß ihm diese Sprache vom Menschen – direkt oder indirekt – beigebracht worden wäre. Aber relevant wäre vielleicht auch die empirische Evidenz dafür, daß Tauben sowieso nicht intelligent genug sind, um eine menschliche Sprache zu erlernen. Dann ginge es nicht oder nicht nur um Widersprüchlichkeit (menschliche Sprache, die aber nicht von Menschen beigebracht wurde, die also doch keine menschliche Sprache ist), sondern auch um die physikalische Möglichkeit (haben die Fähigkeiten der Tauben eine vorprogrammierte Grenze, die jede echte Sprachkompetenz praktisch ausschließt?).

Es kommt aber noch ein anderes Moment hinzu. Wenn der Mensch das *animal rationale* ist und wenn, wie es bei Descartes nachzulesen ist, die Ratio notwendigerweise mit Sprache verbunden ist, dann ist es metaphysisch unmöglich, daß ein nichtmenschliches Wesen eine menschliche Sprache spricht.

In der charmanten, aber zugleich provokativen Darstellung Ermanno Bencivengas ist Möglichkeit nicht nur ein einzelnes Thema der Philosophie neben vielen anderen; darüber hinaus ist die Philosophie als solche dadurch gekennzeichnet, daß sie eine Strategie ist, um »einen Sinn für das Mögliche, ein Bewußtsein der Alternativen zu verinnerlichen«. Diese Vorstellung von Philosophie erinnert mich an das Vorlesungsgespräch damals bei John Wisdom in Cambridge.

Mit dem vorliegenden Buch kann der Leser, der der Philosophie bisher nur in systematischer und/oder historischer Darstellung begegnet ist, eine Reise in ein anderes Land des Philosophierens unternehmen, die meiner Reise als Student nach Cambridge ähnelt. In der reizvollen Erörterung der Alltagsfälle, die Bencivenga so schön ausgewählt hat und so lehrreich behandelt, findet man dieselben Begriffe, Paradoxien, Argumente und Prinzipien, mit denen Studenten der Philosophie vertraut gemacht werden, – allerdings auf eine vielleicht unerwartet frische Weise.

Die ungezwungene Art, mit der Bencivenga Fragen der Philosophie behandelt, erleichtert vor allem die Erfahrung, daß die Philosophie eine ganz natürliche Aktivität ist, ebenso natürlich wie Musik machen oder Ball spielen. Diese Aktivität versteht Bencivenga sogar als ein Spiel. Die spielerischen Aspekte des Philosophierens, die in diesem Buch im Vordergrund stehen, sind vielleicht besonders denjenigen nicht vertraut, denen die Philosophie bis jetzt nur in einer systematischen Form oder als Geistesgeschichte begegnet ist. Gerade diesen Lesern wird das vorliegende Buch ein unerwarteter Genuß sein.

Die Lektüre dieses Buches bereitet aber nicht nur einen unerwarteten Genuß, dieses Buch ist auch dem Leser zu empfehlen, dem die spielerischen Seiten der Philosophie schon vertraut sind. Es verführt uns auf unwiderstehliche Weise dazu, nicht nur über das Wesen der Philosophie nachzudenken, sondern auch Situationen des Alltags philosophisch zu betrachten und selbst darüber zu philosophieren. *Spiele mit der Philosophie* ist eine Einladung mitzuspielen. Offen gestanden, auch ich habe diese Einladung nicht ablehnen können.

Vorwort

Als ich vor sechs Jahren *Das erste Logikbuch* schrieb, schwebte mir ein Buch vor, das ich als Student gerne gehabt hätte, um mich in dieses Gebiet einzuarbeiten. Ich war überzeugt davon, nicht der einzige zu sein, der dieses Bedürfnis empfand, und erblickte meine Aufgabe als Logiker darin, der Öffentlichkeit ein brauchbares Hilfsmittel an die Hand zu geben. Das Unternehmen, an dem ich mich jetzt versuche, ist dem ersten vergleichbar, aber es ist (für mich) sehr viel wichtiger.

Der Unterschied besteht in folgendem. Wenn man nicht weiß, warum man korrekt denkt, d.h. wenn man nicht weiß, was einen die Logik lehren kann, ist das nicht weiter schlimm. Einerseits denkt man wahrscheinlich immer noch richtig, d.h. man beherrscht die Praxis des richtigen Denkens, auch wenn man nicht über seine Theorie verfügt. Wenn das nicht so wäre, würde man kaum in der Welt und noch weniger in der Gesellschaft zurechtkommen. Andererseits ist die Kenntnis der Theorie nicht immer eine Garantie für eine bessere Praxis: Ich kenne eine Menge Leute, die sich beruflich mit Logik befassen, aber miserabel denken – und die Mühe haben, in der Welt zurechtzukommen. Mit anderen Worten, die Logik ist zwar eine faszinierende Disziplin, aber man kann sehr gut ohne sie auskommen.

Mit der Philosophie ist es etwas anderes. Auch die Philosophie ist eine Praxis, aber eine Praxis, die einem nicht hilft, in der Welt zurechtzukommen, sie ist in dieser Hinsicht vielmehr oft genug kontraproduktiv. Sie ist eine Praxis, die sich nicht auf die Welt richtet, wenigstens nicht *auf diese* Welt, die Welt der Dinge, die wirklich existieren: Sie ist ein respektloses und subversives Spiel, das seinen Ausgang von den wirklichen Dingen nimmt, diese dann aber unterminiert, kritisiert und ihre Unrechtmäßigkeit erklärt. Sie öffnet die Tore dem Zweifel, der Unsicherheit, den unpassendsten Fragen, und entwirft dabei zu gleicher Zeit andere Welten, bloß mögliche Welten und Verläufe, die die Geschichte hätte nehmen können (und wenn sie sie genommen hätte, würde die Philosophie auch sie in Frage stellen). Im Unterschied zur Logik also ist hier nicht nur die Theorie, sondern auch die Praxis »weltfern«; die Welt zwingt niemanden, sich der Philosophie zu bemächtigen, sondern schreckt eher davon ab: Wenn sich nicht jemand, der sie sich schon angeeignet hat, die Mühe machte, sie anderen näherzubringen, würde sie keiner näher kennenlernen, möglicherweise würde sogar ihre Existenz im Dunkel bleiben. Höchstens würde man *ihren Namen* kennen und sich wer weiß was für Vorstellungen von ihr machen.

In anderer Hinsicht ist die Praxis der Philosophie äußerst nützlich. Wir wissen alle, wie nützlich es für ein Kleinkind ist zu spielen: Wir wissen, daß es sich auf diese Weise auf die Zeit vorbereitet, wenn es ernst wird. Das Spiel der Philosophie hat dieselbe Funktion, nur in viel größerem Maßstab; es ist ein Spiel, das uns alle angeht, weil wir alle betroffen sind, wenn die vom Philosophen erkundeten Möglichkeiten Wirklichkeit werden sollten.

An dieser Stelle erwartet man vielleicht, es sei für einen

Philosophen üblich, seine Praxis zu verbreiten. Es handelt sich um etwas Wesentliches *und* um etwas, das eine besondere Anstrengung verlangt, die nicht von selbst kommt (wie das korrekte Denken); man dürfte also erwarten, die Buchhandlungen würden von philosophischen Hand- und Übungsbüchern nur so überquellen, die dem Laien erklären, wie er sein Leben um diese verlockende und beunruhigende Dimension bereichern kann. Aber diese Erwartung dürfte schnell enttäuscht werden: Wovon die Buchhandlungen überquellen (von den Fachbüchern für Spezialisten abgesehen), ist meistens eine Mischung aus hehren Worten und mangelnder Sachkunde – im großen und ganzen die Situation, in der ich mich als Student befand, als ich mich mit Logik beschäftigen wollte.

Und so ist dieses Buch entstanden und so sollte es auch benutzt werden. »Benutzt«, wohlgemerkt, nicht »gelesen«; ich bin nicht daran interessiert, daß der Leser das Buch von der ersten bis zur letzten Seite durchliest und es dann ins Regal stellt. Vielmehr hoffe ich, daß er versucht, jeden seiner Gedankenschritte vorwegzunehmen oder ihm zu widersprechen, und daß er den Faden meiner Überlegungen öfters fallen läßt, um seinen eigenen aufzunehmen. Ich hoffe, daß dies Buch den Leser irritiert und daß er sich fragt, warum es das tut; daß es ihm banal und unhaltbar vorkommt und es ihn trotzdem in seinen Bann schlägt. Ich hoffe, daß man es als Gelegenheit benutzt, um zusammen zu spielen und nach dem Ende der Lek	üre weiterzuspielen.

Verstehen wir uns recht: Das Spiel, das ich vorschlage, ist kein Unterhaltungsspiel. Hin und wieder wird mir mal eine witzige Bemerkung entwischen, aber das zählt nicht, auch nicht die Tatsache, daß man vielleicht hin und wieder lachen muß: Die Leidenschaft zählt, mit der das Spiel gespielt wird.

Kein Mensch lacht, wenn er ein Schach- oder Bridgeproblem zu lösen versucht; vielleicht lächelt er am Schluß, wenn er es gelöst hat, aber dann spielt er ja auch nicht mehr. Die Philosophie ist ein Spiel, das einen fesseln und nicht mehr loslassen kann. Nur daß man nicht mit Karten oder Spielsteinen spielt: Die »Teile«, die man (auf die seltsamste Art und Weise und mit den überraschendsten Ausgängen) »bewegt«, sind wirklich, es sind Teile unseres Lebens.

Ich danke Nuccia Bencivenga, Gianaturo Ferrari, Alberto Juri und Paolo Leonardi für die Anregungen, die sie mir im Laufe der Vorarbeiten zu diesem Buch gegeben haben.

Irvine, September 1989 E.B.

Einleitung

Seit zwanzig Jahren ist die Philosophie mein »Beruf«, und seit zwanzig Jahren stoße ich auf Rat- und Verständnislosigkeit, wenn ich meinen Beruf nenne. Gelegentlich gesellen sich zu den hilflosen Blicken Fragen, die mit einer gewissen Peinlichkeit vorgebracht werden, wie von jemand, der ein Nichtwissen von etwas eingesteht, das er eigentlich wissen müßte: einer Information, die Teil des öffentlichen Wissens ist und die ihm bis jetzt irgendwie entgangen ist. In Wahrheit aber ist diese Information überhaupt nicht verfügbar: Die Philosophen reden mehr oder weniger über alles, aber sehr selten greifen sie die Frage auf, die für sie die philosophischste von allen sein müßte, – d.h. die Frage nach dem, was sie tun. Dies ist eine schwierige Frage, weil es sich nicht nur darum handelt, eine Definition zu geben, sondern sie auch zu rechtfertigen: Wenn ich frage, was ein Klempner tut, erwarte ich, daß die Antwort mir unter anderem erklärt, weshalb es Klempner geben muß; dasselbe gilt für die Philosophie. Wertvolle öffentliche Mittel werden in Institute, Professoren und Studenten der Philosophie investiert: Es wäre deshalb nützlich zu erfahren, wozu. Das heißt: Es wäre nützlich, die Frage mindestens ernst zu nehmen und zu *versuchen*, eine Antwort darauf zu geben. Keine Antwort wird wahrscheinlich endgültig sein (keine Antwort ist dies jemals); aber Gott bewahre uns vor Leuten, die nicht sprechen, wenn sie nicht das letzte Wort haben können!

In diesem Buch mache ich den Versuch zu erklären, was Philosophie ist und warum es sich lohnt, Philosophie zu »treiben«, nicht nur für eine kleine Elite von Spezialisten, sondern für alle; warum es sich lohnt, ihr einen Platz im Leben eines jeden von uns einzuräumen, so wie wir dem Sport, der Musik, dem Sex eine Rolle einräumen (oder einräumen sollten). In einem Teil erkläre ich das, indem ich *sage*, was ich darüber denke: Dieser Teil ist mit dem Ende der Einleitung abgeschlossen. Nach der Einleitung höre ich auf, von der Philosophie zu sprechen, und beginne, Philosophie zu treiben; ich höre auf, meine persönliche Rekonstruktion der Bedeutung dieser Tätigkeit darzulegen, und fange an, sie auszuüben und konkrete Beispiele davon zu geben. Wenn meine Worte den Leser an diesem Punkt überzeugt haben, es mit der Philosophie zu versuchen, lernt er, was Philosophie ist, so wie man alles andere lernt (ein Auto zu reparieren, Klarinette zu spielen, ein Flugzeug zu führen oder vor Gericht aufzutreten): indem man sich handelnd darauf einläßt.

Es dürfte nützlich sein, mit einer Reihe von Gemeinplätzen über die Philosophie und die Philosophen zu beginnen: Oft steckt eine Menge Sinn in Gemeinplätzen; wie wir sehen werden, bilden die folgenden keine Ausnahme. Man sagt, die Philosophen seien Personen, die sich mit Abstraktionen abgeben, es sein unpraktische Leute, mit denen man wenig anfangen könne: Der erste Philosoph, von dem man Kunde hat (Thales von Milet), ist dafür bekannt, daß er beim Betrachten der Sterne in einen Brunnen fiel. Zum guten Teil haben Philosophen diesen Ruf, weil sie auf der Suche nach einem Wissen sind, das nicht von dieser Welt ist, und weil sie sich mit Problemen befassen, die viel tiefer und komplizierter sind als die Probleme des täglichen Lebens. Ungeachtet der Abstraktheit der Probleme, mit denen sie sich befassen (was dazu verleiten könnte, sie zu verharmlosen), sind die Philosophen zutiefst irritierend, was so weit geht, daß die Gesellschaft sie oft roh behandelt und ihnen gegenüber eine Haltung wie gegenüber Schwerverbrechern einnimmt. Sokrates wurde gezwungen, den Schierlingsbecher zu trinken, und Giordano Bruno erging es noch schlimmer: Sie hängten ihm einen Maulkorb um und verbrannten ihn auf dem Scheiterhaufen. Und doch: Die Philosophie versucht, unseren Überzeugungen und Handlungen ein solides, rationales Fundament zu geben, ihre Notwendigkeit über jeden Zweifel hinaus zu erweisen. Gleichzeitig aber kritisiert sie jede vermeintliche Gewißheit: Lasse zwei Philosophen in einem Raum miteinander diskutieren, wie man sagt, und sie werden sich in kürzester Frist nicht einmal mehr darüber einig sein, daß sie da sind. Und doch: Die Philosophie macht einen zu ihrem Wesen gehörenden und äußerst raffinierten Gebrauch von der Sprache, wobei sie nicht selten zu Schlußfolgerungen gelangt, die für den, der nicht die notwendige Vertrautheit mit ihren Argumentationstechniken besitzt, überraschend sind. Oft aber ist die Sprache des Philosophen auch freizügig und spielerisch, kreativ wie die des Dichters, seherisch wie die des Visionärs, originell bis zur Verantwortungslosigkeit.

Ist es möglich, daß alle diese Gemeinplätze von derselben Sache handeln? Daß sie sich auf eine und nur eine Aktivität beziehen? Die Schwierigkeiten sind offenkundig, und es scheint, als sei es am natürlichsten, sie mit der Erklärung aus der Welt zu schaffen, es gebe viele verschiedene Bedeutungen des Worts »Philosophie« und die verschiedenen Philosophen seien »Philosophen« in unterschiedlichem Sinn. Aber ich will dieser Versuchung widerstehen. Die Tatsache, daß man dasselbe Wort verwendet, ist für mich ein wichtiger Hinweis darauf, daß die *Sache* dieselbe ist – eine vielleicht komplizierte, schwierig zu charakterisierende Sache, aber doch wenigstens eine *einzige Sache*.

Sehen wir uns irgendeine andere Tätigkeit an, eine Tätigkeit, die nicht Philosophie ist: Sich-die-Schuhe-putzen oder Die-Treppe-hinuntersteigen oder Die-Partie-des-Puck-im-*Sommernachtstraum*-spielen. Man beginnt damit, zu probieren und wieder zu probieren: sich die Finger mit Schuhcreme zu beschmutzen, sich an dem Geländer festzuklammern oder zu versuchen, Bewegungen und Einsätze zu koordinieren. In dieser Phase hat man häufig ein schmerzliches Bewußtsein von der Anstrengung und davon, wie man durch diese Anstrengung versucht, einen trägen und ungelenken Körper (oder ein Verhalten) zu kontrollieren und zu beherrschen. Wie oft muß ich mir noch mit dem Hammer auf den Finger schlagen, anstatt den Nagel zu treffen? Wie oft muß ich noch das Knäuel verwirren bei dem Versuch, es zu entwirren? Ich weiß genau, was ich tun muß; warum tue ich es dann nicht? Ich tue es nicht, weil das Wissen nicht genügt: D.h. es genügt nicht, über die Informationen zu verfügen; das geforderte Verhalten muß Teil von uns selbst werden, es muß automatisch ablaufen. Wenn das der Fall ist, kommen Bewegungen und Schläge mit natürlicher Effizienz bei minimaler Anstrengung; dann legt man keine unnützen Pausen mehr ein, um darüber nachzudenken, was zu tun sei: Man tut es, und damit gut.

Im Leben eines jeden von uns ist dieser Form des Lernens eine Phase vorbehalten, eine Phase, in der wir lernen, eine Apfelsine zu schälen, einen Krawattenknoten zu binden, öffentlich zu reden, einen Brief zu schreiben und Messer und Gabel zu benutzen. Es ist die Zeit, in der man unter Aufsicht steht, wenn man noch nicht voll für seine Handlungen verantwortlich ist und wenigstens bis zu einem gewissen Punkt mittels Versuch und Irrtum vorgehen darf; in dieser Phase (noch vor dem »höheren Alter«) wird in einer komplexen Operation ein Gesamt von Handlungsfähigkeiten, von *Praktiken*, von einer Generation auf die nächste weitergegeben. Dann endet diese Phase, und die Person, die aus ihr hervorgeht, muß »in der Welt zurechtkommen« und produktiv funktionieren. Sie wird natürlich noch etwas dazulernen, aber überwiegend handelt es sich dabei um unwichtige Nebensächlichkeiten, um reine Vergnügungen wie Tennis oder Schachspielen, Segeln oder Skilaufen. Und auch in diesen Fällen wird sich jemand, der das als Erwachsener lernt, zutiefst benachteiligt vorkommen im Vergleich zu jemandem, der das zur rechten Zeit, *in der man die Sachen lernt*, tut.

Es ist schwer, sich ein Verhaltensmodell vorzustellen, das besser als dieses funktionierte. Wenn alle die notwendigen Praktiken schon in unseren genetischen Code eingeschrieben wären und wir alle zu einem bestimmten Zeitpunkt instinkthaft die Fähigkeit erwürben, uns die Schuhe zu binden, so wie ein Vogel zu einem bestimmten Zeitpunkt aus Instinkt zu fliegen lernt, wäre unsere Anpassungsfähigkeit an die Umwelt äußerst beschränkt. Entweder entspricht die Umwelt genau den Fähigkeiten, die uns die DNS zur Verfügung gestellt hat, – oder wir geraten in Schwierigkeiten: Das Beste, das wir dann erhoffen dürfen, ist, eine spezifische (und begrenzte) ökologische Nische zu finden und dort zu überleben und zu gedeihen. Mit der Kombination von Genetik und Lernen aber, die für die Gattung Mensch charakteristisch ist, ist unsere Nische keine Nische mehr, sondern die Welt im Ganzen: *diese* Welt (die Erde, meine ich) und vielleicht auch andere Welten. Es gibt so viele verschiedene Praktiken, die wir lernen können, so viele verschiedene Automatismen, die wir mit derselben Sicherheit und Natürlichkeit, mit der der Vogel fliegt, meistern können, in dieser ziemlich langen Lebensphase, die besonders der Aufgabe gewidmet ist, derartige Fähigkeiten zu erwerben: genügend Praktiken und Automatismen, um jede Nische zu kontrollieren, um uns mit Gleichmut und Effizienz in jeder beliebigen Umwelt zu bewegen, um erfolgreich die unterschiedlichsten und komplexesten Aufgaben zu meistern lernen (wenn wir aufgehört haben zu lernen und angefangen haben zu funktionieren).

Alles gut und schön also? Ja, außer einer »kleinen« Komplikation. Ich sagte, dieses Modell mache uns äußerst anpassungsfähig; aber das kann mißverstanden werden. Man ist nicht schlechthin ein für alle Mal anpassungsfähig, denn man paßt sich immer an etwas an – an eine Umwelt im allgemeinen –; wenn die Umwelt sich verändert, kann das Verhalten, das vorher gut angepaßt (oder anpassungsfähig) war, in eine Krise geraten. Einstmals beherrschten die Beuteltiere den australischen Kontinent, sie waren perfekt an ihn angepaßt, dann brachte jemand einen Hund dorthin, und die Beuteltiere hatten das Nachsehen: Der Hund (nach und nach verwildert und zum *Dingo* geworden) hatte die Umwelt verändert, hatte die Nahrungssuche viel schwieriger und neue Strategien notwendig gemacht – Strategien, über die diese sympathischen, antiquierten, kleinen Monster nicht verfügten. Betrachten wir nun eine (menschliche) *Kultur* mit ihrem Gesamt an Strategien, Hilfsmitteln, Techniken, die einer gegebenen (menschlichen) Gemeinschaft jeder Größenordnung (einem Stamm, einem Volk, einer Rasse oder auch der gesamten Menschheit) zur Verfügung stehen! So verstanden, ist eine Kultur das, was in der vorhin geklärten Weise von einer Generation auf die nächste weitergegeben wird; diese Weitergabe mittels Lernen (nicht auf rein genetischem Wege) erlaubt eine flexiblere und raschere Aufgabenteilung: Einer lernt, Schuhe, ein anderer Computer, und wieder ein anderer Reden herzustellen. Was würde aber passieren, wenn auch hier ein Dingo aufträte und mit einem Schlage *alle* verfügbaren Strategien, wieviele es auch immer sein mögen, nicht mehr ausreichten? Wenn statt ihrer andere, andere *neue*, gebraucht würden? Man könnte natürlich wieder ganz von vorn beginnen und versuchen, mittels Versuch und Irrtum voranzukommen, aber wäre dafür genug Zeit? Für viele Beuteltiere gab es sie nicht.

Die Situation, die ich geschildert habe, ist paradox. Einerseits ist unser wirkungsvollstes Verhalten das gewohnheitsmäßige und automatische Verhalten (Haben Sie je versucht, über ihr Tun nachzudenken, während Sie eine Treppe hinunterstiegen? Und mit welchen Folgen?) und es handelt sich dabei um ein Verhalten, das im allgemeinen ein langes Training und eine strenge Disziplin erfordert; andererseits müßten wir uns, um uns gegen das Unvorhersehbare zu schützen, darauf vorbereiten, auch unter Bedingungen zu »funktionieren«, die noch nicht eingetreten sind, die aber (wer weiß?) wider alle Erwartung morgen eintreten könnten. Was bedeutet das? Müßten wir uns vielleicht allesamt auf alle Möglichkeiten vorbereiten? Aber erstens wissen wir nicht einmal, auch welche, und zweitens würde, wenn wir es versuchten, wahrscheinlich keiner mit dem Training fertig werden, und keiner würde je etwas zuwege bringen.

Die Philosophie ist eine Antwort auf dieses Paradox, sie ist eine der Strategien, mit deren Hilfe es einer Gemeinschaft gelingt, einen Sinn für das Mögliche zu verinnerlichen, also dafür, wie die Dinge laufen könnten, für eine Form des Andersseins, ein Bewußtsein der Alternativen, ohne vollständig funktionsunfähig zu werden. Sie tut dies, indem sie sich noch einmal der Arbeitsteilung bedient: Einer stellt Schuhe her, einer Computer und einer beschäftigt sich mit Alternativen. Der Philosoph ist offenbar nicht der einzige, der sich damit beschäftigt: Auch die Schriftsteller und Clowns tun das Ihre. Jede Kategorie tut es aus je verschiedenen institutionellen Gründen, auf der Grundlage einer je unterschiedlichen Vorstellung der eigenen Rolle und der eigenen Zwecke. Die Clowns tun es, um zu unterhalten, die Schriftsteller, um mit ihren Geschichten zu erfreuen und zu belehren, und die Philosophen mit der Entschuldigung zu verstehen, um unseren Überzeugungen und Handlungen ein solides und sicheres Fundament zu geben. Offenbar würde sich niemand außer einem Philosophen darum sorgen, dieses Fundament zu finden. Andererseits muß die *Suche* danach Unruhe stiften, viele Büchsen der Pandora öffnen und hat gewöhnlich die Wirkung, jede Sicherheit zu untergraben, die wir, bevor wir Philosophie trieben, gehabt haben mögen. Aber wie der Spiegelköder für die Lerchen so funktioniert diese Rede vom Verstehen wunderbarerweise: Sie suggeriert harmonische Bilder einer noch nicht zerstückelten Welt, einer Welt, die, eingetaucht in den Frieden des Fruchtwassers, noch nicht von Konflikten zerrissen ist. Ohne Unterlaß auf der Suche nach dieser verlorenen Welt, stellt der Philosoph unerschrocken Fragen, die alle seine Antworten überleben, und sät Zweifel und wirft Probleme auf, die noch ungelöst sein werden, wenn ihre Lösungen längst eine sympathische Kuriosität geworden sind – nicht anders als gewisse Beuteltiere. Im allgemeinen stellt er die Fragen, weil er sich im Besitz der Antworten glaubt, und weckt die Zweifel, weil er sie beheben zu können meint; aber damit tut er im wesentlichen nichts anderes, als ständig jeden Automatismus, jede Sicherheit, jede Regel in Frage zu stellen. So sagt uns der Philosoph zum Beispiel: »Jetzt erkläre ich euch, warum es gerecht, *absolut* gerecht ist, daß es ein Gesetz gegen den Diebstahl gebe. Versucht euch einmal eine Gesellschaft vorzustellen, in der der Diebstahl erlaubt ist; ich werde euch beweisen, daß diese Gesellschaft nicht überleben könnte.« Niemand außer einem Philosophen hatte sich je zuvor dieses Problem gestellt; man stiehlt nicht, weil man nicht stiehlt, und damit gut. Und siehe da, dem Philosophen ist es gelungen, daraus ein Problem zu machen: Um zu erklären, was an einer Gesellschaft falsch ist, die den Diebstahl erlaubt, muß er sie bis in die kleinsten Einzelheiten beschreiben, muß sie sozusagen vor unseren Augen erstehen lassen, sie als eine Möglichkeit vor Gericht ziehen, der man bisher keine Aufmerksamkeit geschenkt hatte, die jetzt aber (mindestens von einem) als einer ernsthaften Prüfung für würdig erachtet wird.

Verschiedene Philosophen nehmen gegenüber diesem institutionellen Bild der Weisheit und des Verstehens unterschiedliche Haltungen ein. Der Philosoph, den ich bisher beschrieben habe, nimmt seine Rolle als Wächter der Tradition sehr ernst: Für ihn sind Möglichkeit und Alternative ein gefährliches Risiko, vor dem man sich schützen muß, und seine »Beweise« erfüllen genau den Zweck, von einem unwissenden Publikum das Gespenst der Katastrophe fernzuhalten. Dann gibt es den Philosophen, der mehr Sympathie für die Alternative hat, der vielmehr davon überzeugt ist, daß *eine bestimmte* Alternative (eine bestimmte Gesellschaft, eine bestimme Wirtschafts- oder Rechtsordnung, eine bestimmte Wissenschaftspraxis) viel besser ist als die aktuelle Wirklichkeit: Dieser wird die von ihm bevorzugte Alternative mit missionarischem Eifer propagieren und die ganze Welt davon zu überzeugen suchen, daß sie sich auf tragische Weise irrt. Schließlich gibt es den ganz und gar ernüchterten (oder zynischen) Philosophen, der sich wenigstens verbal gegen das institutionelle Bild des Philosophen regelrecht auflehnt und deshalb natürlicherweise in andere soziale Typen hinüberspielt: den Literaten, den Ästheten, den Provokateur. Der Letztere glaubt, durchaus nicht zu wissen, wie die Dinge sind oder wie sie *sein sollten,* er hat keine Weisheit zu verkaufen, sondern kritisiert ständig alle (angebliche) Weisheit, indem er ihre Grundlosigkeit aufdeckt, nicht weil er selbst etwas Begründeteres vorzuschlagen hätte, sondern nur weil es sein Beruf, seine Leidenschaft oder sein Schicksal ist, die Haltlosigkeit jeder Überzeugung und jeder Praxis aufzudecken, die Leute zu zwingen, sich mit den vielen Arten und Weisen, in denen die Welt eingerichtet sein könnte, auseinanderzusetzen. Aristoteles und Kant waren Philosophen des ersten Typs, Platon und Marx des zweiten, Sokrates und Nietzsche des dritten. Dabei haben alle, wenn auch aus unterschiedlichen Beweggründen, ihren wichtigen Beitrag zur Erweiterung der Grenzen des Möglichen geleistet, worin ihr *wahres* Ziel bestand.

Einige der oben aufgeführten Gemeinplätze beginnen, eine gewisse Plausibilität zu gewinnen. Im besonderen beginnt es, allmählich als »vernünftig« zu erscheinen, daß der Philosoph eine beunruhigende Persönlichkeit ist. Es ist, wie wenn eine Person neben uns stünde, die, während wir uns mühen, die Spaghetti nach altem Familienrezept zu kochen, uns davon zu überzeugen suchte, es sei besser, es abzuändern, und uns vorschlüge, besser andere Zutaten zu verwenden oder die gleichen Zutaten in verschiedener Reihenfolge zu verarbeiten, das Feuer größer oder kleiner zu stellen oder wer weiß was zu tun. Auch wenn wir ihm nicht folgen, hat diese lästige Person unser unschuldiges Vertrauen untergraben und uns gezwungen, uns bewußt zu werden, daß unsere Handlungsweise eine Wahl voraussetzt, und die Verantwortung für diese Wahl zu übernehmen. Auch wenn wir (vielleicht aus Trotz) weiterhin ganz traditionell kochen, wissen wir jetzt, daß wir auch anders hätten verfahren können, und der Zweifel wird uns immer dann martern, wenn wir eine Unvollkommenheit am Ergebnis unserer Arbeit feststellen, jene unsympathische Person könne doch recht haben. Also, der Philosoph verhält sich nicht nur bei unbedeutenden Dingen wie dem Kochen von Spaghetti so *systematisch*, sondern auch bei den wichtigsten und schwierigsten Dingen, wie dem Staat, der Moral, der Religion. Und alle, die einen anderen Beruf ausüben, haben jedes Recht, sich zu verteidigen: Die alternativen Möglichkeiten, die von dem Philosophen untersucht werden, können sich auch als gut erweisen, aber wenn man sie immer *alle* in die Praxis umsetzen wollte, entstünde ein allgemeines Chaos.

In den extremsten Fällen artet diese Verteidigung aus, und die Philosophen landen, weil sie lästig fallen, auf dem Scheiterhaufen. Im allgemeinen aber braucht es nicht zu solchen Extremen zu kommen, da unserer Spezies ein großartiges Instrument für preiswerte Revolutionen, für risikolose Experimente, zur Verfügung steht. Dieses Instrument ist die Sprache.

Die These, die Sprache sei der Schlüssel unserer Überlegenheit über andere Tiere, ist gewiß nicht neu; ich will diese These, die von grundlegender Bedeutung für meine Auffassung von philosophischer Praxis ist, nur in besonderer Weise interpretieren. Die Sprache macht uns überlegen, weil ihre ungeheure Ausdrucksfähigkeit, die außergewöhnliche Menge an Äußerungen, die wir hervorbringen können, uns erlaubt, sehr ins einzelne gehende Modelle unzähliger unterschiedlicher Situationen zu entwickeln, ohne das Risiko eingehen zu müssen, das die *Verwirklichung* dieser Situationen mit sich bringen würde. Auf diese Weise erweitert das menschliche Geschlecht per procura das Arsenal seiner Strategien, ohne sie wirklich (außer in Ausnahmefällen) zu erproben, sondern indem es nur über sie redet. Man braucht eine Person nicht auf eine einsame Insel zu verfrachten, um zu sehen, wie sie reagiert: Man kann versuchen, die Situation in einer Geschichte zu beschreiben und sich anhand dieser Geschichte die Bedeutung, die soziale Kontakte für jeden von uns haben, klarzumachen. Man braucht nicht ein Gehirn von einem Körper A in einen Körper B zu verpflanzen, um zu sehen, was für eine Person dabei herauskommt: Man kann versuchen, sich das vorzustellen, sich in Gedanken in diese Bedingungen zu versetzen und über ihre möglichen Folgen nachzudenken. Oder wenigstens ist das oft das Beste, was wir tun können: Vielleicht ist über eine Sache zu reden nicht dasselbe, wie sie zu praktizieren, und es bleiben uns viele Aspekte des Problems verborgen, wenn wir nur darüber reden; wenn das, was wir uns vorstellen, wirklich einträfe, würden uns diese Aspekte überraschen und unvorbereitet treffen. Aber wenn das Risiko der *Ausführung* zu groß ist, ist das Reden immerhin etwas.

Aus diesem Grund ist die Philosophie vor allem eine sprachliche Übung. Vielleicht sind die Philosophen am authentischsten, die die Verhältnisse wirklich verändern: diejenigen, die neue Entwürfe ausprobieren oder dem König den Kopf abschlagen, wodurch sie uns zwingen, uns den Alternativen wirklich zu stellen. Aber offenkundig stellen solche Leute ein übermäßiges Risiko dar, ein Risiko, das man nur gelegentlich eingehen kann; in den anderen Fällen, in der Mehrzahl der Fälle, muß man sich mit Geschichten abfinden. Oder wenigstens wird man sich auf sie beschränken müssen, bis man ein anderes genau so raffiniertes und sicheres Medium findet, mit dessen Hilfe man seine »Experimente« durchführen kann: Die Simulationsmöglichkeiten des Computers lassen in dieser Hinsicht hoffen, machen sie doch das Heraufkommen einer Welt vorstellbar (oder zu fürchten), in der die Sprache überholt ist wie die Dinosaurier und in der das Spiel mit dem Möglichen auf einem Bildschirm gespielt wird.

Bis dahin ist es wichtig, die heute verfügbaren Möglichkeiten optimal zu nutzen, das Medium, das uns aktuell zur Verfügung steht, nicht zu vergeuden. Wenn ich von dieser Tätigkeit wie von einem Spiel sprach und damit den Eindruck erweckte, es handele sich um etwas Leichtes, muß dieser Eindruck korrigiert werden: Den Philosophen zu spielen, das Reich der Alternativen zu erkunden, ist genauso kompliziert wie Schach spielen und verlangt genausoviel Konzentration. Glücklicherweise ist es genauso unterhaltsam.

Die Hauptschwierigkeit liegt in folgendem: Jeder von uns hat seine eigene (mehr oder weniger) stabile psychische Struktur, die ihm eine (mehr oder weniger) kohärente »Sicht« auf die verschiedensten Dinge gibt – auch auf Dinge, die er niemals gesehen oder erlebt hat. Fragt man eine Person »Was würdest du tun, wenn...«, wird man in neunzig Prozent der Fälle eine umgehende Antwort erhalten: Ihre wirksamen Automatismen decken nicht nur die Situationen ab, denen diese Person schon begegnet ist, sondern im allgemeinen alle diejenigen, denen sie begegnen könnte. Wie kann man eine Person so erziehen, daß sie ihrer Sichtweise *Widerstand entgegensetzt,* daß sie die Dinge auf andere Weise sieht, daß sie einen Augenblick innehält, bevor sie instinktiv antwortet, daß sie erwägt, ob nicht zufällig eine andere Antwort angemessener wäre? Am natürlichsten gelangt man dahin, indem man *mehr* als eine Sichtweise, mehr als eine

»Stimme« verinnerlicht; so, daß sich auf diese hypothetische Frage unterschiedliche Antworten einstellen und sich miteinander konfrontieren lassen und man sich wenigstens bewußt wird, eine daraus auswählen zu können. Kurz gesagt, man muß diese Person zum Dialog befähigen: zu einem vielstimmigen inneren Dialog zwischen vielen verschiedenen Personen, von denen jede eine These vertritt, jede bis zum Letzten von etwas überzeugt und in der Lage, etwas beizusteuern zur Befreiung von der Routine, von den Gewohnheiten, den konditionierten Reaktionen, also von all dem, von dem die Philosophie uns befreien muß, will sie ihre Arbeit tun.

Die Personen des inneren Dialogs sind im allgemeinen Kopien von wirklichen Personen. Jemand hat einen großen Eindruck auf uns gemacht, und nach und nach haben wir ihn verinnerlicht, haben gelernt, auf Fragen wie »Was würde *er* (oder *sie*) tun, wenn...?« zu antworten, so daß uns seine Antwort ebenso wie unsere eigene zur Verfügung steht, wenn uns eine Frage gestellt wird. Wenn wir aber beim Aufbau dieses kleinen Theaters über den Kreis unserer persönlichen Bekanntschaften nicht hinausgehen, werden sich die Rollen, die uns zu Verfügung stehen, im allgemeinen nicht sehr voneinander unterscheiden. Sicher, es gibt individuelle Unterschiede zwischen uns, aber insoweit wir ein und derselben Kultur, derselben Epoche, oft derselben sozialen Klasse, angehören, betreffen diese Unterschiede in der Mehrzahl der Fälle zweitrangige Aspekte der Existenz, Fragen des »Geschmacks«, und berühren nicht die großen Themen (Staat, Moral und so weiter), über die man lieber mit Worten experimentieren sollte (weil es riskanter ist, mit dem Ernstfall zu experimentieren). An diesem Punkt kommen uns die »heiligen Texte« der *Geschichte* der Philosophie zur Hilfe.

Öffnen wir eine Klammer! Der psychoanalytischen Theorie zufolge hat ein Großteil der Äußerungen einer Neurose wenig unmittelbar mit der ursprünglichen Ursache der Krankheit zu tun; sie bestehen vielmehr in einer Reihe von *Abwehrmechanismen*, die von der Psyche gegen diese Ursache (oder ihre späteren Verwandlungen) aufgebaut wurden. Die Hundephobie, die Zwangshandlung oder die hysterische Lähmung – d.h. die Handlungen, die auf den ersten Blick die Neurose auszumachen scheinen, die Anlässe, derentwegen man überhaupt zum Arzt geht, – gehören nicht zum Kern der Neurose, sondern werden, ausgehend von diesem Kern, als Stationen eines langen Leidenswegs »genetisch« erklärt, der seinen Ursprung woanders hat (gewöhnlich in der Haß-Liebe-Beziehung eines jeden von uns zu seinen Eltern). Mit der Philosophie ist es genauso. Bisher habe ich erklärt, was für mich der Kern der Philosophie ist; ich habe versucht, auf die Frage, die wir zu Anfang als berechtigt anerkannt hatten, zu antworten, nämlich auf die Frage, warum es auf der Welt Philosophie geben soll. Sobald das geklärt ist, muß ich mich beeilen hinzuzufügen, daß viele der öffentlichen Äußerungen der Philosophie nichts anderes sind als eine Abwehr gegen diesen Kern, nicht mehr und nicht weniger als im Fall der Neurose. Von einer der hauptsächlichen Abwehrhaltungen habe ich schon gesprochen: dem offiziellen Image der Weisheit, das sich der Philosoph gibt (in völligem Widerspruch zu seiner Wirklichkeit, die oft eher dem Bild des verrückten Wissenschaftlers der Science-Fiction-Filme entspricht – d.h. eines Menschen, der auch weise sein könnte, wenn sich die Dinge nur radikal ändern würden). Es gibt aber noch andere Abwehrmechanismen; alle laufen im Grunde darauf hinaus, mit einer für den Philosophen sehr natürlichen Unruhe fertig zu werden. Sich mit dem zu beschäftigen, was noch nicht existiert und was vielleicht niemals existieren wird, in gewisser Weise die Funktion einer Versicherungspolice zu erfüllen, von der man hofft, daß man sie niemals nötig hat, kann eine zutiefst destabilisierende Wirkung haben. Alle anderen gehen mit konkreten und wirklichen Dingen um, sind auf irgend etwas »spezialisiert«, und ich, worauf bin ich spezialisiert? Eine mögliche Antwort auf diese Frage kann man unter Hinweis auf die Rolle der Sprache geben, die, wie wir gesehen haben, die Hauptressource des Philosophen darstellt: So wie jedes »konkrete« Spezialgebiet bestrebt ist, sich einen eigenen Fachjargon zuzulegen, der nur von den Fachleuten verstanden wird, legt sich auch der Philosoph seinen eigenen Fachjargon zu. Offensichtlich besteht sein Jargon aus »freischwebenden« Wörtern; denn diese seine Wörter sind auf keiner Seite »verankert«, sind nicht in irgendeine Routine oder einen Automatismus integriert: Sie zu verankern, sie zu integrieren hieße, die Philosophie negieren, hieße, ihre von jeder Gewohnheit und jeder Notwendigkeit befreiende Wirkung aufzuheben. Und doch, wenn die Wörter lang und kompliziert genug sind, werden sie schon bei Fachleuten und Laien den Eindruck erwecken, als ob *von etwas* die Rede sei, und die einen wie die anderen überzeugen: die ersteren von dem Bild, das sie von sich haben, die letzteren von der Rationalität gewisser öffentlicher Investitionen.

Eine andere Möglichkeit, dasselbe Problem anzugehen, d.h. dem Philosophen ein spezifisches Handlungsfeld zu finden, besteht darin, ihn zu einem Spezialisten der Geschichte der Philosophie zu machen. Schlägt er diesen Weg ein, wird sich der Philosoph etwa damit beschäftigen, alle Details eines Briefwechsels zwischen X und Y oder die Bedeutung, die die Erziehung von Z auf seine spätere literarische Produktion gehabt hat, zu untersuchen. Wenn man ihn fragt, wozu das alles gut sei (was übrigens gewöhnlich niemand tut), wird die Antwort höchstwahrscheinlich ein böser Blick sein. Diese selbstgefällige Gelehrsamkeit gehört genausowenig zum Kern der Philosophie wie der obskure Jargon als Initiationsritus, von dem oben die Rede war, sondern sie gehört zu einem Abwehrsystem, das gegen die psychischen und sozialen Probleme, die von jenem Kern geschaffen werden, errichtet wird. Alles hängt natürlich miteinander zusammen: Jargon und Gelehrsamkeit, auch sie sind (leider) Philosophie. Aber in diesen Zusammenhängen gibt es ein Zuerst und ein Dann: Es gibt einen Ursprung, auf den man zurückgehen muß, wenn man etwas verstehen will, und es gibt die vielen, mühseligen Entwicklungsstufen, die uns zu dem gemacht haben, was wir sind. Im Kern ist die Philosophie nichts anderes als ein rückhaltloses Ernstnehmen der seltsamsten Hypothesen und ihre Verfolgung mit größter Konzentration und Entschlossenheit. Da diese Tätigkeit viele Skrupel bei dem weckt, der sie im inneren Dialog und im Gespräch mit anderen praktiziert, gibt es dann auch noch alles übrige.

Ende der Klammer. Ich hatte von der Geschichtsschreibung der Philosophie gesprochen; es war mir wichtig, *eine* Rolle, die dieses Fach (meiner Meinung nach) für den Philosophen spielen kann, hervorzuheben. Es dürfte deutlich geworden sein, daß ich von dieser Rolle keine günstige Meinung habe. Es gibt aber noch eine andere, von der ich eine günstige Meinung habe, und von der ich vor der Klammer gesprochen hatte; die will ich nun beschreiben.

Die Texte der Geschichte der Philosophie sind das wertvollste uns zur Verfügung stehende Reservoire von Geschichten, von Sichtweisen, von verstiegenen Hypothesen, die ernstgenommen und bis zu ihren äußersten Konsequenzen verfolgt wurden. Ihre Autoren bilden eine Art idealer Gemeinschaft, auf die wir zurückgreifen können, um den Kreis der verschiedenen Stimmen in unserem inneren Theater zu erweitern, um unsere ethnischen, kulturellen, sozialen Beschränktheiten wettzumachen. Es ist mühsam, diese Stimmen zu erlernen, offensichtlich mühsamer, als wenn wir mit unseren persönlichen Bekannten redeten: Sie werden nicht von Gesten, Tonlagen und Körperhaltungen, die das Verständnis erleichtern, begleitet. Es gibt nur Wörter, und diese nur in schriftlicher Form: Nur eine lange Vertrautheit mit ihnen kann sie wieder ins Leben zurückrufen, nur ein beharrlicher Versuch eines Dialogs, ein ständiges In-frage-stellen, Herausfordern und Versuchen, ihnen zu widersprechen, kann ihre innerste Vitalität (wenn sie vorhanden ist) ans Licht fördern und uns dazu verhelfen, die Autoren allmählich zu verinnerlichen und auch für sie auf Fragen wie »Was würde er machen, wenn . . . ?« zu antworten. Das heißt, daß wir uns mit den Briefwechseln, Einflüssen und Kontakten dieser Autoren beschäftigen müssen: Das heißt aber auch, daß wir eine Antwort bereit haben, wenn uns ein respektloser Freund (ein potentieller Philosoph?) fragt, warum wir das tun. Ich tue das, um mir den Autor anzueignen, können wir antworten, um ihn so gründlich wie möglich kennenzulernen, damit auch er anfange, in mir zu sprechen, damit seine Sichtweise meinen persönlichen Dialog bereichere und mir erlaube, interessantere Geschichten auszudenken und provozierendere Hypothesen aufzustellen.

Ein Gutteil meiner Position ließe sich in einem Slogan zusammenfassen: Die Philosophie ist Freiheit – gewiß, in Wörtern und mit allen Beschränkungen bezüglich der Anwendung dieser Wörter –, aber doch Freiheit. Es ist aber wichtig festzuhalten, daß der Terminus »Freiheit« mehrdeutig ist und daß die Philosophie nur in einem gewissen Sinn Freiheit ist. Was ich über den inneren Dialog und über die Geschichte gesagt habe, erlaubt mir zu erklären, in welchem Sinn.

Es gibt einen rein negativen Begriff der Freiheit verstanden als Toleranz, als Abwesenheit von Zwängen; in diesem Sinn ist man frei, wenn (oder weil) niemand einem sagt, was man tun soll. Das kann unter Erwachsenen gutgehen, funktioniert aber schlecht bei einem Kleinkind: Wenn man dieses nicht unterweist (oder besser, ihm kein Vorbild ist), wird es wahrscheinlich nichts tun. Dann gibt es eine Freiheit im positiven Sinn, die darin besteht, viele verschiedene Dinge zu beherrschen, viele verschiedene Fähigkeiten entwickelt zu haben und infolgedessen von Mal zu Mal auswählen zu können, was man tut und wie man es tut, und nicht gezwungen zu sein, *nur das* zu tun, was man beherrscht: Dies ist, denke ich, die Freiheit, die jeder von uns seinen Kindern mitgeben will. Diese Freiheit erwirbt man nicht mit Toleranz, sondern mit Disziplin, indem man sich auf vielen Gebieten ausbildet und allmählich zur Meisterschaft gelangt, damit in jeder Situation viele Wahlmöglichkeiten offenstehen. Jetzt müßte klar sein, daß für mich der Philosoph ein ewiges Kind ist, jemand der immer bereit ist, seine professionellen Strukturen in Frage zu stellen, der sich auf immer andere und neue Weise »bilden« läßt. Es ist also überhaupt nicht merkwürdig, daß das, was bei einem Kind funktioniert, auch bei einem Philosophen funktioniert: Auch die Freiheit des letzteren muß eine Freiheit im positiven Sinne sein, eine Freiheit, die immer über viele Mittel und Wege, viele »innere« Stimmen verfügt. Auch diese Freiheit verlangt Disziplin: Auch hier ist ohne Training das Ergebnis nur ein Loch im Wasser (d.h. leer wie alle Löcher). So klärt sich einer der vermeintlichen Widersprüche, die sich oben in den »Gemeinplätzen« zeigten: Die Philosophie nutzt ihr Medium, die Sprache, auf freie, ja (zuweilen) poetische Weise, aber diese Freiheit ist die Frucht harter Arbeit, einer ständigen Aneignung von Modellen und ihrer ständigen Gegenüberstellung, um ihre Grenzen, ihre »blinden Flecken«, aufzudecken (und sie zu beseitigen). Es ist mit einem Wort eine Poesie, die viel Technik erfordert.

Nach meiner wortreichen Einleitung, bin ich jetzt in der Lage, die Struktur des vorliegenden Buches zu erklären und zu rechtfertigen. In jedem Kapitel wird es einen Fall aus dem Alltagsleben geben, aus dem Leben, in dem man lieber keine Fragen stellen soll, weil man sonst abgelenkt wird und aufhört zu funktionieren; hier werden wir indessen versuchen, uns viele Fragen aufzubürden, wobei wir alle Gewißheiten außer Kurs setzen und jeder Konvention widersprechen. Wir werden natürlich nicht alle überhaupt möglichen Fragen stellen: Ich strebe keine Vollständigkeit an. Wenn ich einen Anspruch oder besser einen Ehrgeiz habe, dann ist er ein pädagogischer, der darin besteht, ein Können durch Übung zu vermitteln: Wenn Vollständigkeit erreicht wäre, bestünde keine Notwendigkeit mehr für dieses Können, und es wäre überflüssig, es zu vermitteln. Außerdem gebe ich mich keinen Täuschungen darüber hin, alle Wege, die hier eingeschlagen werden, alle Schritte, die tatsächlich versucht werden, seien im Endeffekt erhellend; ich glaube aber, daß man auch von denen lernt, die es nicht sind, indem man auch die mehr oder weniger vielversprechenden Züge zu unterscheiden versucht und sich darin übt, die Schwachpunkte einer Erörterung oder einer Argumentation zu erkennen. Bisweilen werden diese Schwachpunkte im Laufe eines Kapitels ans Licht kommen; dann wird derjenige, der sie vorweg erkannt hat, aus seiner Anstrengung Genugtuung ziehen; wenn sie aber nicht ans Licht kommen, fühle sich der Leser aufgefordert, sie auf eigene Faust aufzudecken, einen weiteren Abschnitt oder ein anderes Kapitel zu schreiben. Und wenn es sein muß, ein anderes Buch.

Diese »Analyse« (im wortwörtlichen Sinn, weil sie das, was wir normalerweise als zusammengehörig empfinden, trennt, unterteilt, analysiert und jedes der so gewonnenen Elemente weiterverfolgt, wohin es uns auch führen mag) wird von einigen Betrachtungen in kursiver Schrift unterbrochen werden, die die Hauptstränge der Argumentation aufnehmen und Hinweise geben, wo man in der unübersehbaren philosophischen Literatur andere Stimmen findet, um sie mit seiner eigenen zu konfrontieren. Es handelt sich um Intermezzi, die nicht beabsichtigen, ein Problem abzuschließen (das wäre gegen den Geist des Philosophierens, so wie ich ihn verstehe), sondern vielmehr, um uns auf kurze Zeit »Abstand« gewinnen zu lassen, die Erörterung zusammenzufassen, ihre Bedeutung und Struktur zu präzisieren und schließlich Anhaltspunkte zu gewinnen, wie man sie über das hier mögliche Maß hinaus ausdehnen kann. Am besten liest man dieses Buch meiner Ansicht nach in kleinen Portionen, eben in den »Dosen«, die durch meine Unterbrechungen markiert sind. Nach einigen Seiten ununterbrochenen Spiels, sollen Sie aus dem kursiv Gedruckten Nutzen ziehen, um eine Denkpause einzulegen, so wie man sich auf einer Wanderung auf einem Stein niederläßt oder nach einer Reihe von gymnastischen Übungen Atem schöpft. Legen Sie das Buch beiseite und denken Sie ein wenig darüber nach, oder vielleicht nehmen Sie eine ganz andere Tätigkeit auf; denn Sie werden (wenn die Sache Sie interessiert) trotzdem genausosehr weiter darüber nachdenken und sich weiter mit dem Problem abplagen, auch während Sie abwaschen oder Auto fahren.

Die Wahl der Themen spiegelt die Reichweite meiner Kompetenz und meiner Interessen wider und bringt meine Vorlieben zum Ausdruck: im besonderen meine Neigung, von scheinbar banalen Situationen auszugehen, um sie nach und als weniger banal, als sie ursprünglich schienen, und als enger, als man hätte vermuten können, mit tiefen existentiellen oder moralischen Entscheidungen verknüpft zu durchschauen. Insofern die Philosophie eine Praxis, eine Weise des Tuns und des Verhaltens, ist, wird sie wahrhaft unser eigen, wenn wir uns in jeder Situation so verhalten können, ohne auf die Predigt oder Festtagsrede zu warten. Und da mich die Themen interessieren und kein Kapitel oder ganzes Buch sie jemals erschöpfen können, wundern Sie sich nicht, wenn sich einige von ihnen in verschiedenen Teilen des Buchs, in aufeinanderfolgenden »Inkarnationen«, wiederholen. Auch diese Wiederholungen haben eine Funktion: Sie gewöhnen uns daran, dieselben Dingen von verschiedenen Gesichtspunkten aus zu betrachten, sie in verschiedenen Kontexten wiederzuerkennen, und bewahren uns davor, uns wie jene Schüler vorzukommen, die ein Theorem der Geometrie nur dann beweisen können, wenn das Dreieck genauso wie im Buch gezeichnet ist.

Mir bleibt ein Letztes zu tun in dieser Einleitung. Sie werden bemerkt haben, daß meine Haltung gegenüber der gängigen philosophischen Praxis genauso kritisch ist, wie (meines Erachtens) die Philosophie im allgemeinen jeder anderen Praxis gegenüber kritisch ist. Ich habe den Initiationsjargon, den falschen Umgang mit der Geschichte und das Bild der Weisheit, das mit dem Philosophen assoziiert wird, genauso kritisiert, wie ein anderer Philosoph das Privateigentum, den Monotheismus oder das Kausalitätsprinzip hätte kritisieren können. Was ich bisher getan habe, könnte man als Philosophie *der*

Philosophie bezeichnen. Man könnte mich fragen, welches meine Position bezüglich der von mir vorgeschlagenen Alternative ist. Bin ich ein Missionar, der behauptet, die Wahrheit gefunden zu haben, oder ein Zyniker, der die Erkundung des Möglichen nur als ein raffiniertes Spiel ansieht?

Ich habe wahrscheinlich ein wenig von beiden, aber mehr von dem ersten. (Wie kann ich das, werden Sie fragen, wo doch meine Reden oft so zynisch klangen? Ich gebe Ihnen die Antwort, die ich schon einmal gab: Etwas zu sagen oder zu wissen genügt nicht. Offensichtlich sind meine zynischen Einlassungen noch nicht Teil meiner selbst, meiner Automatismen, meiner Natur, geworden). Ich bin überzeugt davon, daß es heute besonders nützlich ist, Philosophie zu treiben, so wie ich sie verstehe; ich bin überzeugt davon, daß es für Sie nützlich ist, ein derartiges Buch zu lesen und diese destablisierende Tätigkeit dann auf eigene Faust fortzusetzen. Ich bin davon überzeugt, daß die Philosophie – das Experimentieren »am grünen Tisch« – niemals so unerläßlich war wie heute. Sehen wir, warum!

Ich habe die Bedeutung der kulturellen Mannigfaltigkeit für unsere Lebensform schon hervorgehoben: Viele Strategien zu unserer Verfügung zu haben ist unser größter Reichtum, unsere wahrhaftigste und unerschöpflichste Energiequelle. In der Vergangenheit wurde diese Mannigfaltigkeit durch Isolierung begünstigt. Ein Drittel aller gesprochenen Sprachen der Welt werden in Neuguinea gesprochen, wie man mir sagt, und der Grund dafür ist der, daß dort jeder Stamm (es handelt sich oft nur um eine Handvoll Individuen) ganze Perioden seiner Geschichte durchleben kann, ohne jemals einen anderen Stamm zu treffen: Ohne jeden wechselseitigen Einfluß entwickelt sich jeder Stamm (kulturell) unterschiedlich. In der

Welt, die aus dieser Isolierung hervorgeht, kann jedes Individuum ganz phantasielos und in seinen Gewohnheiten vollständig verankert sein, ohne daß daraus ein Problem erwächst: Die »Phantasie« verdankt sich der Gleichzeitigkeit sehr vieler verschiedener Gewohnheiten. Aber diese unsere Welt ist (von einigen Stämmen in Neuguinea abgesehen) begrenzt: Die Monokultur des eindimensionalen Menschen regiert überall unangefochten, und man spricht immer weniger von den Problemen, die daraus erwachsen – die sechziger Jahre sind seit geraumer Zeit vorbei, hört man in entscheidenden Augenblicken sagen, nur um sie dann als Ausstellungsstücke eines Nostalgiemuseums wiederzubeleben. In den unseligen achtziger Jahren hat man vor allem davon gesprochen, wie alles besser funktioniert, wie man mehr produzieren, verkaufen und mehr Profit machen kann, wie man ein Kulturmodell *expandiert*. Wenn ich recht habe, wird sich aber eine derartige Expansion schließlich selbst zugrunderichten: Eine immer ausgedehntere Interaktion wird eine immer größere Funktionalität unter immer eingeschränkteren Bedingungen zur Folge haben und eine immer größere *Zerbrechlichkeit* des Modells mit sich bringen. Die Alternative zu dieser Zerbrechlichkeit ist ein flexibleres »Training«, eine ständige Auseinandersetzung mit dem Andersartigen. Aber das Andersartige finden wir nicht da draußen: Es genügt nicht, ein Schiff oder eine Postkutsche zu besteigen. Am Ende der Reise werden wir uns vor demselben Supermarkt, denselben Fernsehprogrammen, denselben MacDonald's und wahrscheinlich (auf lange Sicht) auch derselben Sprache wiederfinden. Also muß man das Andersartige *drinnen* suchen, in einem privaten Raum, in dem man die hemmungslosesten Spiele spielt, die verrücktesten Hypothesen prüft und sieht, wohin sie uns führen. Das heißt, das Andersartige wird uns die Philosophie schenken: nicht *nur* die Philosophie, wohlgemerkt, denn es gibt auch die Literatur und den Mythos und das Kabarett, aber sicherlich *auch* die Philosophie. Nie zuvor ist uns dieses Sicherheitsventil so vonnöten gewesen.

Das heißt, wir tun gut daran, Institute, Professoren und Studenten der Philosophie zu finanzieren (was erwarten Sie anderes von einem Philosophieprofessor?); aber es heißt auch etwas anderes. Die Erkundung des Möglichen ist ein gefährliches Spiel: So sehr wir uns auch Mühe geben, es auf ein Spiel mit Wörtern zu beschränken, hat es doch eher die natürliche Tendenz, sich auch auf den Rest, auf die *Dinge*, auszudehnen. Wir können auf der Strategie der Begrenzung und der Isolierung bestehen und die Philosophen in einer Universität einsperren, die sehr wenig »Universelles« hat, weil ihre Mitglieder vor allem miteinander reden. Aber nicht einmal diese Strategie ist sicher. Es ist wie ein *Spiel* mit einem Virus in einem Laboratorium: Alles geht gut, bis der Virus entweicht. Was für eine Lösung schlage ich dann vor? Dieselbe wie mit dem Virus: Alle immunisieren, d.h. alle *mit ihm impfen*, so daß alle lernen, daß sie etwas damit zu tun haben.

In den letzten Jahren wurde ziemlich viel über die »schlechten Lehrer« geklagt. Wahrscheinlich übten die meisten von ihnen nur ihren Beruf aus: einen Beruf, der Herausforderung, Protest und Provokation ist. Nur daß die anderen nicht bereit und nicht fähig waren, ihn wie ein Spiel zu behandeln, das (wer weiß?) in einer möglichen Zukunft auch gut ausgehen könnte, und so haben sie es ernst genommen. Die Reaktion auf die daraus entstandenen Katastrophen ist wie gewöhnlich Beschränkung und Isolierung: Beschränkung der persönlichen Freiheit, Isolierung in einem Gefängnis. Als Reaktion auf Katastrophen, die noch nicht eingetreten sind, die aber wahrscheinlich eintreten werden, wenn wir keine Vorkehrungen für den Fall ihres Eintretens treffen, schlage ich vor, das Spiel zu erweitern. Es ist ein viel zu ernstes Spiel, um es wegzuwerfen; es könnte unsere beste Karte sein, um nicht obsolet zu werden; aber zur gleichen Zeit ist es ein Spiel mit dem Feuer, und deshalb sollen alle lernen, sich nicht zu verbrennen. Anstelle der Arbeitsteilung schlage ich eine Teilung im Leben eines jeden vor: Ich schlage vor, daß jeder sich ein bißchen Zeit nimmt, um den Philosophen zu spielen.

Das reicht! Wir haben genug geredet. Jetzt ist es Zeit, etwas zu tun. Legen Sie die Sicherheitsgurte an (oder besser, legen Sie sie ab), denn es geht los!

I. Der Rausch

Der Fall

Es passiert mir nicht oft, aber wenn es mir passiert, ist es ein wahres Unglück. Mich zu betrinken, will sagen: mir große Mengen Alkohols unterschiedlichster Herkunft einzuflößen und zeitweilig die raumzeitliche Kontrolle zu verlieren, mit Folgen, die bei Außenstehenden ein Lächeln hervorrufen mögen, die aus meiner Sicht aber (später) eine Quelle wirklicher Peinlichkeit sind. Wie gestern abend zum Beispiel am Ende eines frenetischen Sturms durch drei oder vier Aperitive, ein paar Flaschen Wein, einige Schnäpse und schließlich ein gutes Bier: Plötzlich »erschienen« neben mir alte Freunde, die ich seit Jahren nicht gesehen hatte. Wer weiß, wo sie jetzt sind, wer weiß, ob sie noch da sind! Ich aber sprach mit ihnen von der anderen Seite der Flasche aus, als ob sie wirklich dagewesen wären: Ich hielt ihnen große Reden, schüttete ihnen mein Herz aus, wurde gefühlsduselig, drückte ihnen die Hand. Die Vorstellungskraft eines Rauschs ist unglaublich: Es genügen einige Becher, um Gespenstern Körper zu verleihen!

Analyse

Waren es wirklich Gespenster, körperlose Figuren, rein imaginäre und unwirkliche Personen, die ich gestern abend sah und die ich berührte? Ich möchte mich sofort berichtigen und statt dessen sagen, »*ich glaubte*, sie zu sehen und zu berühren«; aber für einen Augenblick möchte ich dieser Versuchung widerstehen und mich mit allem Freimut fragen, welcher Unterschied besteht zwischen dem Glauben, einen Freund wahrzunehmen, wie mir das gestern abend passierte, und der Wahrnehmung der Decke meines Schlafzimmers heute morgen beim Aufwachen (übrigens, weiß der Himmel, wie ich ins Bett gekommen bin!).

Man könnte meinen, es gebe eine naheliegende Antwort auf diese Frage: Damit man etwas sehen kann, muß dieses Etwas dasein, wirklich existieren und sich da befinden, wo wir es sehen. Es entstehen Komplikationen, wenn man etwas in einem Spiegel oder auf einem Bildschirm sieht, denn dann ist das, was man sieht, im allgemeinen nicht im Spiegel oder auf dem Bildschirm: Ich bin zum Beispiel *vor* dem Spiegel, wenn ich mich in ihm betrachte, und Charlie Chaplin existiert nirgendwo mehr, während wir ihn sehen, wie er in dem Film *Goldfieber* das Besteck tanzen läßt. Aber diese Komplikationen lassen sich leicht lösen: Was wir sehen, sind reflektierte oder projizierte Bilder, eigentlich Schatten, und nur in übertragenem Sinn können wir sagen, wir sähen die Dinge, deren Bilder wir sehen. Im Fall der gestern abend »gesehenen« Freunde aber, kann man nichts dergleichen behaupten: Ihre Bilder sind kein Reflex, sind keine Schatten, und wenn es sich bei ihnen um eine »Projektion« handelt, drückt sich in ihnen nur eine Projektion meiner Wünsche (oder Alpträume) aus. Es handelt sich also um Geschöpfe, die ihren Ursprung in meinem Geist haben, natürlich auf der Grundlage von Erinnerungen an wirkliche Personen, die aber in diesem Augenblick jeder Realität entbehren. Die Decke ist ganz und gar real, folglich sehe ich die Decke wirklich: Die Freunde hingegen habe ich nur geglaubt – irrtümlicherweise geglaubt – zu sehen.

Obwohl naheliegend, ist diese Antwort nicht endgültig. Nicht sosehr, was die Freunde betrifft, die ich während meines Rauschs sah: Eigentlich kostet es mich nichts zu sagen, ich wisse nur sicher, daß ich glaubte, ich sähe sie. Es ist eher das seltsame Licht, das diese Schlußfolgerung auf die anderen Dinge wirft, auf diejenigen nämlich, die ich heute früh sehe. Die Zimmerdecke, sagte ich, ist real, und also sehe ich sie wirklich; genauso sehe – und berühre – ich wirklich die Kommode, die Lampe, das Kissen. Ich sehe und berühre sie, weil auch sie im Unterschied zu den Freunden von gestern abend real sind. Hieraus ergibt sich das Problem: Worin besteht genau der Unterschied? Und wenn ich nur glaubte, die Kommode, die Lampe und die Decke zu sehen?

Wenn ich mit diesen Dingen zu tun habe, bin ich zweifellos vollkommen von ihrer Anwesenheit überzeugt und von ungebrochenem Vertrauen erfüllt; dann drückt mein Verhalten eine totale, sichere Kontrolle der Situation aus. Ich strecke eine Hand aus und drücke den Schalter in der Erwartung, daß das Licht angeht; beim Aufrichten halte ich mich am Kopfende des Bettes fest (ich bin noch ein wenig schwach) und rechne mit der Tatsache, daß es nicht im Nichts versinkt; ich schleppe mich mühsam ins Bad, um die Folgen der Katastrophe im Spiegel zu betrachten, von dem ich sicher bin, ihn da wieder anzutreffen, wo ich ihn gestern verlassen habe, und so weiter. Um es kurz zu machen, ich kann mir keine ruhigere und gelassenere Gewißheit vorstellen als die, mit der ich meine Umwelt betrachte und auf sie einwirke. Aber reicht diese Gewißheit aus? War ich gestern abend vielleicht nicht genauso sicher, mit Freunden zu sprechen, die doch gar nicht da waren? War ich nicht genauso sicher, daß sie auf meine Fragen antworteten, daß meine Hände die ihren berührten, daß ich sie nach kurzem Wegsehen immer noch dort sitzen sah, wo sie kurz zuvor gesessen hatten? Meine Gewißheit ist etwas, das zu mir gehört, ist einer meiner Geisteszustände. Wie kann einer meiner Geisteszustände über etwas entscheiden, das nicht zu mir gehört und nichts Geistiges ist: d.h. entscheiden, daß es jenseits der Bilder, die mein Bewußtsein bevölkern, wohl in dem einen Fall, aber nicht in dem anderen (d. h. im Fall der Decke und der Kommode, aber nicht in dem der alten Freunde) auch da draußen im physikalischen Raum um mich herum etwas (von mir unabhängige Gegenstände) gibt, das diese Bilder hervorruft und über diese Bilder in mein Bewußtsein eindringt? Die Menschen sind seltsame Wesen: Es kommt oft vor, daß sie von den absurdesten Dingen überzeugt und sogar bereit sind, sich für sie zu opfern. Wer sagt mir, daß nicht auch alles, was ich glaube, wovon ich an diesem Morgen felsenfest überzeugt bin, eine Absurdität ist? Wer sagt mir, daß mir das Aufwachen nicht noch bevorsteht, daß ich nicht in einigen Minuten erst wahrhaftig aufwache und dann nicht begreife, daß ich nur glaubte, ich sei vorher wach gewesen? Vielleicht ist das, was ich gestern abend sah, wahr und nicht das, was ich jetzt sehe, und vielleicht werde ich mir in einigen Minuten darüber klar werden.

Wie man in der Einleitung gesehen hat, ist der Zweifel ein beständiger Begleiter des philosophischen Denkens; der systematische Zweifel ist als Skeptizismus *bekannt. Die Grundstrategie des Skeptikers besteht in der*

Feststellung, daß es keinen substantiellen Unterschied zwischen den Überzeugungen gibt, die wir als wahr und (wenigstens einigen von) denen, die wir als falsch beurteilen; damit unterstellt er, daß alle diese Urteile falsch sein können. Die Kontrastierung der für normal gehaltenen Wahrnehmungen mit den verzerrten Wahrnehmungen der Träume, der Halluzinationen und des Wahnsinns, die zum Beweis dafür dienen soll, daß diese Unterscheidung in der Realität nicht trägt, hat eine altehrwürdige Tradition, die mindestens bis auf die griechische Philosophie zurückgeht. In ihr treffen wir auf zwei Arten von Skeptikern: den akademischen (zum Beispiel Karneades) und den pyrrhonischen (so genannt nach ihrem Schulhaupt Pyrrhon). Der erste behauptet, nichts sicher erkennen zu können, der zweite hingegen behauptet (viel konsequenter) nicht einmal das, sondern beschränkt sich darauf zu sagen: Bis jetzt hatte ich bei jeder beliebigen These, die mir vorgelegt wurde, nie mehr Gründe, an sie als an die Gegenthese zu glauben; aber weiß ich, ob sich die Dinge nicht morgen ändern? Eine ungewöhnlich reiche Fundgrube pyrrhonischer skeptischer Argumente findet sich in dem Werk des Sextus Empiricus. In der Neuzeit wurden diese Argumentationen, die auf Träumen und Halluzinationen aufbauen, von Descartes (in der Abhandlung über die Methode *und in den* Meditationen) *wieder aufgegriffen, womit er zum Begründer des vielleicht grundlegendsten philosophischen Programms im Europa des 17. und 18. Jahrhunderts wurde: der* Erkenntnistheorie, *d.h. der Wissenschaft vom Wesen und den Grenzen des Wissens.*

All dies ist im Grunde ein wenig banal. Einverstanden: Ich kann der Wirklichkeit dessen, was ich sehe, nicht mathematisch gewiß sein; ich kann sie nicht mit einem untrüglichen Verfahren beweisen. Aber das heißt doch nur, daß Sehen etwas anderes als Mathematik ist, daß es, um zu wissen, was es auf der Welt gibt, keiner Beweise bedarf. Was ich zu sehen glaube, ist wirklich an der Stelle, wo ich es zu sehen glaube (das heißt, ich darf das annehmen), solange ich keinen plausiblem Grund habe, etwas anderes anzunehmen. Meine gewohnheitsmäßigen Reaktionen auf Besäufnisse wie die von gestern abend stellen für mich einen glaubwürdigen Grund dar, an der Realität dessen, was ich sah, zu zweifeln: Es ist mir wiederholt passiert, daß Rauschzustände authentische Wahnbilder in mir hervorriefen, und folglich habe ich Grund genug, in derartigen Fällen auf der Hut zu sein. Heute morgen aber bin ich nicht betrunken, ich bin ganz und gar normal und habe keinen Grund zu zweifeln. Es sei denn, ich möchte vielleicht Zeit vertrödeln, um nicht zur Arbeit gehen zu müssen!

Aber so einfach ist es auch wieder nicht. Es wäre einfach, wenn mein Problem in folgendem bestünde: Gut, meine Wahrnehmungen täuschen mich, wenn ich betrunken bin, wenn ich träume, wenn ich Wahnbilder sehe oder Halluzinationen habe, aber habe ich gute Gründe anzunehmen, daß ich *jetzt* betrunken bin oder träume oder eine Halluzination habe? Die Antwort auf diese Frage kann nicht anders als »Nein« lauten; vielleicht sind die Gründe für meine Überzeugung, nicht betrunken zu sein und so weiter, nicht unanfechtbar; sie würden keinen Platz in der euklidischen Geometrie finden; aber hier handelt es sich nicht um Geometrie; alles in allem genügt ein gewisses Wahrscheinlichkeitsniveau, um in der Welt zurechtzukommen. Welches Niveau beim aktuellen Stand der Dinge ausreicht, ist gewiß eine offene Frage: Ich habe sicherlich bessere Gründe anzunehmen, ich sei nicht betrunken und so weiter, als anzunehmen, ich sei es. So könnte ich antworten, wenn das die Frage gewesen wäre, aber leider war die Frage eine andere.

Die eigentliche Frage lautet: Habe ich im Hinblick darauf, wie unzuverlässig meine Wahrnehmungen sind, wenn ich betrunken bin, wenn ich träume und so weiter, gute Gründe anzunehmen, daß sie mich *nicht* täuschen, wenn ich *nicht* betrunken bin und *nicht* träume und so weiter? Schließlich verbringe ich ungefähr ein Drittel meines Lebens schlafend, und wenn ich alle die verschiedenen Arten von Halluzinationen, denen ich periodisch unterworfen bin, zusammennehme, wird die Liste ganz schön lang. Kann man sich auf ein Werkzeug verlassen (d.h. auf meinen Sinnesapparat: meinen Gesichtssinn, mein Gehör, meinen Tastsinn und so weiter), das in einem so großen Prozentsatz von Fällen fehlerhafte Ergebnisse liefert? Oder muß man nicht vielmehr den Verdacht hegen, dies seien nur die bisher entdeckten Fehler (die Fehler*typen*) und viele andere nisteten in den innersten Winkeln meines Nervensystems? Vorhin hatte ich versucht, das Problem dadurch zu lösen, daß ich mein normales Funktionieren (von heute morgen zum Beispiel) von dem abweichenden von gestern abend unterschied, aber das scheint mir etwas voreilig gewesen zu sein. Sicher, wenn ich von der Unterstellung ausgehe, jetzt sei mein Geisteszustand normal und gestern abend sei er abweichend gewesen, bin ich gut dran: Was gestern abend geschah, kann nicht mein sonstiges Leben infizieren, es bleibt auf seinen geschützten Bereich beschränkt, ohne lästig zu werden. Aber es ist gerade diese Unterstellung, die man in Frage stellen muß. Hier liegt ja gerade das Problem. Es ist, als ob ich ein Auto hätte, das hin und wieder aus den verschiedensten Gründen nicht fährt und mir zum Trost sagte: »Wenn alles in Ordnung ist, fahre ich immer«. Eine schöne Hilfe! Woher weiß ich, ob und wann alles in Ordnung ist? Das heißt, woher weiß ich das, bevor ich in die Garage gegangen bin und den Anlasser betätigt habe? Denn das genau würde mir jetzt weiterhelfen: Ich bin hier mit meinem Körper auf meine Sinneswahrnehmungen beschränkt und muß auf dieser Grundlage entscheiden, ob meine Wahrnehmungen wirkliche Wahrnehmungen (von wirklichen Dingen) sind oder nicht. Wenn ich gleichzeitig innerhalb und außerhalb meines Körpers sein, die Sinneswahrnehmungen haben und gleichzeitig sie mit ihren Gegenständen konfrontieren könnte, wenn ich zum Beispiel mein Bild, meine Vorstellung, von einer Kommode haben und sie gleichzeitig mit der wirklichen Kommode konfrontieren könnte, würde mir die Entscheidung leicht fallen: Es wäre dasselbe wie den Anlasser zu betätigen und zu sehen, ob das Auto fährt. Da dies aber alles nun einmal nicht möglich ist, muß ich entscheiden, ohne den Anlasser zu betätigen.

Aber muß ich denn wirklich entscheiden? Was entscheiden? Was suche ich? Wenn ich darüber nachdenke, kommen mir meine Fragen absurd vor. Also sehen wir zu: Gestern abend habe ich Freunde gesehen und war zu diesem Zeitpunkt überzeugt davon, ich sähe sie, wohingegen ich jetzt davon überzeugt bin, Halluzinationen gehabt zu haben. Auch jetzt bin ich davon überzeugt, eine Kommode, eine Decke und vieles andere zu sehen. In jedem Augenblick meines Lebens (jetzt, gestern abend und letztes Jahr) habe ich gewisse Überzeugungen, die auf meinen Erfahrungen und auf meiner Deutung dieser Erfahrungen beruhen. Wenn ich merke, daß diese Überzeugungen miteinander im Streit liegen, – wenn ich zum Beispiel wirklich davon überzeugt wäre, gestern abend meine Freunde gesehen zu haben, und heute morgen von ihnen eine Postkarte von den Malediven erhielte (das Beispiel ist im Hinblick auf meine Überzeugungen hinsichtlich der Schnelligkeit der Post nicht gut gewählt, aber sei's drum!) –, wenn sich also herausstellt, daß man alle diese Überzeugungen nicht zusammen haben kann, daß sie einander widersprechen, dann werde ich sie einer Überprüfung unterwerfen, hier und da etwas ändern, und damit gut. Das ist meine, unsere Verhaltensweise, die einzig mögliche: Da wir in unseren Körper eingesperrt sind, von unserem Nervensystem bedingt werden, Gefangene unserer Sichtweise sind, ist das einzige, was wir tun können, diese Ressourcen so gut wie möglich zu nutzen, ohne uns über ihre Unzulänglichkeit zu beklagen. Diese Idee, aus uns herauszutreten, um unsere Sinneswahrnehmungen mit dem da draußen zu vergleichen und zu sehen, ob wir recht haben, ist, offen gesagt, ein wenig kindisch; sie ist selbst ein Traum. Die einzigen Entscheidungen, die wir beherrschen, betreffen die innere Struktur unserer Überzeugungen: Wenn diese kohärent, in Harmonie miteinander sind, dann können wir behaupten, wir wüßten über die Realität Bescheid; wenn aber Widersprüche auftauchen, sind wir alarmiert. Das Problem mit den Ereignissen des gestrigen Abends besteht nicht darin, daß, *wenn ich aus meinem Körper herausgetreten wäre*, ich gesehen hätte, daß die Freunde nicht da waren: Es besteht vielmehr darin, daß ich gestern, ohne je aus meinem Körper herausgetreten zu sein, glaubte, ich sähe sie, und heute glaube, ich hätte sie nicht gesehen; dies beides kann nicht zusammen wahr sein. Also muß ich die eine oder andere Überzeugung aufgeben, und da meine jetzige Überzeugung mit so vielen anderen Dingen, an die ich glaube, übereinstimmt, während das, was ich gestern abend glaubte, so gut wie mit nichts zusammenstimmt, gibt es keine Zweifel, wofür ich mich entscheide.

Eine ziemlich weit verbreitete Haltung gegenüber den von den Skeptikern vorgebrachten Schwierigkeiten besteht darin, zwischen der absoluten »metaphysischen« (und unmöglichen, absurden) Gewißheit, auf die sie sich beziehen (und deren Unmöglichkeit sie beweisen), und der begrenzteren »moralischen«, empirischen Gewißheit zu unterscheiden, deren wir uns im Alltag bedienen. Aus dieser Unterscheidung sind verschiedene Formen einer (im positiven Sinne) »Philosophie des gesunden Menschenverstandes« und (im nega-

tiven Sinne) »antimetaphysischer Programme« hervorgegangen: In diesem Jahrhundert wird die erste Richtung vor allem von der englischen analytischen Philosophie repräsentiert und die zweite von den Neopositivisten des »Wiener Kreises«. In Anbetracht der beträchtlichen Gemeinsamkeit der Absichten zwischen diesen beiden Denkrichtungen (von denen die eine im Grunde das Spiegelbild der anderen ist), braucht man sich nicht zu wundern, daß die beiden Schulrichtungen schließlich in der anglo-amerikanischen Philosophie der Nachkriegszeit miteinander verschmolzen.

Diese Argumentation taugt aber nur so lange, wie ich gelegentliche und zeitlich befristete Abweichungen von der Norm (wie im Fall des Rausches) oder auch häufigere, aber leicht erkennbare Abweichungen (wie im Fall der Träume) betrachte; aber setzen wir jetzt den Fall eines Menschen, der völlig verrückt ist, sagen wir, von einem Verfolgungswahn befallen ist. Sein Wahn kann ganz und gar kohärent sein: d.h. eine Erklärung liefern für jedes Ereignis, den Zusammenhang für jede Einzelheit herstellen, Ordnung und Harmonie in alle Überzeugungen der unglücklichen Person bringen. Und doch ist das Ganze auf tragische Weise falsch! Gott hat wahrlich diese Person nicht für seine verborgenen Zwecke ausgewählt (verborgen für die anderen, nicht für ihn); die Geschichte läßt keinerlei entschlossene und dauerhafte Anstrengung erkennen, die darauf gerichtet sein könnte, ihm zu erlauben, seine Mission zu erfüllen; die Menschheit erwartet ihre Rettung nicht von ihm. Wie kohärent und harmonisch es auch immer sein mag, das Ganze ist und bleibt doch immer nur ein kohärenter und harmonischer *Wahn*. An dieser Stelle taucht dasselbe Problem wie vorhin wieder auf. Geben wir ruhig zu, ich sei nicht verrückt! Kann ich mich aber auf eine Strategie verlassen – diejenige nämlich, Ordnung und Kohärenz in die eigenen Überzeugungen mit der Garantie ihrer Richtigkeit zu bringen –, die imstande ist, derart unzuverlässige Ergebnisse zu liefern? Kann ich mit vollem Recht behaupten, ich wüßte, wenn für mich alles stimmt, was vor sich geht (wenigstens bis zum Beweis des Gegenteils), wenn ich mir klarmache, daß auch für den Wahnkranken alles stimmt, er aber sicherlich überhaupt nicht weiß, was vor sich geht?

Nun könnte man sagen, zwischen mir und dem Verrückten bestehe ein großer Unterschied: Er funktioniert nicht, ich aber sehr wohl. Genauer, er ist nicht imstande, auf sich selbst acht zu geben: Wenn ihm nicht von anderen geholfen würde, würde er nicht lange überleben. Er glaubt, Gott werde ihn im Fluge auffangen, wenn er sich aus dem Fenster stürzt; er würde aber auf dem Boden zerschellen, wenn wir ihn gewähren ließen; er glaubt, sein inneres Licht erhalte ihn auch ohne irgendwelche »materielle« Nahrung am Leben und handlungsfähig; statt dessen wird er wie jeder andere, wenn er ohne Nahrung bleibt, verhungern; und so weiter. Sein System von Glaubenssätzen und Überzeugungen, sein Wahn, obwohl kohärent und harmonisch, ist nicht selbsthinreichend und würde über kurz oder lang (mit seinem Verschwinden) zusammenbrechen, wenn es nicht von außen aufrechterhalten würde, was beweist, daß es eine Ansammlung von Absurditäten ohne Wirklichkeitsbezug ist. Meine Meinungen hingegen ermöglichen mir das Überleben und Gedeihen in einer gewissen Unabhängigkeit von meinem Nächsten; welchen besseren Beweis ihrer Überlegenheit, ihrer Wahrheit könnte ich verlangen? Wenn das, was der Verrückte glaubt, nicht funktioniert, wenn es nicht die vorhergesehenen Wirkungen zeitigt, dann ist es sicherlich falsch; wenn das, was ich denke, funktioniert und die Welt sich mehr oder weniger meinen Erwartungen gemäß verhält, habe ich alles Recht zu denken, es sei wahr.

Und doch bleibt das Problem ungelöst. Geben wir für den Augenblick ruhig zu, der Verrückte habe unrecht: Das, was er glaubt, hilft ihm nicht; er täte folglich besser daran, es nicht zu glauben. Einer Bewährungsprobe ausgesetzt, erweisen sich seine Überzeugungen als hinfällig, so wie wenn eine wissenschaftliche Hypothese von den experimentellen Befunden widerlegt wird. Wie im Fall der wissenschaftlichen Hypothesen ist es also das Vernünftigste, diese Überzeugungen für irrig zu erklären: Auf ihnen zu beharren würde uns das Ende Lysenkos bescheren, der das Korn um jeden Preis daran »gewöhnen« wollte, dichter zu wachsen, und auf diese Weise die Fünfjahrespläne Stalins durcheinanderbrachte. Aber nehmen wir jetzt meinen Fall, der ich (hoffentlich!) nicht verrückt bin! Meine Überzeugungen, sagte ich, werden im Unterschied zu denen des Verrückten von den Fakten gestützt, also . . . Also ist es besser, innezuhalten und mich zu fragen, was ich genau unter »Fakten« verstehe, die meine Meinungen angeblich stützen. Meine ich damit »einige Fakten« oder »alle Fakten«, »einige (oder alle) bisher aufgetretenen Fakten« oder »einige (oder alle) *möglichen* Fakten« (einschließlich derjenigen, die in Zukunft eintreten werden)? Es ist klar, daß einige Fakten nicht ausreichen. Auch der Wahnkranke wird einige Male recht haben (auch die Wahnkranken haben Feinde), aber das reicht nicht aus, um seinen Wahn für wahr zu erklären. Es ist viel wahrscheinlicher, daß es sich um alle Fakten handeln muß oder wenigstens um fast alle; genausowenig wird eine wissenschaftliche Theorie über Bord geworfen, kaum daß ihr *eine* Beobachtung widerspricht, besonders dann nicht, wenn es keine bessere Theorie gibt. Aber gewiß erwartet man von ihr, daß ihr nicht *viele* Beobachtungen widersprechen. Wenn darüber Klarheit besteht, muß man aber ernsthaft das Problem der

Zukunft bedenken, d.h. der Tatsachen, die sich noch nicht ereignet haben.

Bis heute ist für mich alles einigermaßen gut gegangen. Wenn ich fest an etwas glaubte und mich entsprechend verhielt, verhielt sich die Welt meistens meinen Erwartungen entsprechend, und wenn sich mal ein kleiner Unfall ereignete (wie gestern abend), war ich hinterher immer imstande, genau zu verstehen, was vorgefallen war. Ich glaube geradezu, solche verheerenden Ausgänge lange vorher voraussehen zu können, noch bevor ich die (erste) Flasche in die Hand nehme; oft – davon bin ich überzeugt – kommt es dazu, weil ein Teil von mir es unbewußt will und alles daran setzt, es eintreten zu lassen. Also alles in Ordnung: Die Umwelt ist unter Kontrolle. Oder besser, die Umwelt *war bisher* unter Kontrolle. Wer sagt mir, daß morgen oder in einer Minute die Welt nicht durchdreht? – Oder besser: Wer sagt mir, daß sich *meine* Verrücktheit nicht als solche entpuppen, mich nicht dazu zwingen wird, die Tatsache zu akzeptieren, daß ich nur zu funktionieren glaubte, in Wirklichkeit aber überhaupt nicht funktionierte, daß ich nur Glück hatte, daß es sich nur so ergeben hat, daß ich die Illusion haben konnte, alles wäre unter Kontrolle, während alles bloß zufällig gutging und von einem zum anderen Augenblick ins Gegenteil umschlagen kann?

Noch einmal muß die Frage gestellt werden: Habe ich Gründe, dies anzunehmen? Oder ist es nicht eine Form von Geisteskrankheit, sich diese Fragen zu stellen? Wenn die Dinge bisher funktionierten, warum sollten sie dann irgendwann aufhören zu funktionieren? Warum sich müßige Fragen stellen? Weil diese Fragen leider nicht müßig sind. Die Funktionalität eines Organismus – eines biologischen oder eines kulturellen, was auch immer – ist oft eine Frage der Perspektive, des Bereichs: Alles stimmt, alles funktioniert so lange, als unsere Perspektive begrenzt, unser Bereich eingeschränkt ist; dann erweitern wir die eine und den anderen, und es tauchen Probleme auf. Als die deutschen Truppen zwischen 1939 und 1941 Europa überrannten, waren die meisten von ihrer erschreckenden Effizienz beeindruckt und leiteten daraus moralische Maximen in bezug auf die »Richtigkeit« ihrer Ansichten ab, die eine so eindrucksvolle Praxis unterstützten: Es gab auch Leute, die sich aus Angst, den Zug der Geschichte zu verpassen, beeilten, mitzumachen und mit den Aggressoren ihren Frieden zu schließen. Wir wissen, wie es dann endete, und haben vielleicht auch gelernt, wohltuende Zweifel in bezug auf das, was so gut funktioniert (oder vielleicht sollte ich sagen: scheinbar funktioniert), zu hegen. Aber, wird man einwenden, zwei (oder zehn) Jahre Geschichte reichen nicht aus; denken wir an die Gegenreformation, an das politisch-soziale System, das sich jahrhundertelang wirkungsvoll am Leben gehalten hat, indem es über die Hexenjagd einen Teil seiner Aggressivität entlud und einen Teil seiner inneren Probleme löste! Nehmen wir an, wir könnten in die Zeit zurückgehen und einen typischen Vertreter dieser Kultur bitten, seine diesbezüglichen Überzeugungen zum Ausdruck zu bringen: Würde diese Person nicht vielleicht eine absolute Gewißheit an den Tag legen? Würde sie uns nicht beweisen wollen, daß in ihrer Kultur »alles stimmt«? Daß die Gesellschaft in ihrer Gesamtheit überlebt und gedeiht? Und doch meinen wir heute, daß diese Überzeugungen nicht ein Körnchen Wahrheit enthielten und daß die Gesellschaft unabhängig von ihrer Richtigkeit in einem gewissem Sinne trotzdem funktionierte. Wenn ihr Überleben und ihr Wohlstand wirklich von der Existenz der Hexen abgehangen hätten ... Wie viele analoge Glaubenssätze und Überzeugungen gibt es in unserer Kultur, in meinem Kopf? Wie viele, von denen ich sagen würde: Sicher, es ist so, alle denken so und haben Erfolg damit? Woran wird man in einem Jahr oder in einem Jahrhundert noch glauben? Ich weiß es nicht und kann es nicht wissen, das ist genau das Problem: Da ich gänzlich in meinem Geist gefangen, in meine Kultur eingetaucht bin, kann ich mir nicht einmal vorstellen, daß die Dinge, die mir natürlich, offenkundig, unwiderlegbar, von den Tatsachen gedeckt erscheinen, mir jemals anders erscheinen könnten. Es ist, wie wenn ich krank bin und nicht einmal daran zu denken vermag, wie es ist, gesund zu sein (und umgekehrt). Zu gleicher Zeit aber kenne ich genug Fälle, in denen andere Menschen genauso natürliche Gewißheiten, genauso offenkundige, (oder anscheinend) genauso von den Tatsachen gedeckte Gewißheiten für unverrückbar hielten und denen dann die Tatsachen ohne Vorankündigung in der Hand zerronnen sind – ich kenne genug Fälle, um nicht so sicher zu sein. Wenn ich mir auch keine Alternativen vorstellen kann, muß ich doch die Möglichkeit offenlassen, daß das Unvorstellbare eintritt. Aber wenn das Unvorstellbare eintreten *kann,* wenn die Welt verrückt werden kann, dann reicht alles, was bisher funktionierte, nicht aus, um daraus den Schluß zu ziehen, ich hätte recht gehabt.

Ein anderer besorgniserregender Aspekt dieser Angelegenheit ist, daß ich gezwungen bin, die Prüfung des »Wahns« des Geisteskranken wieder aufzunehmen. Zunächst hatte ich ihn ziemlich brutal so dargestellt: Der Verrückte funktioniert nicht, weil seine Glaubenssätze absurd sind. Jetzt habe ich mir aber klar gemacht, daß das Funktionieren eine Frage der Perspektive ist, und ich fange an, mich zu fragen, ob es eine Perspektive gibt – oder wenigstens geben könnte –, aus der der Verrückte recht hat. Der Verrückte handelt nicht im luftleeren Raum: Er konfrontiert, oder besser, kontrastiert beständig seine Positionen mit denen aller anderen, mit denen von uns anderen Normalen. Und wenn wir es wären, die ihn am Funktionieren hinderten? Wenn unsere siegreiche Kultur es wäre, die ihn zwänge, eine Randstellung, eine Rückzugsposition, zu besetzen, so wie die Weißen mit ihrer besitzergreifenden Aggressivität die Indianer Amerikas »dysfunktional« machten, – die nach ihren eigenen Begriffen bestens zurechtkamen? Zuerst blockieren wir diesen Verrückten, hemmen ihn, indem wir ihm unsere Regeln aufdrängen und ihn damit ersticken, und dann beurteilen wir ihn als abweichend, weil er sich nicht ohne weiteres an diese Regeln hält; schließlich (nach dem Schaden, auch noch der Spott) drängen wir ihm unsere pelzige Mildtätigkeit auf, wodurch wir seine »Ineffektivität« verfestigen. Dabei geschieht das Ganze zu unserem Nutzen und Vorteil, um den unausgesprochenen Vorwurf, die mögliche Quelle des Zweifels und des Verdachts, die jede Andersartigkeit für unsere Überzeugungen darstellt, zu vermeiden.

Wir wollen gar nicht davon reden, daß die Verrückten von heute oft die Wissenden, ja geradezu die Genialen, von morgen sind. Galilei versuchte meiner Ansicht nach, als verrückt eingestuft zu werden; er mußte das tun, um seine Haut zu retten, so wie viele andere, die neue Wege wiesen und unsere Überzeugungen veränderten und sie damit letzten Endes wirksamer und funktionaler machten. Das ist so, weil die Effizienz eine Frage des Grades ist: Man ist nicht nur effizient oder nicht, man ist mehr oder weniger effizient. Infolgedessen gäbe es, auch wenn die Welt nicht gänzlich verrückt würde und niemals offen meinem Glauben widerspräche, immer noch Grund für den Verdacht, daß das, was ich glaube, nicht schlechthin wahr, sondern nur annäherungsweise, nur quasi-wahr ist, und daß es möglich wäre, etwas Wahreres, Angemesseneres zu glauben.

Wenn sogar die innere Kohärenz unseres Systems von Glaubenssätzen durch die – wie hier geschehen – brutale Konfrontierung mit der Kohärenz fantastischer oder verrückter Konstruktionen disqualifiziert wird, wird gewöhnlich die pragmatische *Wirksamkeit dieser Glaubenssätze ins Feld geführt. Es gibt kein interesseloses Für-wahr-halten: Da wir an bestimmte Wahrheiten glauben, handeln wir auch in bestimmter Weise, und wenn wir mit unseren Handlungen Erfolg haben, gehen unsere Glaubenssätze gestärkt daraus hervor. Wegen dieses organisierten und systematischen Ganzen von Glaubenssätzen, die als wissenschaftliche Theorien bezeichnet werden, wird dieses Rezept oft in ein* induktivistisches *Programm übersetzt, das folgerichtig die Wahrheit der Theorien auf ihre Vorhersagefähigkeit und damit letzten Endes auf ihre Fähigkeit, die Wirklichkeit zu kontrollieren, gründet. Schon von Aristoteles empfohlen, wurde die Induktion von Francis Bacon zur Grundlage der »Neuen Wissenschaft« der modernen Welt gemacht. Aber in seinem Traktat* Über die Natur des Menschen *zeigte David Hume, wie zerbrechlich und illusorisch unser Vertrauen in die Induktion ist: Sie beruht im Grunde auf dem Glauben, die Zukunft müsse der Vergangenheit ähneln; d.h. das, was bisher (vielleicht zufällig) funktionierte, müsse auch weiterhin funktionieren. Aber dieser Glaubenssatz entbehrt seinerseits jeder Grundlage: Aus der Tatsache, daß die Sonne bisher jeden Morgen aufging, folgt nicht, daß sie auch morgen aufgehen muß.*

Diese ganze Diskussion läßt mich leider mit leeren Händen dastehen. Gewiß, jetzt bin ich nicht betrunken und höchstwahrscheinlich deliriere ich nicht, aber es ist mir nicht gelungen, einen einzigen plausiblen und entscheidenden Unterschied zwischen meinen Meinungen von heute und denen, die ich habe, wenn ich betrunken bin (oder die ich hätte, wenn ich an Wahnzuständen litte), zu finden oder einen einzigen Grund anzugeben, warum es besser sei, nicht betrunken zu sein, als es zu sein. Und was wäre, wenn es keinen Unterschied gäbe? Wenn alle diese Meinungen nur Geschichten sind, Geschichten wie *Der Rasende Roland* oder *Don Quichote* und als solche weder wahr noch falsch?

Als ich gestern abend an diesem Tisch saß, habe ich verschiedenes getan: Vor allem habe ich getrunken, auch geredet, gesungen und mit der Faust auf den Tisch gehauen. Auch heute werde ich einiges tun (ich hoffe, etwas anderes): Ich werde mir die Zähne putzen, die Treppe hinuntergehen, Auto fahren und so weiter. Während ich diese Dinge tun werde, so wie ich die Dinge von gestern abend tat, wird eine Art Begleitung aus dem Untergrund, eine verborgene Stimme in mir, zu mir sagen: Sieh, jetzt tust du dies und jenes, und du tust es, um dies oder jenes Ergebnis zu erzielen, und du machst das so und nicht anders, weil du denkst, daß es so effizienter ist und so weiter. Wenn ich alles sammeln und registrieren würde, was die verborgene Stimme zu mir sagt, hätte ich eine vollständige Rechnungslegung aller meiner Überzeugungen; die Annahme ist sicherlich ziemlich weitverbreitet (auch ich habe das bis heute angenommen), diese Überzeugungen, diese Stimme aus dem Untergrund, führten und leiteten mich, wenn ich tue, was ich tue, ich handelte (vielmehr wir alle) in einer bestimmten Weise, *weil* ich (wir) bestimmte Überzeugungen haben. Wenn das so wäre, wäre es offenkundig sehr wichtig, daß diese Überzeugungen wahr sind, daß sie die Wirklichkeit widerspiegeln; könnten wir uns andernfalls noch auf sie verlassen? Könnten wir noch unser tägliches Handeln auf sie gründen? Da ihre Wahrheit also wichtig ist, da es wichtig ist zu beweisen, daß ich nicht nur denke, sondern gewisse Dinge *weiß*, handelt es sich darum, diese Wahrheit (oder dieses Wissen) zu erklären – d.h. besonders sie von dem zu unterscheiden, was nicht Wahrheit (oder Wissen) ist. Hier tauchen die Probleme auf, die mir bisher arg zu schaffen gemacht haben: Die Unterscheidung ist nicht möglich. Wie mir jetzt scheint, sind diese Probleme nicht als langweilige und lästige Hindernisse auf dem Weg zum Licht und zur Erkenntnis aufzufassen, sondern vielmehr als Hinweise darauf, daß dieses ganze Vorhaben verfehlt ist, daß die Sache von Anfang an falsch angefaßt wurde. Mir kommt es so vor, als ob die Stimme aus dem Untergrund überhaupt keine Führerin sei, sondern allenfalls ein *Kommentar,* eine Rechtfertigung, eine nachträgliche Rationalisierung, meines Verhaltens. Ich erwache und strecke meine Hand nach der Lampe aus, und die Stimme tritt mütterlich dazwischen und sagt, die Lampe sei da, wo ich sie suche, wo sie immer gewesen ist; aber ich habe nicht darauf gewartet, daß mir die Stimme dies sagt, ich habe längst meine Armbewegung ausgeführt. Ich stehe auf, wobei ich mich auf das Kopfende des Betts stütze, und dieselbe Stimme sagt mir, daß das Kopfende keine Halluzination ist, daß es unter meinem Gewicht nicht im Nichts versinken wird; aber wenn sie mir das sagt, habe ich mich schon längst aufgestützt, bin ich schon Gefahr gelaufen zu fallen, habe ich schon in gewissem Sinn gewettet, daß ich nicht fallen werde. *Ich strecke die Hand aus, um meinen alten Freund jenseits der Flasche zu berühren,* und auch in diesem Fall sagt mir die Stimme unerschütterlich und eindringlich wie eine kaputte Schallplatte, daß das, was mir wie eine rosige Wange *erscheint*, eine rosige Wange *ist*, und daß ich, wenn ich sie berühre, nicht das Schicksal des Odysseus erleide, als er versuchte, die Schatten der Toten zu berühren (übrigens, wer weiß, was Odysseus seine Stimme sagte, bevor er diese Schatten berührte, und was sie ihm hinterher sagte!).

Wenn dieser Kommentar zu irgend etwas gut ist, dann sicherlich nicht dazu, mich zu leiten; denn alles ist längst erledigt, wenn der Kommentar einsetzt. Vielmehr scheint mir jetzt seine Funktion wie die jeder Geschichte, jeder hypnotischen und einschläfernden Litanei, in folgendem zu bestehen: daß ich mich inmitten vertrauter Dinge, alter, freundlicher Ungeheuer, zu Hause fühle. Ich habe also einen voreiligen Schritt getan, als ich sagte, ich hätte, wenn die Dinge stimmen, wenn meine Überzeugungen und Glaubenssätze harmonisch und konsistent sind, Grund, sie für wahr zu halten. Ich hätte mich darauf beschränken müssen zu sagen, der Zweck dieser Überzeugungen und Glaubenssätze liege gerade darin, zu stimmen, harmonisch und konsistent zu sein, mir die Welt (und mein Verhalten) in einer angenehmen und freundlichen Weise erscheinen zu lassen, wie eine Geschichte mit Anfang und Ende. Wenn ich diesen Zweck erreiche, kann ich von ihnen nicht mehr verlangen: weder daß sie wahr sind, noch daß sie die Zukunft vorhersagen, noch daß sie meine Handlungen auf wirksame Weise leiten. Die Zukunft wird sein, was sie sein wird; wie sie auch sein wird, wahrscheinlich werde ich mir *dann* am Ende eine passende Geschichte dazu erzählen; was die Leitung meiner Handlungen angeht, so habe ich gerade gesagt, daß ich nicht auf bestimmte Weise handele, weil ich bestimmte Dinge glaube, sondern ich glaube bestimmte Dinge, weil ich zuvor schon auf bestimmte Weise gehandelt habe. Ich verhalte mich, wir alle verhalten uns, wie es gerade kommt; dann erst bauen wir uns ein Schloß aus Worten, um zu beweisen, daß wir uns genau auf diese Art und Weise verhalten mußten.

Hier taucht einer der grundlegenden Kontraste auf, die die philosophische Reflexion durchziehen, ein Kontrast, der die Bedeutung des Wortes »Philoso-

phie« selbst berührt. Im Griechischen besagt dieses Wort »Suche nach Wissen«, aber wo sucht man nach diesem Wissen? Für die Befürworter des theoretischen *Programms wird es in einer rationalen Rekonstruktion der Welt gesucht, aus der als unvermeidliche, aber im Grunde auch unwesentliche Konsequenz ein pragmatisch wirkungsvoller Zugriff auf die Welt selbst folgt. Für die Befürworter des* praktischen *Programms hingegen wird das Wissen im konkreten Gewebe unserer Handlungen und Beziehungen gesucht, deren theoretische Rekonstruktion eine bloße, simple* Rationalisierung *darstellt: d.h. ein Versuch, uns von ihr ein beruhigendes, menschliches Bild liefern zu lassen. In diesem Jahrhundert wurde die Debatte über das Wissen häufig auf das Wesen und die Grenzen wissenschaftlicher Theorien eingegrenzt, in der Rationalisten wie Karl Popper (die Welt, in der wir heute leben, ist die beste jemals von Menschen verwirklichte, und dies verdanken wir zum großen Teil der Kontrolle über sie, die uns die Wissenschaft ermöglicht) radikalen Denkern wie Thomas Kuhn und Paul Feyerabend gegenüberstehen (die begrifflichen Weltentwürfe sind untereinander inkommensurabel, und die wissenschaftlichen Theorien sind mehr oder weniger hübsche Geschichten). In die gleiche Richtung bewegt sich ein Großteil des Denkens unter dem Namen* Hermeneutik: *in Richtung auf eine Idee des Theoretisierens als einer interpretativen, nicht prädiktiven Praxis, mehr auf die Vergangenheit als die Zukunft, mehr auf Verstehen aus als auf Erfolg, gerichtet.*

Die Welt, deren Bild in dieser Diskussion gezeichnet wird, ist eher entmutigend: Eine ungeduldige und brutale Welt, wo die die Dinge geschehen, wie sie wollen, ohne darauf zu warten, daß unsere Vernunft oder unsere Wissenschaft ihnen eine Richtung, eine Führung, zuteil werden läßt, und in der diese vermeintliche Vernunft und diese vermeintliche Wissenschaft nichts anderes als Spielzeuge sind, mit denen wir uns die Zeit vertreiben, wenn wir nichts Besseres zu tun haben. Aber kann ich jenseits der offenbar unerfreulichen Psychologie dieses Bildes wirklich annehmen, das sei alles? Daß es keinen Unterschied gebe zwischen den Geschichten, die ich mir erzähle, wenn ich betrunken bin, und denen, die ich mir erzähle, wenn ich es nicht bin, zwischen den Geschichten, die man sich zur Zeit der Gegenreformation über die Hexen erzählte, und denjenigen, die die modernen Physiker über die Struktur der Materie erzählen? Machen wir uns nichts vor, es muß doch einen Unterschied geben; einige Überzeugungen sind besser als andere! Wenn wir das nicht zugäben, wie könnten wir dann den Fortschritt der Menschheit erklären: die Landung auf dem Mond und das elektrische Licht und den Mikrowellenherd? Liegen diesen Wundern nicht vielleicht wissenschaftliche Theorien zugrunde?

So bin ich wieder zu meinem Ausgangspunkt gelangt: Etwas (oder viel) von dem, was ich glaube, von dem, was alle glauben, muß wahr sein, weil etwas (oder viel) funktioniert. Ich habe nur die Perspektive (d.h. diejenige, die zuerst in mir Zweifel aufkommen ließ) aufs äußerste erweitert, indem ich sie bis auf den äußersten Horizont ausdehnte, d.h. bis sie die gesamte Menschheitsgeschichte umfaßte. Anstatt *einfach* zu sagen, *diese* Glaubenssätze – meine zum Beispiel – seien wahr, weil sie funktionieren, begnüge ich mich damit zu sagen, irgendwie müsse die Menschheit als ganze von weniger wahren Überzeugungen zu wahreren gekommen sein, weil es ihr in ihrer Gesamtheit immer besser gegangen ist.

Aber auch diese erweiterte Perspektive läßt dieselben Zweifel aufkommen wie vorhin. Das Problem liegt nicht in den Größenordnungen, sondern in der Tatsache, daß jedwede Perspektive, auch die weiteste, die man sich denken kann, immer eine Teilperspektive ist, die immer etwas draußen läßt. Wer sagt mir, daß das, was wir großspurig »unaufhaltsamen Fortschritt« nennen, nicht dasselbe Ende nimmt wie die Hitlertruppen und daß dieser Fortschritt nicht in einigen Jahrhunderten (oder Jahren) mit demselben Abscheu und demselben Schrecken betrachtet wird, *zusammen* mit all den Theorien, die mit ihm einhergingen? Wer sagt mir, daß man, wenn die Welt ganz und gar verrückt geworden ist, nicht die Bilder, die von einem Rausch hervorgerufen werden, diese lieben, sympathischen Besucher auf der anderen Seite der Flasche, plausibler findet?

II. Das Auto des Autors

Der Fall

Ich weiß nicht, warum ich das Auto Wanda getauft habe, vielleicht weil ich eine alte, sehr sympathische Dame mit diesem Namen kannte; aber sicher ist, daß ich meine Kiste gern habe, diesen Fiat 124, mit dem ich schon so viele Jahre zusammenlebe. »Rostlaube« nennt ihn meine Frau und damit hat sie gar nicht einmal unrecht: In letzter Zeit mußte ich die Reifen, die Bremsen, den Kühler, den Keilriemen und ich weiß nicht was erneuern. Wir wissen schon zu Monatsbeginn, daß wir einen Teil unseres Budgets in Wanda »investieren« müssen (seltsam dieser Begriff), und wir hoffen, daß sich die Ausgaben in Grenzen halten, daß uns auch noch Geld für etwas anderes übrigbleibt. Überhaupt sollte ich mich von ihr trennen, ich weiß; vielleicht geben sie mir noch etwas dafür, wenn ich noch einmal DM 300,– hineinstecke. Und doch bringe ich es nicht über mich: Sie hat mich so viele Jahre begleitet, wir haben so viel miteinander erlebt; leichten Herzens kann ich mich nicht von ihr trennen.

Analyse

Würde ich mich wirklich von Wanda trennen, wenn ich mir jetzt ein neues Auto zulegte? Ich will sagen: Würde ich mich wirklich von *ihr* trennen, der Wanda, mit der ich als Student durch Europa fuhr, in der ich schlief, wenn es nicht anders ging, aß und liebte? Was ist heute von diesem verrosteten, alten Auto übriggeblieben? Es gibt kein einziges mechanisches Teil der Wanda aus jener Zeit, das nicht früher oder später ausgetauscht werden mußte; und was die Karosserie angeht, so habe ich hinten und vorne Beulen bekommen und ausgeteilt, von den Seiten ganz zu schweigen. Nicht ein einziges Molekül, wollte ich sagen, ist noch vorhanden: Was noch vorhanden *ist*, ist eine Ansammlung von Eisenteilen unterschiedlichster Herkunft, ein Konglomerat von Ersatzteilen, ein aus ausgeschlachteten Teilen anderer, weniger begünstigter Fahrzeuge, so gut es ging, zusammengestückelter Totem. Gewiß, nach jedem Jahr, nach jedem Umbau, nach jeder Beule, habe ich hartnäckig daran festgehalten, das Ding, das da vor mir stand – und das mir bisweilen auch erlaubte, damit zu fahren –, mit demselben Namen zu belegen (und das Kraftfahrzeugamt hat ihm immer dieselbe Fahrzeugnummer zugeteilt); aber genügt es, denselben Namen (oder dieselbe Nummer) zu verwenden, um sicher zu sein, daß es sich um denselben Gegenstand handelt? Die Zeiten, in denen man ein Wort (oder eine Ziffer) aussprach, um etwas oder jemanden auf magische Weise zu beschwören – und ihm womöglich ein Unglück anzuhängen –, sind längst vorbei; heutzutage werden der Sprache derartige Kräfte nicht mehr zugetraut. Nehmen wir beispielsweise an, wir würden einen Baum, den wir »Georg« nennen, verbrennen! Während der Verbrennung nennen wir das, was nach und nach aus dem

Baum wird, weiterhin »Georg«; wenn der ganze Vorgang zum Abschluß gelangt ist, taufen wir das übriggebliebene Häuflein Asche »Georg«. Wollen wir vielleicht behaupten, dieses Häufchen Asche sei, weil es denselben Namen bewahrt hat, mit dem Baum identisch, sei dasselbe wie der Baum? Wollen wir behaupten, wir hätten mit einem so simplen Trick den Baum am Leben erhalten, er existiere noch *als Häufchen Asche?* Natürlich nicht: Der Baum existiert nicht mehr, er ist verbrannt; statt dessen gibt es ein Häufchen Asche. Dadurch daß man ihm denselben Namen gibt, wird es nicht dasselbe; damit gibt man ihm nicht sein Sein zurück.

Die Metaphysik, beiläufig erwähnt in Kapitel I, rückt hier ins Zentrum der Aufmerksamkeit. Zusammen mit der Erkenntnistheorie und Ethik bildet sie eine der drei Hauptsäulen der Philosophie: Sie beschäftigt sich (nicht mit unserem Wissen oder unserem Verhalten, sondern) mit der allgemeinsten Struktur der Welt. Ein grundlegendes Element dieser Struktur ist die Identität der Objekte: wieviel es davon gibt und wie man sie zählt. In diesem Kapitel greifen wir einen der umstrittensten Aspekte der Identitätsproblematik auf; wie nämlich die Identität über die Veränderung hinaus möglich ist, d.h. wie ein Objekt sich verändern und nichtsdestotrotz in gewissem Sinne dasselbe bleiben kann. Das verwendete Beispiel ist eine Variante eines klassischen Falls, der (unter anderen) von Thomas Hobbes erörtert wurde: der Fall des Schiffes von Theseus, das es selbst zu bleiben scheint, auch wenn jedes seiner Teile ausgetauscht wird.

Man muß aber sagen, daß sich die beiden Fälle voneinander unterscheiden. In dem einem Fall gibt es eigentlich nur den Namen, und diese Namengebung scheint ganz und gar ungerechtfertigt; im anderen Fall hingegen – dem Fall von Wanda – besteht auch eine enge Beziehung zwischen den Dingen, die den Namen erhalten; (oder vielleicht dürfte ich nicht sagen, »die« Dinge im Plural, weil ich dann in gewisser Weise die Frage schon entscheide; aber jede andere Art, es auszudrücken – was weiß ich, die beiden »Phasen«, die beiden »Momente« von dem, was auch ein einziges Ding sein könnte – man sieht, derartige Ausdrucksweisen wirken eher gesucht). Ein Baum und ein Haufen Asche haben ziemlich wenig gemeinsam, sie ähneln einander nicht im entferntesten, aber die Wanda von heute und die von vor zwanzig Jahren sind dasselbe Auto: nicht identisch, will ich sagen, nicht dasselbe Objekt, das ist noch zu beweisen, und im Grunde nicht einmal sehr ähnlich; denn ich habe sie (abgesehen davon, daß jene jung war und diese alt ist) zu einem bestimmten Zeitpunkt umspritzen lassen; aber immerhin ist es derselbe Autotyp, dieselbe Automarke, derselbe Hubraum, all das, was man mit einem Wort unter einem bestimmten *Modell* – in diesem Fall einem Fiat 124 – versteht. Also ist es durchaus vernünftig, sie beide gleich zu benennen und sie als dasselbe anzusehen.

Doch die Unterscheidung wirkt ein bißchen willkürlich. Zugegeben, der Baum und das Häufchen Asche ähneln einander nicht, aber folgt daraus vielleicht, daß es nicht Dinge (wieder der Plural!) desselben Typs sein können? Es hängt davon ab, welchen Typ ich im Sinn habe. Ein hinreichend umfassender Typ wie *materielles Objekt* würde beide abdecken. Gewiß, *Fiat 124* ist als Typ viel spezifischer und detaillierter, aber warum sollte sich dieser Aspekt als der entscheidende erweisen? Warum sollten wir so viele Einzelheiten benötigen?

Vielleicht weil es sonst schwierig wäre, zwei beliebige Dinge zu unterscheiden: d.h. sie als *zwei* zu bezeichnen, nicht als *dasselbe.* Eine umfassende Kategorie wie *materielles Objekt* ist in der Tat allumfassend. Welcher Prozeß oder welche Veränderung sich auch in der Natur abspielt, all das, was vor dem Prozess existiert, wie das, was danach existiert, sind doch materielle Objekte; wenn wir sie also zufällig gleich benennen würden (und die Einzelheiten nicht zählten), würden sie auch dasselbe werden. Ein Tisch wäre dasselbe wie der Baumstamm, aus dem er gebaut ist, das Huhn und der Salat, den ich gestern aß, wären identisch mit dem Fleisch und dem Blut (und anderen Stoffwechselprodukten), die sie inzwischen geworden sind, und so weiter. Wenn wir uns entschieden, alles das, was wir vor uns haben (alles zusammen, will ich sagen), mit einem einzigen Namen zu belegen – zum Beispiel Georg –, dann würde, da all das, was wir vor uns haben, zweifellos ein materielles Objekt ist, daraus folgen, daß es dasselbe ist: alles, das heißt, Georg. Diese Schlußfolgerung ist absurd.

Oder vielleicht auch nicht. Es ist gewiß absurd für uns: Es kommt uns unnatürlich, kontraintuitiv vor. Aber das hat im Grund hier nichts zu sagen. Mit der ganzen bisherigen Überlegung wollte ich mich der Vorstellung widersetzen, nach der etwas irgendwie zu benennen genügt, um ihm zu bestimmten Merkmalen zu verhelfen; d.h. der Vorstellung, es gebe ein enges Band zwischen dem, was wir tun (oder sagen oder denken) und der Struktur der Welt, und jetzt bin ich einer analogen Vorstellung erlegen. Vielleicht ist der Gedanke für uns bequem, daß es so viel Verschiedenes gibt; vielleicht wissen wir nicht, was wir mit einem so umfassenden Typ wie *materielles Objekt* anfangen sollen; aber reicht das als Argument aus, um es auszuschließen? Und wenn es wirklich nur eine Sache gäbe und jedes einzelne der Objekte, die wir unterscheiden, ein Aspekt oder eine Komponente oder eine (partielle) Äußerung von ihr wäre?

Einen Augenblick! Wenn ich diesen Weg einschlage, bin

ich verloren. Nichts wird mich davon überzeugen können, daß das, was für mich absurd ist, auch im allgemeinen absurd ist: Es ist immer möglich, daß meine psychische Struktur nicht die geringste Übereinstimmung mit der Struktur der Dinge aufweist. Aber dann kann ich niemals irgendein Wissen erwerben und ich täte gut daran, sofort aus dem Spiel zu gehen. Wenn ich weiterspielen will, muß ich die Hypothese riskieren, daß es einen Kontakt zwischen dem, was mir scheint, und dem, was ist, gibt – so wie ein Wissenschaftler eine Hypothese riskiert, wenn er eine Theorie verkündet. Genauer, im vorliegenden Fall ist es meine Hypothese, daß es für mich nicht nur bequem ist, die Dinge in einer bestimmten Weise zusammenzufassen und zu trennen, sondern auch, daß diese Trennungen und Zusammenfassungen wirkliche Wasserscheiden bilden, wirkliche und wahrhaftige *natürliche Gattungen* sind, die dem Katalog der Welt (nicht nur unseren geistigen Schemata) angehören und die genaue, unüberwindbare Einschnitte bezeichnen, so daß, wenn eine Umwandlung von einer Gattung zur anderen stattfindet (von der Gattung *Baumstamm* zur Gattung *Tisch* zum Beispiel), die beiden Extreme der Umwandlung verschiedene Dinge sind, da sie zu verschiedenen Gattungen gehören. Es versteht sich von selbst, daß man sich in der Identifikation dieser Kategorien irren kann, aber nicht mehr als man sich hinsichtlich des Glaubens an die Existenz der Neutrinos und der Nichtexistenz des Phlogistons irren kann: Das Verfassen des »Branchentelefonbuchs« des Universums bringt keine größeren Risiken mit sich, als sein normales Telefonbuch zu schreiben. Mit diesem ganzen Arsenal von Argumenten zu meiner Verfügung kann ich also sagen, daß Wanda immer dieselbe Sache ist, weil sie nicht nur denselben Namen trägt, sondern auch immer dasselbe Auto ist, und *Auto* ist eine der Kategorien, in die die Welt zerfällt. An dieser Stelle scheint das Problem des Namens unerheblich zu werden: Auch wenn ich sie verkauft und ihr neuer Besitzer sie »Deborah« getauft hätte, wäre sie immer dasselbe geblieben. Sie wäre hingegen nicht dasselbe, wenn ich sie zu einer dieser Autopressen gebracht hätte, wo aus den Autos Blechquader werden (wie in einer berühmten Szene in *Goldfinger*), und wenn ich sie so reduziert mit nach Hause genommen und sie liebevoll (und ein bißchen geisteskrank) im Familienmuseum mit der Beschriftung »Wanda« aufgestellt hätte. Sie wäre nicht mehr dasselbe, weil sie kein Auto mehr wäre (ein Blechquader ist kein Auto), und da sie kein Auto mehr wäre, könnte sie nicht mehr *dasselbe Auto* sein.

Was das Thema der Identität angeht, so ist der fundamentale metaphysische Kontrast der zwischen Pluralismus *(der auch die Mehrheitsposition darstellt: In der Welt existiert mehr als ein Ding) und* Monismus *(in der Welt existiert ein einziges Ding; ein berühmter Monist ist Baruch Spinoza, für den das einzig Existierende Gott und jede andere Wirklichkeit eines seiner Attribute oder Modalitäten ist). In diesem Kapitel streifen wir die Debatte zwischen Monismus und Pluralismus nur und beschäftigen uns statt dessen mit einem anderen Kontrast: dem zwischen dem* Realisten *(der eine Antwort auf das Identitätsproblem in den Dingen, in der Welt selbst, sucht) und dem* Idealisten *(der sie in uns sucht, in unserem Begriffsapparat und in unseren praktischen Erfordernissen). Das klassischste Dokument der realistischen Position ist die* Metaphysik *des Aristoteles, wo es heißt, daß jedes Objekt eine Menge von Merkmalen aufweist, die sein Wesen ausmachen, und daß eine notwendige Bedingung dafür, identisch mit sich selbst zu bleiben, darin besteht, sein eigenes Wesen, seine Essenz, zu behalten.*

Vielleicht reicht das aber immer noch nicht aus. Sehen wir vor allem zu, daß wir keine Verwirrung stiften! Denn Wörter wie »dasselbe« und »identisch« werden verschwenderisch benutzt, und es ist nicht immer klar, was man damit meint. Wenn ich sage, *a* ist ein »identisches a« oder »dasselbe Objekt wie« oder »dieselbe Sache wie« *b*, rede ich so, als zählte ich *a* und *b* ab und stellte fest, wieviele *a* und *b* es sind, welche Zahl ich ihnen zuordnen soll; mit anderen Worten, ich entscheide, ob *a* und *b* zwei sind oder nur eins. Dann sage ich, daß ich von ihrer *numerischen* Identität spreche. Wenn ich statt dessen sage, *a* ist »dasselbe Auto wie« oder »derselbe *Computer* wie« *b*, rede ich von bestimmten Merkmalen oder Eigenschaften, die *a* und *b* gemeinsam haben: Beide haben zum Beispiel (*wenn* es zwei sind) eine auf bestimmte Weise gefertigte Karosserie und eine bestimmte Anzahl von PS, oder sie sind beide Einspritzer. Dann sage ich, daß ich von ihrer *qualitativen* Identität spreche. Ganz allgemein könnte die Operation, die ich auszuführen versuche, so beschrieben werden: die numerische Identität zwischen der Wanda von früher und der Wanda von heute auf der Grundlage ihrer qualitativen Identität zu bestimmen, d.h. meine Überzeugung zu rechtfertigen, es habe während dieser ganzen Zeit nur eine einzige Wanda gegeben und zwar auf der Grundlage der Tatsache, daß die eine Wanda und die andere Wanda vieles gemeinsam haben. Offenbar habe ich von Anfang an anerkannt, daß sie nicht *alles* gemeinsam haben, daß vieles verändert wurde; infolgedessen kann ich mich nicht auf eine absolute, sondern nur auf eine partielle qualitative Identität beziehen. Das Problem besteht also in in folgendem: wie partiell? Wieviel müssen jene und diese Wanda gemeinsam haben, um ein und dieselbe Wanda zu sein? Die Antwort, die ich bisher darauf gegeben habe, lautet: Sie müssen dasselbe Auto sein, d.h. zur selben *Gattung*, zur selben Kategorie, gehören. Die Einzelteile, aus denen sie bestehen, werden wahrscheinlich unterschiedlich sein, aber wenn diese Teile nach einem bestimmten Schema, einem bestimmten Modell – dem Fiat 124 –, zusammengebaut werden, wenn sie die *formale* Identität dieses Modells widerspiegeln, wenn sie mit einem Wort zu der Bedienungsanleitung, die jedem Fiat 124 beiliegt, passen, dann reicht das aus, daß sie dasselbe Auto und demnach dieselbe Sache sind.

Siehe da, nachdem die Situation einmal geklärt ist, sieht man sofort, wo es klemmt, erkennt, wo die Überlegung nicht trägt. Besonders im letzten Abschnitt: da wo ich von der teilweisen qualitativen Identität »dasselbe Auto« die numerische Identität »dieselbe Sache« ableite. Wenn dieser Abschnitt richtig wäre, würde daraus folgen, daß alle Fiat 124, da sie dasselbe Auto, d.h. Autos desselben Typs, desselben Modells, sind, dieselbe Sache sind. In diesem Fall könnte ich Wanda aufgeben und mir einen besser erhaltenen Fiat 124 suchen (was im Endeffekt bedeutete, daß ich Wanda nicht einmal »aufgäbe«, denn das Auto, das ich dann hätte, wäre ja mit Wanda *identisch).*

Um den Fehler zu korrigieren, scheint es naheliegend, das »Material«, aus dem Wanda hergestellt wurde, ins Spiel zu bringen. Dieses Material kann sich ändern, zugegeben, aber nur bis zu einem bestimmten Punkt: Wenn ich an Stelle von Wanda einen anderen Fiat 124 kaufte, wäre das eindeutig eine andere Sache, auch wenn es dasselbe Auto (qualitativ gesprochen) wäre. Für die numerische Identität von Wanda also zählten nicht nur die Form, der Typ, das Modell, sondern auch seine physische Substanz, in der dieser Typ oder dieses Modell sich darstellen, auch diese berühmten Teile, die ich vorhin ein wenig zu unbekümmert als gänzlich irrelevant angesehen hatte. Das Problem besteht darin, wie man diese Teile ins Spiel bringt, was man der obigen Definition der numerischen Identität hinzufügen muß, um die Sache in Ordnung zu bringen.

Vielleicht wird ein komplizierteres Beispiel etwas Licht auf das Problem werfen. Nehmen wir an, jedesmal wenn in Wanda etwas kaputtginge – der Kühler, die Reifen, der Zündverteiler –, würde das Originalteil nicht nur ausgetauscht, sondern auch sorgfältig beiseite gelegt und seinerseits repariert! Nehmen wir an, im Laufe der Zeit hätten alle Originalteile von Wanda dieses Schicksal erlitten und folglich enthielte die Wanda von heute kein einziges Originalteil mehr! Nehmen wir schließlich weiterhin an, am Ende dieser Operation würde man aus all den Teilen, die zu ihrer Zeit beiseite gelegt und repariert wurden, ein anderes Auto desselben Typs wie Wanda, einen Fiat 124, zusammenbauen. Ich könnte noch einen Schritt weitergehen und mir dieses zweite Auto ganz und gar mit Wanda (qualitativ) identisch vorstellen: nicht nur dasselbe Modell, sondern auch dieselbe Farbe, derselbe Erhaltungszustand, dieselbe Staubschicht darauf. Ich könnte mich ohne weiteres dazu entschließen, auch dieses zweite Auto »Wanda« zu nennen. Das Problem besteht jetzt in folgendem: Welche von den beiden ist die ursprüngliche Wanda? Alle beide (denn es sind eindeutig zwei, zwei verschiedene) sind Autos desselben Typs, und in beiden hatten die Originalteile eine gewisse Rolle gespielt; für welches soll ich mich also entscheiden?

Ich fände es naheliegend, das erste Auto zu wählen, die Wanda, die während all dieser Jahre existierte, auch wenn die andere (über alle ihre »richtigen« Merkmale hinaus) alle ursprünglichen Teile besitzt, und dies damit zu rechtfertigen, daß das zweite Auto jetzt als ganzes auf einen Schlag in die Welt gekommen ist, daß, bevor ich mich entschlossen hatte, sie zusammenzubauen, es sie nicht gab und sie folglich auch nicht dieselbe Sache wie Wanda sein konnte, – die es hingegen gab. Aber wenn ich das Beispiel weiter kompliziere, wäre diese Antwort nicht mehr möglich. Nehmen wir an, es hätte zu Beginn des Vorgangs (sagen wir, vor zwanzig Jahren) zwei Fiat 124 gegeben, beide mit dem Namen »Wanda«. Im Laufe der Jahre wurde, jedesmal wenn etwas in der ersten Wanda (*meiner* Wanda) kaputtging, das Originalteil ohne mein Wissen durch ein entsprechendes Teil der zweiten Wanda ersetzt; dann wurde das ursprüngliche Teil repariert und in die zweite Wanda eingebaut. Am Ende des Vorgangs gehören alle ursprünglichen Teile der ersten Wanda der zweiten Wanda und umgekehrt; außerdem sind die beiden Autos vom selben Typ und haben beide in dieser ganzen Zeit existiert. Welche von den beiden ist meine Wanda? Hat es vielleicht in diesen ganzen Jahren einen Augenblick gegeben, in dem nach Überschreiten eines bestimmten Schwellenniveaus ein Auto das andere geworden ist und mir meine Wanda, ohne daß ich es bemerkt hätte, genommen und durch eine Imitation ersetzt wurde?

Noch einmal hätte ich Lust, mit »Nein« zu antworten. Der Gedanke scheint mir natürlich, daß in dieser ganzen Zeit die beiden Autos das geblieben sind, was sie waren, und daß sie sich nicht eins in das andere verwandelten. Ja, ich fände nichts Seltsames daran, etwa folgendes zu sagen: »Sieh', dies andere Auto hat all die Teile, die vorher meines hatte!«. Dagegen fände ich es etwas seltsam, etwa folgendes zu sagen: »Sieh', was aus meinem Auto geworden ist!« Trotz allem würde ich weiterhin denken, Wanda, meine Wanda, sei immer die geblieben, die ich all die Jahre fuhr (oder vielleicht sollte ich sagen: all die Tage, an denen sie funktionierte) und die nachts in meiner Garage stand. Dann aber verlieren wieder die Teile, die physischen Materialien, an Bedeutung, denn von den beiden Autos kann sich eindeutig das zweite eines solideren und greifbareren Bandes mit der ursprünglichen Wanda rühmen. Das ist, wenn man darüber nachdenkt, gar nicht mal so schlecht, denn diese ganze Solidität und Konkretheit könnte sich als Illusion erweisen. Nehmen wir an, ich sagte: »Dieses Auto ist (numerisch) dasselbe, weil es aus den (numerisch) gleichen Teilen gefertigt ist: denn es hat denselben Motor, dieselbe Windschutzscheibe, dasselbe Differential und so weiter.« Man könnte mich dann fragen: »Wie kommst du darauf, daß es denselben Motor hat?« Und ich würde vielleicht darauf antworten: »Weil er mit (numerisch) denselben Kerzen, mit denselben Zylindern, mit denselben Kolben ausgestattet ist.« Schließlich würde ich nach einem weiteren Frage- und Antwortspiel sagen, daß es dieselben Zylinder sind, weil sie aus demselben Stahlblock gefertigt wurden, daß es derselbe Stahlblock ist, weil er aus denselben Molekülen besteht, und daß es dieselben Moleküle sind, weil ... Hier sollte ich lieber einhalten, oder ich sage an einer bestimmten Stelle noch etwas Falsches. Es ist zum Beispiel falsch zu sagen, daß ein und derselbe Stahlblock immer die (numerisch) selben subatomaren Teilchen oder auch dieselben Atome enthält: Es passieren dauernd Katastrophen auf der mikrophysikalischen Ebene, und der Umstand, daß wir ihrer nicht bewußt sind, reicht nicht aus, das zu einer dunklen und trägen Materie zu verwandeln, was vielmehr Schauplatz von unendlich vielen »Sprüngen« der Lage und des Energieniveaus, eines unaufhörlichen »Zur-Welt-Kommens« und »Verschwindens« von zahllosen Entitäten, eines beständigen »Aufkochens«, also das genaue Gegenteil jeder Stabilität, jeder dauerhaften und unveränderlichen Struktur, ist. Die numerische Identität eines Objekts auf der numerischen Identität seiner Bestandteile und der Bestandteile dieser Bestandteile und so fort zu gründen, ist ein von Anfang an aussichtsloses Unterfangen; denn von einem gewissen Punkt an wissen wir schon, daß die Bestandteile nicht numerisch identisch sein werden.

Vielleicht ist das entscheidende Element nicht die (numerische) Identität der Bestandteile, sondern eine gewisse Kontinuität, oder vielleicht sollte ich sagen *Kontiguität*, zwischen ihnen. Nach und nach wurden die Teile der alten Wanda allesamt ausgetauscht; aber der Gesichtspunkt, den es zu unterstreichen gilt, ist der, daß sie *nach und nach* ausgetauscht wurden. Nehmen wir an, als erstes sei die Kupplung zu Bruch gegangen; man hätte also die alte Kupplung ausgebaut und weggeworfen (das dachte ich wenigstens; vielleicht kommt irgendwann heraus, daß man sie aufgehoben hat) und eine neue in das Auto eingebaut. Mit dem ganzen Übrigen hat man nichts angestellt, man hat es so gelassen, wie es war. Und so ist in Kontakt mit dem ganzen Übrigen wie durch Ansteckung auch die neue Kupplung *Wandas Kupplung* geworden, bereit, ihrerseits die Infektion auf andere Teile weiterzugeben, die danach eingebaut wurden. Kurz gesagt, jedes Teil, das Wanda nach und nach hinzugefügt wurde, ist dadurch ein Teil von Wanda geworden, daß es *Wanda* hinzugefügt wurde, d.h. in einen allgemeinen Kontext eingefügt wurde, in dem alle die anderen Teile schon Teile von Wanda waren.

Doch nicht einmal dieser Vorschlag löst das Problem. Es kam nach meiner Erinnerung wenigstens einmal vor, daß die Mechaniker und Karosserieschlosser nach einem ziemlich schweren Unfall drastisch in Wanda eingreifen und dabei so gut wie alle ihre Teile austauschen mußten. Nach einigen Wochen konnte ich *mein Auto* zurückhaben, das heißt: Auch nach einem so außerordentlich drastischen Eingriff hat dieses Wenige an »Kontext«, das übriggeblieben war, ausgereicht, mich und die anderen davon zu überzeugen, daß es sich um dieselbe Sache handelte. Aber nehmen wir jetzt an, ich hätte sie, anstatt sie mit solcher Eile und Effizienz reparieren zu lassen, einfach abgemeldet und sie hätte zehn Jahre und länger in irgendeiner Ecke vor sich hin gerostet. Dann findet sie eines Tages ein Junge mit wenig Geld und viel Zeit, zerlegt sie gänzlich, entnimmt die wenigen noch brauchbaren Teile (dieselben, unterstellen wir mal, die die Mechaniker und Karosserieschlosser vor zehn Jahren als brauchbar angesehen hatten), sucht (und findet) auf den Autofriedhöfen das Fehlende und baut schließlich ein funktionierendes Auto zusammen, das ganz so wie ein Fiat 124 aussieht. Frage: Ist das Wanda, *meine Wanda*?

Diese Frage macht mich unsicher und perplex, und keine Antwort ist für mich absolut selbstverständlich. Wenn ich aber eine geben müßte, würde sie wahrscheinlich »Nein« lauten, denn ich fände wiederum nichts Merkwürdiges daran zu sagen: »Sieh', das Auto dieses Jungen hat Wandas Verdeck, Reifen und Getriebe (und was der Junge sonst noch verwendet haben mag)!«, während ich es aber eher merkwürdig fände zu sagen: »Sieh', was aus Wanda geworden ist!« Das heißt, es wäre für mich natürlich, in ihr ein anderes Auto zu sehen, das zwar einige Teile von Wanda enthält, aber nicht eine bestimmte Phase in Wandas Leben.

Für Aristoteles stellt die Fortdauer derselben Essenz, desselben Wesens, keine hinreichende Bedingung dafür dar, daß es dasselbe Objekt bleibt. Die Materie, aus der das Objekt besteht, muß etwas damit zu tun haben: Das Objekt (oder in traditioneller Ausdrucksweise, die Substanz) wird als ein Synholon *(Zusammengesetztes) aus Materie und Form gekennzeichnet (wobei die letztere der Essenz gleichzustellen ist). Es ist aber nicht klar, auf welche Weise die Materie zur Identität des Objekts beiträgt; wir haben hier* verschiedene Möglichkeiten und die damit verbundenen Probleme untersucht. Nachdem wir diese Probleme betrachtet haben, kann der Gedanke naheliegen, die raumzeitliche Struktur und die Materie, die sie annimmt, seien in sich selbst gänzlich undifferenziert, d.h. sie nötigten weder bei bestimmten Objekten noch bei anderen zu einer spezifischen Unterscheidung (und setzten nicht einmal einen spezifischen Anfang und ein spezifisches Ende für das Leben irgendeines Objekts) und wir seien es, die diese Unterscheidungen für unsere Zwecke treffen. Wer so denkt, ist schon auf dem Weg zu einer idealistischen Haltung gegenüber der Identität.

Wenden wir uns für einen Augenblick zurück! Zuerst hatte ich mich dafür entschieden, die materiellen Bestandteile außer acht zu lassen und statt dessen einen Begriff der Kontinuität zu verwenden; dann aber bin ich von der »Kontinuität« zur »Kontiguität« abgerutscht und habe unversehens wieder von materiellen Bestandteilen gesprochen. Da braucht es niemanden zu wundern, daß ich keine großartigen Fortschritte erzielt habe. Ich muß versuchen, die Kontinuität nicht auf einen rein räumlichen Tatbestand zu reduzieren, auf das, was kontinuierlich ist, weil es sich *berührt*, weil es nebeneinander liegt. Mit einem Wort, ich muß von der Kontinuität als von etwas weniger Physischem und Konkretem sprechen; gerade das letzte Beispiel kann mich vielleicht auf den richtigen Weg bringen. Was wurde in Wanda, in Wandas Kontinuität, in diesem Beispiel unterbrochen? Die Nähe zwischen ihren Teilen oder wenigstens zwischen einigen von ihnen reicht nicht aus, um sie in einem anderen Fall (dem, in dem sie unverzüglich repariert wurde) als dasselbe Objekt anzusehen. Was unterbrochen wurde, ist ihr Funktionieren.

Ich will nicht behaupten, Wanda hätte nie aufhören dürfen zu funktionieren, um sie selbst zu bleiben; denn während der Reparaturen funktionierte sie eindeutig nicht. Oder vielleicht will ich sagen, daß »funktionieren« nicht gelegentliche Pannen ausschließt, solange diese den Mechanismus nicht für eine unbestimmte Zeit zum Erliegen bringen. Ich bin ein funktionierendes menschliches Wesen, auch wenn ich gelegentlich erkranke, und Wanda ist ein funktionierendes Auto, auch wenn ich es gelegentlich (zu häufig, würde meine Frau sagen) zur Werkstatt bringen muß; aber ich wäre kein funktionierender Mensch mehr, wenn ich für Jahre ans Bett gefesselt wäre, und Wanda wäre kein funktionierendes Auto mehr gewesen, wenn ich sie nach dem Unfall in einer Ecke abgestellt hätte. Mit all diesen Vorbehalten und Präzisierungen ist Wanda solange dieselbe, wie sie ihre Funktionen erfüllt: mit einem Wort: zu fahren und mich dahin und dorthin zu bringen. Da Wanda (mit den besagten Einschränkungen) bis heute ihre Funktionen erfüllt hat, habe ich jedes Recht, sie als dasselbe Auto anzusehen.

Vielleicht hätte ich besser daran getan, nicht die Sache mit dem funktionierenden Menschen heranzuziehen. Im Moment schien mir das eine passende Analogie zu sein, aber wenn ich jetzt darüber nachdenke, schafft mir das mehr Probleme als sonst etwas. Gewiß, es ist nicht wahr, daß ich, wenn ich krank bin und also nicht in der Lage bin zu funktionieren, nicht mehr ich bin: Ich bin immer ich, nur krank. Man könnte sagen, daß das, was ich tue, wenn ich *nicht* krank bin, zur Arbeit gehen, einkaufen, Tennis spielen – wahrhaftig nicht meine Funktionen des Menschseins sind und daß ich folglich, auch wenn ich sie nicht erfülle, weiterexistieren, weiter ich selbst sein kann. Bleibt dann noch zu erklären, welches die Funktionen eines menschlichen Wesens sind. Alle die, auf die wir besonders stolz sind (was weiß ich? Unsere Fähigkeit zu sprechen, zu denken, uns etwas vorzustellen), kommen nicht in Frage, denn es gibt auf der einen Seite menschliche Wesen, die sie offenbar nicht haben, und auf der anderen Seite könnten wir selbst sie verlieren, ohne deswegen unsere Identität zu verlieren. Aber auch die elementareren Fähigkeiten wie Sich-ernähren oder Atmen – die nicht ausreichen würden, um uns von einer Pflanze zu unterscheiden – sind nicht sehr vielversprechend, wenigstens nicht in heutiger Zeit: Wie viele armselige Individuen »existieren«, d.h. *setzen ihre Existenz fort*, angeschlossen an ein *life-support-system*, das gänzlich für ihr Funktionieren verantwortlich ist?

Es bedarf dieser Probleme nicht einmal, um mich in Schwierigkeiten zu bringen. Man braucht nicht einmal menschliche Wesen ins Spiel zu bringen, die – das ist zu erwarten – sicherlich einen komplexen und ein besonderen Fall darstellen. Es reicht die Bezugnahme auf die Funktionalität aus, um mich in Schwierigkeiten zu bringen. Warum? Weil ein Auto eine Funktion nicht für sich selbst hat, sondern nur in bezug auf bestimmte Zwecke, und weil selbstverständlich ich hier entscheide – oder besser, wir alle entscheiden –, welche Zwecke zählen und welche Funktionen ausgefüllt werden müssen, damit etwas sich selbst gleich bleibt. Für uns ist es selbstverständlich, daß man ein Auto zum Reisen benutzt, und folglich bestünde seine Funktion darin zu fahren: die Räder in der vom Lenkrad angezeigten Richtung zu bewegen, anzuhalten, wenn man ein bestimmtes Pedal niederdrückt, und so weiter. Vielleicht ist das nicht ohne eine gewisse Berechtigung im Hinblick darauf, daß, auch wenn ich vorhin *Auto* eine natürliche Gattung genannt habe, die Autos in Wirklichkeit *künstliche* Gegenstände sind, vom Menschen nach seinem Plan gebaut. Und doch könnte das so konstruierte Objekt unsere Pläne auch übersteigen, operative Möglichkeiten haben, die wir uns nicht einmal träumen lassen: Wer sind wir, daß wir bestimmen können, *was es für* Funktionen hat, und daß wir auf dieser Grundlage entscheiden, wann das Objekt seine Identität bewahren darf? In jedem Fall sind die künstlichen Objekte (glücklicherweise) noch in der Minderzahl. Gewiß, auch Baumstämme und Steine können eine Funktion für uns haben, aber das ist offenbar etwas ihnen gänzlich Äußerliches. Das heißt, zuallererst existieren sie, sind sie, was sie sind, und dann nutzen wir sie gegebenenfalls in bestimmter Weise. Ihre Funktionen für uns und ihre Funktionen ganz allgemein sind Folgen, nicht Grundlagen, ihrer Existenz und ihrer Natur. Es anders zu sehen hieße, die Welt – deren »Branchenbuch« ich zu schreiben versuche – in anthropozentrischer Weise, von unseren privaten Interessen korrumpiert und damit letztlich falsch zu sehen.

So viele Versuche ich auch unternehme, ich stoße immer wieder auf dieselbe Schwierigkeit: Wie ich, ein menschliches Wesen und vielleicht auch ein menschliches Wesen einer bestimmten historischen Epoche, von einer bestimmten kulturellen Herkunft, die Dinge sehe, determiniert schließlich die Dinge selbst, bestimmt, was die Dinge sind, die Bedingungen, unter denen sie die Dinge bleiben können, die sie sind. Vielleicht sollte ich damit aufhören, mich gegen diese Schwierigkeiten zu wehren, zu versuchen, sie aus dem Wege zu räumen. Vielleicht sollte ich etwas von ihrem hartnäckigen Wiederauftauchen in meinen Überlegungen lernen. Mein Problem besteht darin, wie ich die Dinge zählen, wie ich entscheiden soll, wie viele es von ihnen auf der Welt gibt – oder besser, wie viele es im Lauf der Geschichte der Welt gegeben hat; – das könnte nicht nur ein Problem sein, das den Menschen besonders am Herzen liegt, das sie zur Erreichung ihrer Ziele lösen sollten, sondern auch durchaus ein sinnloses Problem, das sich unabhängig von den Menschen und ihren Zwecken nicht stellt. Mir kommt der Gedanke, dieser Fall könnte dem der Längen- und Breitengrade ähnlich sein, die nicht Eigenschaften der Welt als solcher (oder vielleicht sollte ich sagen: der Örtlichkeit der Welt) sind, sondern nur in Beziehung auf unser Orientierungsbedürfnis existieren. Um dieses Bedürfnis zu befriedigen, legen wir gedanklich eine Art interpretatives Gitter über die Welt: das Netz der Breiten- und Längengrade mit einem Äquator, dem Nullmeridian und so weiter. Mit Hilfe dieses über die Erde gespannten Netzwerks können wir von einer bestimmten Stelle (dem Montblanc zum Beispiel) sagen, daß sie auf diesem Breitengrad und jenem Längengrad liegt; aber wenn wir niemals existiert hätten, hätten auch Begriffe wie *Breitengrade* und *Längengrade* nie existiert, und folglich hätte sie der Montblanc nicht haben können. Genauso gehören vielleicht Begriffe wie *Tisch, Stamm* und *Auto* nicht der Welt an, sondern einem kategorialen Netz, das wir über die Welt »werfen«, um uns in ihr zurechtzufinden, nicht nur räumlich, sondern ganz allgemein in allen unseren verschiedenen Handlungen. Nicht nur daß wir die Autos machen, nicht nur daß einige Objekte unsere Hervorbringungen sind: *Alle* Objekte wären nicht *jene* Objekte, Objekte jenes Typs, wenn es uns nicht gäbe; denn wir sind es, die die Typen einführen. Wenn es uns nicht gäbe, wären die Baumstämme (im Gegensatz zu den Autos) immer noch da, *aber es wären keine Baumstämme*, weil der Begriff *Baumstamm* etwas ist, das wir eingeführt haben. So wie wir die Begriffe Identität und numerische Differenz eingeführt haben, damit uns das Zählen leichter fällt. Wir sollten also aufhören, eine absolute Grundlage für diese Begriffe zu suchen, und uns statt dessen mit einer

Bezugnahme auf das, was für uns funktional ist, begnügen. Dann kann man von diesem Schritt ohne weiteres sagen, eine Sache auf bestimmte Weise zu benennen lasse sie auf eine bestimmte Weise sein: Ja, die ständige Verwendung eines Eigennamens wie »Wanda« (und nicht nur von Sachnamen wie »Tisch« und so weiter) könnte geradezu für die ständige Anwesenheit eines Objekts bestimmend sein. Wenn dieses Objekt seine Rolle einbüßt und die Bedeutung, die es für mich (oder einen anderen) hat, verliert, verliert es vielleicht auch seinen Namen, und das genügte, daraus ein anderes Objekt zu machen.

Sicher ist dies eine Möglichkeit, aber nicht die einzige. Man könnte mir vorhalten, daß wir zum Beispiel Längengrade und Breitengrade nicht geschaffen, sondern sozusagen nur zutage gefördert haben. Damit man die besondere Wahrnehmungsqualität der Farbe »Grün« realisiert, ist ein Organismus mit einer der meinen ähnlichen Empfindungsfähigkeit vonnöten. Andernfalls würden zwar die Körper die Lichtstrahlen weiterhin genauso reflektieren, aber keiner würde auch nur ein bißchen Grün sehen. Hieße das, daß die Körper – diese Bäume, die ich draußen vor meinem Fenster sehe – *nicht grün wären*? Es ist ganz und gar legitim, darauf zu antworten: »Nein, sie wären grün, weil *grün sein* bedeutet, *die Lichtstrahlen so zu reflektieren, daß ein Organismus mit einer Empfindlichkeit wie der meinen die Farbe Grün wahrnehmen würde;* und diese Eigenschaft hätten die Bäume auch, wenn es keine Menschen (oder andere Lebewesen) auf der Welt gäbe.« Grün sein heißt, ein bestimmtes Potential zu haben, und klarerweise nimmt man seine Existenz nur dann wahr, wenn das Potential auch realisiert wird; das heißt aber nicht, daß es nicht auch vorher existiert hätte. Entsprechend, könnte man fortfahren, sind Längen- und Breitengrade vom Menschen entdeckt, expliziert worden, aber es gab sie auch schon vorher: Auch bevor der Mensch vom Äquator, vom Meridian von Greenwich und von dem Abstand des einen zum anderen sprach, existierten diese Dinge als rein geometrische Aspekte unseres Planeten: Schon damals existierten in der Tat sein weitester Kreis und der Kreis zwischen den beiden Polen, auf dem *dann* Greenwich liegen sollte. Ja, wenn sie nicht existiert hätten, hätte man nicht von ihnen sprechen können. Dasselbe gilt für Tische, Autos und Baumstämme und auch für Identität und Differenz.

Wir untersuchen jetzt das System des Idealismus, das in der Kritik der reinen Vernunft *von Immanuel Kant seinen wichtigsten Bezugspunkt hat. In ihr wird die Theorie entwickelt, daß Begriffe wie* Tisch *und* Stamm *unsere Werkzeuge zur Interpretation einer ansonsten undifferenzierten Wirklichkeit sind und daß also die Probleme der Identität und Verschiedenheit nicht abgetrennt von unseren begrifflichen Strukturen gelöst werden können. Traditionellerweise wird die Kantsche Position als Endpunkt eines philosophischen Weges angesehen, der mit der Unterscheidung (wenigstens bei Descartes) zwischen den sogenannten primären und sekundären Qualitäten der Objekte beginnt: d.h. Qualitäten, die den Objekten »an sich« (wie Form und Dimensionen) zukommen, und denen, die ihnen nur insoweit zukommen, als sie von uns wahrgenommen werden (zum Beispiel Farbe und Geschmack). Die genaue Natur dieser sekundären Qualitäten zu bestimmen bringt viele ziemlich dornige Probleme mit sich: Einen Widerhall davon hat man hier in der Diskussion der Begriffe* Grün *und* Längengrad, *(wo unter anderem auf die Position von John Locke in dem* Versuch über den menschlichen Verstand *angespielt wird; das heißt, daß die sekundären Qualitäten* Potentiale *der Dinge darstellen, die in uns gewisse Reaktionen hervorrufen).*

So stehe ich wieder einmal am Anfang. Wenn das begriffliche Netzwerk unsere eigene Schöpfung ist, kann ich das Problem, wie ich vorhin andeutete, lösen, indem ich es ohne Bedenken darauf abwälze, daß es für uns funktional ist. Wenn aber das begriffliche Netzwerk unabhängig von uns existiert und wir uns darauf beschränken, es ans Licht zu bringen (ich müßte sagen, einen Teil davon ans Licht zu bringen, weil wir sicherlich nicht alle Möglichkeiten explizieren), dann erweist sich wieder jede Bezugnahme auf unsere Zwecke als willkürlich. Und im Moment wüßte ich nicht, wie ich mich zwischen diesen beiden Hypothesen entscheiden sollte.

Wenn die zweite Hypothese wahr wäre, könnte ich mich vielleicht mit der nochmaligen Berufung auf die Analogie mit dem Wissenschaftler aus der Schlinge ziehen, der sich nie sicher ist, wie die Dinge sind, der es aber deswegen nicht aufgibt, Theorien zu entwickeln und darauf zu wetten, daß seine Theorie die richtige ist. Aber es ist eine Analogie, die mich nicht mehr sehr überzeugt. Wenn der Wissenschaftler wettet, hat er etwas im Köcher und damit auch etwas, das die Wahrheit oder Falschheit seiner Theorien beweisen kann. Er wettet, daß ihm die Experimente recht geben, und wenn sie ihm recht geben, hat er gewonnen (bis zum Beweis des Gegenteils). Ich dagegen, was habe ich in meinem Köcher? Was könnte jemals, ich sage nicht beweisen, sondern auch nur nahelegen, daß ich recht oder unrecht habe? Was änderte sich in der Welt, selbst an meiner geliebten Wanda, wenn ich an einem bestimmten Punkt den Schluß zöge, sie sei nicht mehr dieselbe, sie sei etwas anderes geworden, vielleicht eine Sache desselben Typs, aber numerisch verschieden? Wenn es eine Sache desselben Typs wäre, würde ich sie weiterhin genauso behandeln, sie genauso fahren und reparieren und betanken. Und wenn mein Verhalten dasselbe bleibt, welchen Unterschied macht es dann aus, ob es einen oder zwei Fiat 124 in meinem Leben gegeben hat?

Vielleicht ist es nicht das Verhalten, das zählt. Vielleicht ist es meine Gefühlsbindung an dieses Objekt, ein für mich unersetzliches Objekt, was ich ins Spiel bringen sollte. Vielleicht sehe ich in der Einheit dieses Objekts meine eigene Einheit widergespiegelt, und wenn es kein einheitliches Objekt gäbe, das mit sich selbst sogar über Tausende von Transformationen identisch ist, würde auch ich mich schließlich verlieren. Vielleicht muß ich annehmen, es gäbe um mich herum einen festen Bezugsrahmen, so daß auch ich darin einen festen Platz haben kann und mich nicht in so vielen verschiedenen Personen, in so vielen verschiedenen Episoden, zerstückele. Vielleicht gelingt es mir deswegen nicht, mich von Wanda zu trennen. Vielleicht nenne ich sie deshalb auch weiter so.

III. Willenskraft

Der Fall

Wenn es nur die Süßigkeiten wären, würde mich das Problem überhaupt nicht beschäftigen. Es gibt Leute, die es zur Verzweiflung treibt, wenn ihnen eine Tafel Schokolade oder ein Stück Torte verwehrt werden; ich dagegen mache mir nicht viel aus Schokolade und Torte. Wenn Süßigkeiten das einzig Dickmachende wären, wäre ich gut dran; aber leider ist es nicht an dem. Leider gibt es da noch die Nudeln, das Brot, die Pizza: alle die köstlichen, teuren, verfluchten Mehlspeisen. Ich könnte von früh bis spät Mehlspeisen essen; aber ich muß mich mäßigen. Jetzt habe ich zum Beispiel schon eine Pizza gegessen und wie gewöhnlich kämpfe ich mit mir, ob ich mir auch noch einen Calzone genehmigen darf. Die Versuchung ist groß; aber genauso groß ist der innere Konflikt, den ich in diesen Tagen bei allem erlebe, das ich mir einverleibe. Ich muß einige *überzählige* Kilo zugenommen haben: Es ist besser, eine Willensanstrengung zu unternehmen und zum Kaffee überzugehen.

Was habe ich von einer Willensanstrengung? Gebe ich mich nicht einer Illusion hin, wenn ich glaube, ich könnte den Lauf der Welt willkürlich ändern, ich könnte alle die äußeren und inneren Einflüsse, die auf mich einwirken, aufheben und meine Handlungen dahin lenken, wo ich, in totaler und vollständiger Autonomie, es für richtig halte? Was für eine lächerliche Anmaßung! Was auch geschieht, wir können immer fragen »Warum?« Wir wollen damit sagen: »Welches frühere Ereignis hat das Eintreten dieses Ereignisses notwendig *verursacht* und kann folglich jetzt als seine *Erklärung* angeführt werden?« Ein Baby weint, und wir fragen uns, was ihm weh tut; die Aktienkurse fallen um 100 Punkte, und wir suchen nach den Faktoren, die die Kapitalströme anderswohin fließen ließen; es bricht ein Krieg aus, und wir fragen nach den politischen und sozialen Spannungen, die ihn ausgelöst haben. Gewiß, häufig genug bleiben uns die Gründe dieser Ereignisse weiterhin verborgen; aber wir zweifeln niemals auch nur einen Augenblick daran, daß es sie gibt, daß sie existieren. Wenn wir sie nicht herausfinden, liegt das an uns; deswegen hört die Natur noch nicht auf, geordnet und unfehlbar vorzugehen. Wir müssen ihr für so viel Regelmäßigkeit, für eine so vollständige Phantasielosigkeit und jedes Fehlen von Improvisation dankbar sein; denn nur auf dieser Grundlage können wir das Gebäude unserer Wissenschaft sicher errichten, nur so allmählich dahin gelangen, die Natur zu beherrschen und sie unseren Bedürfnissen zu unterwerfen. Wenn ich mir all das vor Augen halte, kann ich da vielleicht noch denken, ich bildete eine Ausnahme, kann ich da noch ernsthaft glauben, die unverbruchliche Abfolge der Kausalzusammenhänge breche gerade in meinem armseligen

Fall zusammen, gerade dann, wenn ich mich dazu »entschließe«, einen Calzone zu essen? Lassen wir es gut sein, nehmen wir uns nicht zu wichtig! So wie es die Wissenschaften der Himmelskörper und der Lebewesen gibt, so gibt es eine, die das Verhalten des Menschen, dieses streitsüchtigen und eitlen Tiers, erforscht. Vielleicht ist diese Wissenschaft – die Psychologie – noch nicht sehr weit fortgeschritten, noch nicht imstande, eine genaue Karte von all dem, was eine Person in bestimmter Weise handeln läßt, anzufertigen und das Verhalten dieser Person mit derselben Genauigkeit vorherzusagen, mit der man eine Mondfinsternis vorausberechnet; aber das ist nur eine Frage der Zeit. In jedem Fall, auch wenn es keine Frage der Zeit wäre, auch wenn wir niemals zu ähnlich genauen Vorhersageleistungen imstande sein werden, geht das nur zu Lasten unserer Intelligenz, nicht aber zu Lasten der Notwendigkeit der Ereignisse. Ich habe eine bestimmte psychische Struktur, ich verfüge über bestimmte Erfahrungen, ich befinde mich in einer bestimmten Situation, in der ich bestimmten Einflüssen unterliege: All das determiniert ohne Irrtumsmöglichkeit (es ist eine andere Frage, ob ich oder wer immer in der Lage sei, das festzustellen), ob ich den Calzone esse oder nicht.

Vielleicht müßte ich ein etwas vorsichtiger vorgehen. Ein Gutteil meines Verhaltens fällt offenbar mühelos unter das »deterministische« Schema, das ich gerade skizziert habe. Oft ist mein Verhalten in der Tat eine bloße Reaktion auf einen oder mehr Stimuli, auf einen oder mehr Umweltreize oder auf innere Stoffwechselprozesse. Diese Abhängigkeitsbeziehung kann sehr einfach und unmittelbar durchschaubar sein, wie wenn ich zum Beispiel einem Faustschlag ausweiche oder meinen Durst an einer Quelle stille; sie kann aber auch schwer zu durchschauen und komplex sein, wenn ich zum Beispiel umsichtig und präzise ein Auto oder einen Computer handhabe; aber es gibt doch absolut eindeutige Anzeichen dafür: der Automatismus, die Effizienz und gleichzeitig die Unbewußtheit der Bewegungsabläufe, die daraus resultieren. Wenn ich *re*agiere, anstatt wahrhaft zu agieren, anstatt in der ersten Person zu agieren, anstatt zu wählen und also in einer bestimmten Weise agieren zu *wollen*, verhalte ich mich wie eine Maschine und teile die Vorzüge und Grenzen einer Maschine. Dann gibt es aber auch noch Fälle wie den in der Pizzeria, in dem die Automatismen ins Stocken geraten und es an mir liegt, zu überlegen und zu entscheiden, welche von den verschiedenen möglichen Verhaltensweisen ich verwirklichen will. Diese Handlung wird mit vollem Bewußtsein, mit der Auflistung und Bewertung der Für und Wider, ausgeführt. Wenn sie einmal abgeschlossen und eine Entscheidung herbeigeführt ist, können meine automatischen Mechanismen wieder einsetzen; aber bis dahin ist das Geschehen sehr verschieden von dem, was vor sich geht, wenn ich Auto fahre oder einem Faustschlag ausweiche: So kontrolliere ich mein Schicksal (teilweise) rational und intentional. Diesen Fall auf den voraufgehenden zu reduzieren hieße, Unterschiede einzuebnen, die unleugbar existieren und die eine große Bedeutung haben. Sollte ich vielleicht auch in diesem Fall auf jede Reflexion verzichten und mich Hals über Kopf in die eine oder andere Richtung stürzen? Oder sollte ich eine Münze werfen und zulassen, daß das Gesetz der Schwerkraft – also der eherne Kausalnexus der Naturgesetze – für mich entscheide?

Bei näherer Betrachtung erweisen sich diese Fragen als sinnlos. Wenn ich wahrhaftig davon überzeugt bin, alle meine Verhaltensweisen seien determiniert, es habe in keinem Fall Sinn, von einer Handlungsfreiheit meinerseits zu reden, dann hat es auch keinen Sinn, sich zu fragen, ob ich eine Münze oder sonst etwas werfen soll. Ich *werfe* eine Münze, wenn ich dazu determiniert bin; entweder handle ich impulsiv oder überlege noch geduldig hin und her: Was immer ich auch tue, es steht letzten Endes nicht in meiner Macht, das zu entscheiden. Um genauer zu sein: Ich kann auch entscheiden, das heißt ich kann, unmittelbar bevor ich dieses und jenes tue, zu mir selbst sagen: »Ich will dieses und jenes tun«, das heißt aber nicht, daß dies zu sagen oder zu denken oder zu wollen absolut bedeutungslos ist, das heißt, daß ich nach Belieben etwas anderes tun könnte (oder auch nur etwas anderes *sagen* könnte).

Nachdem dies geklärt ist, wollen wir wieder den Fall, in dem ich automatisch handle, und den, in dem ich darüber nachdenke, einander gegenüberstellen. Was geschieht, wenn ich darüber nachdenke? Anstatt einem einzigen Einfluß oder wenigstens synergetischen, in eine Richtung wirkenden Einflüssen ausgesetzt zu sein, werde ich von entgegengesetzten Kräften in verschiedene Richtungen gedrängt und bleibe infolgedessen inaktiv. Es ist wie beim Fingerhakeln, wenn die beiden Widersacher mehr oder weniger gleich stark sind: Die eingesetzte Energie ist gewaltig (relativ gesprochen), aber es geschieht nichts. Und wie es beim Fingerhakeln häufig vorkommt, daß, während nichts geschieht, das bißchen Luft, was man noch hat, mit unnützen Frotzeleien vergeudet wird, so wird in dem anderen Fall die Litanei der Für und Wider heruntergebetet. Aber weder Schmähungen noch Litaneien erreichen ihren Zweck: Erst in dem Augenblick, in dem das Gleichgewicht verlorengeht, kommt es zu einer Lösung. Wenn mein Hunger (oder vielleicht meine Gewöhnung an die Pizza, meine psychische Abhängigkeit von ihr) die Oberhand über den sozialen Druck, der mich veranlaßt, eine annehmbare »Linie« zu bewahren, gewinnt oder umgekehrt, geschieht etwas; andernfalls könnte ich hier unschlüssig bis in alle Ewigkeit verharren. Das, was wir großartig Erwägen und Entscheiden nennen, ist nichts anderes als eine qualvolle Situation des Verhaltensstillstands, und es ist geradezu pathetisch, daß viele in dieser Blockierung den »Adel« des Menschseins erblicken.

Die Freiheit ist eines der grundlegenden metaphysischen Themen. Bis zum 17.-18. Jahrhundert waren es vor allem die Attribute Gottes, die diesbezüglich Probleme aufwarfen. Kann ich frei sein, wenn Gott allwissend ist und folglich schon immer weiß, was ich tun werde? Schlimmer noch, kann ich frei sein, wenn Gott mein Schöpfer und folglich die Grundlage all dessen ist, was ich bin? Es ist interessant festzustellen, daß die Attribute Gottes für die Freiheit Gottes selbst Schwierigkeiten bereiten: Kann Gott frei sein, wenn er unendlich gut und folglich dazu determiniert ist, das Gute zu tun? Mit der Durchsetzung der neuen Naturwissenschaft wurden diese religiösen Probleme (oft unter dem Etikett »Vorherbestimmung« oder »Prädestination« zusammengefaßt) allmählich durch analoge wissenschaftliche Probleme ersetzt. Autoren wie Julien de la Mettrie (in L'homme machine*) dehnten den durch das Prinzip der Kausalität (jedes Ereignis folgt notwendig aus einem oder mehr Gründen) geheiligten Determinismus auf das menschliche Verhalten aus und sprachen dem Menschen jede Freiheit ab – beziehungsweise jede Fähigkeit, anders zu handeln, als er handelt (wir werden im folgenden sehen, daß dies nicht das einzige Verständnis von Freiheit ist). Heute ist der wissenschaftliche Determinismus durch die Quantenmechanik, in der die Begriffe Zufall und Wahrscheinlichkeit im Mittelpunkt stehen, in eine Krise geraten; aber es handelt sich um Entwicklungen, die etwas mit subatomaren Teilchen, nicht mit den Gegenständen unserer Alltagserfahrung (für die immer noch das deterministische Schema gilt) zu tun haben. Das Grundproblem bleibt bestehen: Wenn morgen die Physik noch einmal ihren Kurs änderte und wieder einem Determinismus in seiner extremsten Form huldigte, würde die »wissen-*

schaftliche« Haltung – d.h. eine, die in der Wissenschaft das einzige Fundament einer richtigen Zuwendung zur Welt erblickt – wieder keine Ausnahme von dem Kausalitätsprinzip zulassen. Diejenigen jedoch, die sich um die menschliche Freiheit sorgen, sind der Ansicht, das Problem müsse (und könne) eine »prinzipielle« Lösung finden und dürfe nicht davon abhängen, welche wissenschaftliche Theorie gerade Oberwasser hat. Aus diesen Gründen vermeide ich jede weitere Bezugnahme auf die Teilchenphysik.

Aber ist diese Geringschätzung meiner Handlungsfähigkeit nicht ein bißchen übertrieben? Zugegeben, meine Handlungen sind das Resultat einer Reihe von Ursachen. Es gibt die Umwelt, die Erziehung, eine bestimmte psychische »Konstitution«, die Situation, in der ich mich befinde; aber warum sollte es nicht auch meine Willenskraft geben? Nicht als einzigen determinierenden Faktor, gewiß, aber wenigstens als einen Faktor unter mehreren. Im Grunde bin ich ein Organismus mit einer gewissen funktionalen Unabhängigkeit; muß man sich da wundern, wenn sich gewisse Dinge für mich als *funktionaler* und folglich erwünschter als andere herausstellen? Muß man sich wundern, daß ich in der Lage bin, selbständig zu planen, und wenn diese Pläne eine gewisse, vielleicht nicht entscheidende, aber auch nicht völlig unbedeutende Rolle in dem, was ich tue, spielen? In dem vorliegenden Fall gibt es zum Beispiel den Hunger, und es gibt den sozialen Druck; aber es gibt auch mein Selbstkonzept, also das, was ich aus mir machen will; auch das kommt ins Spiel, auch das nimmt am Fingerhakeln teil, auch das kann manchmal gewinnen.

Schön, dieses Bild des Willens, der sich mit den Mechanismen der Natur vergleicht und den Kampf nicht verweigert! Noch viel eindrucksvoller ist das ein bißchen prometheische und ein bißchen paranoide Bild, das jene abgeben, die glauben sie seien für ihre eigenen Geschicke voll verantwortlich. Und doch, wie schön es auch sei, es funktioniert nicht! Das Problem besteht darin, daß die Kausalketten unendlich weit nach vorne (oder besser nach hinten) laufen und, wenn wir ihnen nachgingen, wir uns an einer bestimmten Stelle außerhalb unseres eigenen Lebens wiederfänden, in Situationen, zu denen wir in keinem Fall irgendetwas hätten beitragen können. Bemühen wir uns um eine Klärung! Ich tue irgend etwas (ich bestelle zum Beispiel einen Calzone) und erkläre das mit einem Gesamt von Ursachen, von denen einige meine mehr oder weniger langfristigen Pläne sind. Die Geschichte endet hier aber noch nicht; denn es ist durchaus legitim, eine Erklärung für diese Pläne zu verlangen, zu fragen, warum ich diese und keine anderen Pläne habe. Nehmen wir an, die Antwort brächte ein anderes Gesamt von Ursachen ins Spiel und auch unter diesen wäre etwas Persönliches, etwas, das ich will oder wollte. Ich kann auch für dieses Element eine Erklärung verlangen. Und da langfristig im allgemeinen die Ursachen den Wirkungen vorausgehen, muß ich von Dingen reden, die vor meiner Geburt geschahen, zum Beispiel von dem, was meine Eltern vorhatten und was schließlich das, was ich vorhabe, beeinflußte. An diesem Punkt habe ich aufgehört, der zu sein, der wählt: Der »Willens«faktor, der in meine Entscheidung einging, einen Calzone zu bestellen, ist nicht mehr meiner, wie er übrigens auch nicht mehr der meiner Eltern oder von sonst jemandem wäre, wenn ich in meiner Suche immer weiter zurückginge. Der einzige Abstellplatz aller Faktoren und aller Antworten ist die Welt, die Natur in ihrer Gesamtheit: Wir alle sind als endliche Wesen nur Episoden einer unaufhaltsamen Entwicklung, Spielsteine in einem Spiel, das uns übersteigt. Wahrhaftige und wirkliche Marionetten der Ereignisse, frönen wir unserer Eigenliebe, wenn wir uns die Verantwortung dafür zuschreiben, ohne uns davon Rechenschaft abzulegen, daß wir damit nur unsere Ignoranz und unsere Kurzsichtigkeit beweisen.

Hier taucht ein anderes Konzept von Freiheit auf: die Freiheit als Autonomie, d.h. nicht als Fähigkeit, anders zu handeln, als man tatsächlich handelt, sondern vielmehr als Fähigkeit, die Gründe für das eigene Handeln in sich selbst zu finden. Wieder ist es die Theologie, in der dieser Begriff seine Prägung erhalten hat: Die Freiheit als Autonomie schrieben (unter anderen) Spinoza und Leibniz Gott zu - und sahen sie als vereinbar mit seiner unendlichen Güte an. Kant hat in der Schrift Grundlegung der Metaphysik der Sitten *dieses Konzept auf den Menschen ausgedehnt.*

Und doch kann ich diese Schlußfolgerung nicht akzeptieren! Einverstanden, es mag im Fall des Calzone stimmen, aber hier gibt es sehr viel ernstere Probleme zu bedenken. Gerade erwähnte ich den Begriff der Verantwortlichkeit: Denkt man die deterministische These bis in ihre letzten Konsequenzen durch, wird klar, daß es keinen Platz mehr für einen derartigen Begriff gibt. Keiner wäre mehr für irgend etwas verantwortlich; was einer auch dächte, sagte oder wollte, es geschähe das, was geschehen muß. Wenn es so wäre, könnten wir uns und unseresgleichen dann aber noch loben oder (was mehr zählt) tadeln oder noch eine Schuld ahnden, eine heldenhafte Tat belohnen, die Leute zu einem anständigen und ehrbaren Verhalten anhalten? Unsere gesamte Rechts- und Moralkultur würde zusammen mit einem Gutteil unserer Politik in die Brüche gehen; das können wir uns nicht leisten. Wie habe ich diese Erörterung eigentlich begonnen? Mit einer Bezugnahme auf das wissenschaftliche Handeln und auf die Bedeutung des Kausalitätsbegriffs für die Wissenschaft – genauer, des Universalgesetzes, daß jedes Ereignis eine Ursache hat. Dieses Gesetz ist eine Voraussetzung von Wissenschaft und des Versuchs, die Dinge zu erklären: Wenn die Wissenschaftler nicht davon ausgingen, daß es immer eine Erklärung gibt (d.h. etwas, das die Ereignisse determiniert), könnten sie nicht wissen, ob sie nicht ihre Zeit vergeuden. So weit so gut; aber hüten wir uns vor Übertreibungen: Wir dürfen der Wissenschaft nicht unsere anderen, nicht weniger respektablen Handlungsfelder opfern. So wie das Kausalitätsgesetz eine Voraussetzung der Wissenschaft darstellt, ist es eine Voraussetzung unseres sozialen Lebens, daß Menschen – bisweilen wenigstens – für ihr Handeln verantwortlich sind, daß sie Akteure ihres eigenen Schicksals oder des Schicksals anderer sind; diese Voraussetzung hat ebensoviel Recht respektiert zu werden wie die andere, mehr noch als die andere, wenn man sich überlegt, daß wir zwar ohne Wissenschaft, nicht aber ohne Gesellschaft leben könnten. Lassen wir also die Wissenschaft ihren Weg gehen und die Wissenschaftler alle die Hypothesen aufstellen, die sie für notwendig erachten, aber schließen wir nicht von vornherein aus, daß man auf einem anderen Niveau und für andere Probleme andere Hypothesen aufstellen kann und muß, insbesondere die Hypothese der Freiheit!

Das Problem dieser Erörterung besteht darin, daß es für die Anerkennung der Legitimität einer Aktivität nicht genügen kann, daß diese »respektabel« ist, d.h. daß sie unseren Respekt verdient. Es gab eine Zeit, in der Magie und Astrologie äußerst respektabel waren; nichtsdestotrotz erwiesen sich ihre Annahmen, die Prinzipien, auf denen sie beruhten, als falsch und wurden schließlich zurückgewiesen. Dasselbe könnte mit der Moral, dem Recht und der Politik, so wie wir sie heute praktizieren, geschehen: Es könnte sich herausstellen, daß auch diese

Aktivitäten ohne Grundlagen sind, Vermächtnis einer naiven und primitiven Zeit, in der die Menschen noch glaubten, auf den notwendigen Gang der Ereignisse Einfluß nehmen zu können. Gewiß wird es schwierig sein, sich von diesem Überbleibsel, von den subtilen und tiefsitzenden Konditionierungen, die es in unsere Sprache und unser Denken hineingetragen hat, zu befreien. Als ich vorhin zum Beispiel die Bedeutung des Kausalitätsprinzips für die Wissenschaft unterstrich, kam es mir selbstverständlich vor, davon zu sprechen, wie weitgehend dieses Prinzip uns erlaubt, die Natur zu beherrschen, sie »unseren Zwecken zu unterwerfen«; damit gab ich zu verstehen, daß das Ganze unseren Plänen, unseren Vorhaben, gehorche, und forderte mich und andere sozusagen dazu auf, es für die Realisierung dieser Pläne in Dienst zu nehmen. Ich hätte mich statt dessen auf die Aussage beschränken müssen, daß, wenn das die notwendige Entwicklung unserer Art ist, das Kausalitätsprinzip allmählich jede Opposition hinwegfegen wird. Das Kausalitätsprinzip erlaubt uns vielleicht, die Natur besser zu beherrschen; aber dies geschieht nicht, weil es unser Wille war, sie zu beherrschen: Es geschieht, weil es geschehen mußte. Also die Tatsache selbst, daß ich, während ich die deterministische Position zu formulieren suchte, in einer Terminologie befangen blieb, die diese Position als unpassend hinstellen würde, zeigt, wie wichtig das Thema der Freiheit, der Verantwortlichkeit, der Wahl, bis heute ist, welche zentrale Rolle sie in meiner Ausbildung und in der Gesellschaft, die mich umgibt und zu der ich gehöre, gespielt hat, und wie schwer es ist, sich davon zu lösen. Doch die Dinge könnten sich ändern; wir könnten das Interesse an Begriffen wie Lob und Tadel, Pflicht und Wille verlieren. Dann wären Politik und Moral Museumsobjekte, nicht länger mehr ein »respektabler«, sondern ein müßiger

Zeitvertreib für ältere Damen, die sich nach den schönen, alten Zeiten sehnen, bedeutungslose Überreste einer untergegangenen Lebensform.

Heißt das, es sei unsinnig, jemanden für ein Verbrechen, das er begangen hat, zu bestrafen, – und daß wir es vielleicht an dieser Stelle nicht einmal mehr »Verbrechen« nennen dürfen? Heißt das, wir sollten zulassen, daß jeder von uns »seinen Weg gehe« und tue, was sich ergibt, zum Beispiel auch seinesgleichen beleidigen, mißhandeln oder töten, wenn es »sich gerade ergibt«? Nein, nicht einmal im Traum! Zunächst muß präzisiert werden: Die Tatsache, daß man die Gefängnisse öffnet und die Strafgefangenen entläßt, oder daß man sie statt dessen sorgsam hinter Schloß und Riegel verwahrt, ist eine *Tatsache*; als solche wird sie eintreten, wenn sie eintreten muß, nicht aber wenn (oder weil) wir sie in unsere Pläne einbezogen haben und weil wir davon überzeugt sind (zum Beispiel, weil wir dem Determinismus huldigen), dies sei der richtige Weg. Was das Eintreten der Tatsache angeht, so bliebe es auch dann im höchsten Maße unwahrscheinlich, wenn jede Bezugnahme auf Schuld und Verantwortlichkeit vom Antlitz der Erde verschwände. Dann würde das, was wir heute (abwegigerweise) »Strafen« nennen, auch weiterhin wenigstens zwei grundlegende Aufgaben erfüllen. Strafen erlaubten uns erstens, Personen zu isolieren, die sich als sozial gefährlich erwiesen haben; sie dienten zweitens als Abschreckung für diejenigen, die potentiell gefährlich sind, indem sie in ihr Seelenleben ein Element der Furcht einführten, das für die Determination ihres Verhaltens wichtig wäre. Eine »Strafe« – oder besser eine soziale Ordnungsmaßnahme –, die mindestens zwei dieser Aufgaben erfüllt, wird wahrscheinlich weiterhin verhängt werden, auch wenn es keinen Sinn mehr hat, jemanden zu bestrafen: Man wird sie beibehalten, nicht weil Personen existieren, die sie »verdienen«, sondern weil ihre Zweckmäßigkeit einen genügenden Grund für ihre Existenz abgibt, weil sie dazu beiträgt, diese Personen zu isolieren oder die anderen darauf zu konditionieren, sie nicht nachzuahmen; das wird hinreichen, uns alle darauf zu konditionieren, sie zu verhängen.

Eine positive Lösung des Problems der Freiheit scheint für die Ethik wesentlich zu sein – d.h. davon sprechen zu können, was zu tun recht ist, was man tun soll. Wenn wir nicht frei wären, erschienen derartige Werturteile in der Tat unsinnig. So haben einige versucht, die Freiheit von der Ethik her zu beweisen: Da die letztere existiert und sinnvoll ist, muß man zugeben, daß wir frei sind. Ein solcher »Beweis« aber erklärt nicht, was es heißt, frei zu sein; außerdem kann er jederzeit umgedreht werden: Wenn wir nicht *frei sind, ist die Ethik sinnlos – und beschränkt sich auf eine Reihe von mehr oder weniger für die Gemeinschaft »funktionalen« Verhaltensweisen.*

Aber einen Augenblick mal: Das bedeutet das Eingeständnis, daß ein seelischer Zustand wie Furcht einen beträchtliches Gewicht in der Determinierung unseres Verhaltens haben kann. Gewiß, für einen Deterministen wird auch dieser seelische Zustand wie alles, was geschieht, von etwas anderem und letzten Endes in einer langen Ursachenkette von etwas verursacht, das nicht mehr demselben Geist, nicht mehr demselben Individuum, angehört. Aber lassen wir diesen Aspekt des Problems beiseite und konzentrieren wir uns statt dessen auf die Bedeutung des geistigen Zustands! Kehren wir zum Beispiel zu meinem Fall zurück, zu meiner »Entscheidung«, ob ich einen Calzone essen soll! Zu recht oder zu unrecht, ich bin davon überzeugt, frei wählen zu können: Diese Überzeugung ist Teil meiner psychischen Struktur und folglich auch der Gesamtsituation, in der ich mich befinde. Wie bei jedem anderen Aspekt dieser Situation – insbesondere jedem anderen Aspekt meiner psychischen Struktur – spielt auch sie eine Rolle bei der Determinierung meines Handelns. Wenn ich nicht glaubte, frei zu sein, könnte ich eine fatalistische Haltung einnehmen, den Weg des jeweils geringsten Widerstands gehen und mich zum Platzen vollschlagen; wenn ich dagegen glaube, eine gewisse Macht über mich zu besitzen, werde ich unter Umständen eher dazu gebracht, ein anderes, reiferes und würdigeres Verhalten zu bevorzugen. Folglich hat, ob ich frei bin, zu wählen, oder nicht, *zu glauben*, ich sei frei zu wählen, einigen Einfluß darauf, wie die Verhaltensblockierung schließlich ausgeht; und es hat wahrscheinlich einen positiven Einfluß, weil es mir dazu verhilft, mich in Form und guter Gesundheit zu halten. Was könnte ich anderes verlangen, um mich für die Freiheit zu erklären? Auch wenn sie eine Illusion ist, ist sie eine nützliche Illusion; es genügt, daß niemand ihren Wert verkennt oder sie bestreitet. Das heißt, daß wir die Praxis unseres sozialen Lebens, – das Recht, die Moral, den Altruismus – weiterhin problemlos verteidigen können: Auch wenn ihre Voraussetzungen falsch sein sollten, glauben wir an sie und handeln, *als ob sie wahr wären.*

Wir stehen wieder am Anfang, würde an dieser Stelle der Determinist sagen. Wenn man die Freiheit zu einer Illusion erklärt, dürfte es unmöglich sein, sich für ihre Akzeptierung oder Ablehnung einzusetzen, selbst wenn es eine nützliche Illusion wäre; oder besser gesagt, es wäre unmöglich zu wählen, sich so dafür einzusetzen, daß es von Bedeutung wäre. Wir setzen uns dafür ein, wenn wir determiniert sind, uns dafür einzusetzen: wenn uns zum Beispiel unsere Erziehung einen unwiderstehlichen Glauben an unsere Freiheit eingepflanzt hat, so daß wir jetzt bereit sind, für ihre Verteidigung Schlachten zu schlagen und Kreuzzüge zu führen. Wenn die Erziehung sich ändern sollte, wird diese Überzeugung immer schwächer werden, bis die Freiheit auch als nützliche Illusion keine großartige Zukunft mehr hat. Die Wesen, die dann existieren, werden von uns sehr verschieden sein: Illusion und Phantasie werden in ihrem Leben keine Rolle spielen; ihr Verhalten wird nicht nur automatisch sein, sondern auch so erscheinen, es wird auch ihnen ganz und gar automatisch erscheinen, als ein unvermeidliches Ergebnis von Ereignissen, die sich jeder möglichen Kontrolle entziehen. Die Romantischeren unter uns werden vielleicht sagen, solche Wesen seien nicht als menschliche Wesen anzusehen; aber im Grunde ist es kein großer Verlust, wenn das, was sie von *sich* denken, wie wenig menschlich es auch sein mag, *wahr* ist.

Je weiter ich voranschreite, desto mehr kommt es mir so vor, als hätte ich das ganze Problem falsch angefaßt: dieses Wort »wahr«, das ich gerade verwendet habe, ist ein wichtiger Hinweis darauf, daß ich einen Irrtum begangen habe. Von Anfang an habe ich die deterministische Haltung begünstigt, indem ich sie mit Werten in Verbindung brachte, die in unserer Gesellschaft hochpositiv sind: der Wissenschaft, der Objektivität, der Wahrheit. Auf diese Weise hat sich die Gegenposition vor der undankbaren Aufgabe wiedergefunden, gegen alle diese Werte anzugehen, die Falschheit und die Illusion, die persönlichen, subjektiven und unsicheren Überzeugungen und Gefühle von uns allen, in Schutz zu nehmen. Das ist aber reine Rhetorik. Die »wissenschaftliche« Sichtweise hat zweifellos ihre innere Stimmigkeit, aber es bleibt zu beweisen, daß sie die Hüterin der Wahrheit ist. Die beste Karte, die sie in der Hand hat, ist Wissenschaft und Technologie zusammenzuschweißen und den außerordentlichen Fortschritt der letzten zwei oder drei Jahrhunderte als Beweis ihrer Richtigkeit anzuführen; aber auch diese Karte wird ihr nicht erlauben, die Partie zu gewinnen. Mir kommt der Film *Nashville* von Altman in den Sinn und der Song jenes lächerlichen, möchtegern *Countrysingers*: »Wir müssen etwas Gutes getan haben, daß wir zweihundert Jahre überdauerten«. All dies war offensichtlich ironisch gemeint: Die Nachricht war, daß zweihundert Jahre nicht für ein abschließendes Urteil ausreichen und daß viel langlebigere Reiche als das amerikanische am Ende erkennen mußten, daß ihre Grundlagen brüchig waren. Mit dem technischen Fortschritt ist es dasselbe: Alles ist sehr schnell gegangen, zu schnell, um ein endgültiges Urteil abgeben zu können. Und auch in dieser kurzen Periode gibt es genug offene Fragen, nicht wenige »Zwischenfälle«, die uns zum Nachdenken und zur Vorsicht mahnen. Wollen wir wirklich alle die tausendjährigen Regeln unseres Zusammenlebens, den ganzen soliden Apparat unserer Moralität, über Bord werfen, nur weil »die Wissenschaft« uns Saftpressen und Toaströster geschenkt hat? Aber sie hat uns auch Tschernobyl und die Vernichtung des tropischen Regenwaldes im Amazonasgebiet, Three Mile Island und Bhopal geschenkt!

Der wissenschaftliche Fortschritt ist andauernd Gegenstand der philosophischen Diskussion gewesen, mindestens seitdem Jean-Jacques Rousseau seine Hohlheit enthüllt hatte (der Fortschritt befriedigt Bedürfnisse, die er selbst hervorgebracht hat und die sonst gar keine »Bedürfnisse« wären). In neuester Zeit haben Martin Heidegger und in seiner Gefolgschaft die Theoretiker der »Frankfurter Schule« (Theodor Adorno, Max Horkheimer, Herbert Markuse) die technologische Zivilisation einer heftigen und unbarmherzigen Kritik unterzogen.

Ich sollte mit der Verwendung von Wörtern wie »wahr« vorsichtiger umgehen. Es ist zum Beispiel nach der deterministischen Auffassung ohne weiteres wahr, daß alles das, was einer frei zu wählen glaubt, aus einer Ursache geschieht und daß auch die Überzeugung, frei zu wählen, selbst eine Ursache hat. Es ist aber nach der Gegenposition genauso wahr, daß die Übernahme des Determinismus eine Wahl darstellt, daß man sie in einem genauen gesellschaftlichen Kontext situieren und mit ihr wohldefinierte (explizite oder implizite) Zwecke verfolgen kann. Die Situation ist paradox: Die beiden Deutungen der Welt, die wir hier vor uns haben, sind so allgemein, so allumfassend, daß es nicht möglich ist, sich von ihnen zu lösen, nicht einmal, um ihnen gegenüber irgendeine Haltung einzunehmen. Wenn ich zum Beispiel glaube, die eine oder andere zu *wählen*, habe ich im Grunde schon gewählt, auch dann, wenn ich mich von dem Gewicht meiner Kenntnisse und Argumente leiten lasse, wenn ich mich von ihnen *determinieren* lasse, zu bestimmen, auf welcher Seite ich stehe. In beiden Fällen wird die jeweils unterlegene Theorie vollkommen in der Lage sein, den Sachverhalt zu erklären: Wenn ich wähle, wird der Determinist denken, ich sei hinsichtlich des Wählens einer Illusion erlegen, und wenn ich mich statt dessen lenken lasse, wird sein Widersacher denken, ich hätte gewählt, nicht zu wählen.

Bevor mir schwindelig wird, tue ich gut daran, zu etwas Spezifischerem, Konkreterem zurückzukehren. Nehmen wir die »Wesen«, die der Determinist bevorzugt, jene fremdartigen Geschöpfe, die sich vollständig damit abgefunden haben, Automaten zu sein. Menschliche Wesen scheinen sie gewiß nicht zu sein; aber ist es legitim, sie überhaupt als Wesen anzusehen? Besser gesagt, ist es ihnen möglich, sich als solche anzusehen, irgendwie das Gefühl zu haben, zu existieren und eine Rolle zu spielen? Wir sind in dieser unserer naiven und primitiven Lebensform davon überzeugt zu existieren, weil wir glauben, daß wir wenigstens bisweilen eine Bedeutung haben. Ich zum Beispiel existiere, weil es in meiner Macht steht, den Calzone zu essen oder nicht zu essen, und weil es auch in meiner Macht liegt, wenn ich es will, aufzustehen und den Pizzabäcker zu ohrfeigen: Ich bin sicher, das würde ihn von meiner Anwesenheit überzeugen. Wenn nichts in meiner Macht läge, wenn jede meiner Bewegungen seit Anbeginn der Zeiten in mein Schicksal oder in die Kausalketten eingeschrieben wäre, was würde dann aus mir? Mein Körper wäre eine der vielen Manifestationen der unbeugsamen Naturgesetze, und für mich gäbe es keinen Platz mehr: Verflogen wäre auch die »Illusion«, zu der ich zeitweilig Zuflucht genommen hatte, diese kompakte, geordnete und regelhafte Welt wüßte nicht, was sie ohne mich anfangen sollte. Es paßt mir, mich damit zu beschäftigen, ein wenig Unvorhersehbarkeit in die Welt einzuführen; vielleicht ist dafür die Idee, jemandem ein paar Ohrfeigen zu verpassen, gar nicht mal so schlecht.

Jetzt nimmt aber die Erörterung eine gefährliche Wendung. Gewiß, der Determinismus ist eine unnatürliche, beunruhigende Position; aber man muß aufpassen, nicht vom Regen in die Traufe zu geraten. Nehmen wir an, ich täte wirklich etwas so Ungewöhnliches und Unvorhersehbares wie aufstehen und den Pizzabäcker ohrfeigen: Was wäre die allgemeine Reaktion darauf? Meine Freunde würden zu mir sagen: »Ich erkenne dich nicht wieder.« Wahrscheinlich würde ich selbst, nicht so sehr um mich zu rechtfertigen, sondern ehrlich perplex über das Vorgefallene erwidern: »Ich weiß nicht, was in mich gefahren ist.« Mit anderen Worten, ein derartiger Akt, fern davon, *meine* Freiheit zu beweisen, mich zum wahrhaftigen und einzigen Protagonisten meiner Handlungen zu machen, würde von allen, mich selbst eingeschlossen, als Resultat des Eindringens von etwas Fremdem gedeutet werden, eines beunruhigenden Elements, eines Einflusses, der wenigstens für einen Augenblick meine Persönlichkeit verändert (und geschädigt) hat. Eine augenblickliche und (hoffentlich) einmalige Episode des Wahnsinns, würde man sagen: mit einem Wort von etwas, das nicht zu mir gehört. Das bin ich nicht; wer mich kennt, weiß das: Ich würde niemals etwas derartiges tun.

Jetzt bin ich wirklich verwirrt. Denn wer bin ich? Wer ist dieses Ich, das sich niemals derart verhalten würde? Es ist eine Person, deren Reaktionen mit der Zeit für alle vorhersehbar geworden sind, von der man schon weiß, daß sie irgendwann einmal in einer Pizzeria unschlüssig sein wird, wieviel sie essen soll, darüber nachdenkt und so weiter. Ein absolut beliebiges Verhalten wie das, was ich jetzt erwäge, würde nicht *von* dieser Person stammen, weil es nicht ihre Gesetze, ihren Charakter, ihre Neigungen respektieren würde. Aber das heißt, daß etwas von dieser Person stammt, meins ist, wenn es die Erwartungen erfüllt, wenn es sich als vorhersehbar, berechenbar, *determiniert* erweist. Bisher schienen Determination und Freiheit Gegensätze zu sein, und jetzt auf einmal scheinen sie statt dessen unauflösbar miteinander verbunden. Um frei zu sein, muß ich handeln können, muß es Handlungen geben, die mir zugeschrieben werden können; aber damit mir eine Handlung zugeschrieben werden kann, muß sie »in meinem Charakter« liegen; das heißt, sie muß den allgemeinen Regeln meines Verhaltens folgen, das wiederum das Ergebnis meiner psychischen Struktur und meiner Erziehung ist. Eine willkürliche, unerwartete Handlung würde als Ergebnis eines zeitweiligen Verlusts der Ich-Kontrolle angesehen; wenn ich sie ausführte, würde ich vielleicht für etwas »Raum« schaffen, würde ich vielleicht einen kleinen Freiraum im unverbrüchlichen Mechanismus der Ereignisse schaffen, aber nicht für mich, nicht für dies besondere Etwas, das ich bin.

Hier taucht in präzisierter Form der Begriff der Freiheit als Autonomie wieder auf, der von Kant in seiner etymologischen Bedeutung verstanden wurde, d.h. als die Fähigkeit, sich selbst Gesetze zu geben. Ein autonomes Wesen wird sich danach nicht in beliebiger Weise, sondern vielmehr höchst rational verhalten; denn die Rationalität ist Inbegriff der Tatsache, daß es nicht äußere »Störfaktoren« bestimmen, sondern das, mit dem es sich vornehmlich identifiziert, seine Vernunft. Auf diesem Wege gelangt Kant zu einer Form des Kompatibilismus, *d.h. zu einer Möglichkeit, Kausalität und Freiheit widerspruchslos zu vereinen. Eine andere Form des Kompatibilismus stammt von Hume, der Freiheit als* Indifferenz *(das eine oder das andere tun können) von der Freiheit als* Spontaneität *(das tun können, was man will) unterscheidet. Hume zufolge wirft die Freiheit im ersten Sinn Probleme auf; aber diese Freiheit interessiert uns hier nicht, sondern die zweite: diejenige, die den »freien« Menschen vom Gefangenen unterscheidet. Unser Verhalten kann sehr wohl spontan (beziehungsweise willentlich) und gleichzeitig vorhersehbar sein.*

Und wenn gerade das der Punkt wäre? Daß ich nicht *etwas* bin? Daß meine Freiheit genau die Freiheit ist, jeden beliebigen Menschen, auch mich selbst, damit in Erstaunen zu versetzen, daß ich Handlungen ausführe, die nicht in meinem Charakter liegen, daß ich mich beständig neu erfinde, indem ich jede Definition von mir, auch meine eigene Definition von mir selbst, widerrufe? Jedes *Objekt*, das existiert, ist etwas, und ist einmal entschieden, *was* es ist, folgt alles weitere mehr oder weniger, aber jedenfalls notwendig daraus. Aber ich bin kein Objekt, sondern ein *Subjekt*, und ein Subjekt ist nicht nichts oder besser, nichts Definitives, Festgelegtes: Es ist und damit basta, es ist vor jeder Spezifikation, es *entscheidet* von Mal zu Mal, was es sein will. Auch ich kann jetzt nicht sagen, was ich morgen sein werde, ob ich morgen den Calzone esse oder nicht, ob ich den Pizzabäcker ohrfeige oder nicht: Wenn ich existiere, dann werde ich entscheiden, was ich bin, und alle (mich eingeschlossen, insoweit ich mich selbst beobachte und versuche, mir von meinem Tun Rechenschaft abzulegen) werden sich bemühen zu verstehen, welchen Gesetzen ich folge, was mein Charakter ist (oder besser, was er geworden ist). Und mein nächster Zug könnte sie von neuem überraschen.

Diese dritte Position in bezug auf die Freiheit (nach dem Determinismus und dem Kompatibilismus) wird manchmal die libertäre *genannt; sie wurde in jüngster Zeit von Jean-Paul Sartre eingenommen. Sartre entwickelte ein kartesianisches Thema – Descartes hatte in seinen* Meditationen *zuerst die Tatsache seiner Existenz geklärt und sich dann gefragt, was er sei. So, behauptet Sartre, geht beim Subjekt die Existenz der Essenz voraus: Das Subjekt ist, existiert zuerst und entscheidet dann (frei), was es ist. Wegen der Bedeutung, die der Existenz zugeschrieben wird, ist diese Position als* Existentialismus *bekannt.*

Mit all dem habe ich aber für mich noch keinen Platz in der Welt gefunden. In *dieser* Welt, will ich sagen: der Welt, die bevölkert ist von Tischen, an die ich mich setze, und von Pizzen, die ich esse. Die absolute, fast teuflische Freiheit, die ich mir zuerkannt habe, verschont mich von den Kausalgesetzen, aber verbannt mich zur gleichen Zeit in eine Art goldenen Käfig. Alles, was geschieht, hat eine Erklärung, eine Vernünftigkeit, ein Warum, *außer* den Wahlen, die ich von Mal zu Mal in bezug auf mich selbst treffe (und die, wie ich annehmen kann, andere Subjekte wie ich in bezug auf sich treffen). Diese Wahlen kann keiner verstehen, nicht einmal ich selbst; keiner kann sie erklären: Sie geschehen, und damit basta; sie können in jedem Moment geschehen, und wenn sie geschehen, fängt alles, was mich betrifft, von vorne an; dann zählt für die Determinierung meines Wesens nicht, – darf nicht zählen –, was ich vorher war und vorher getan hatte. Habe ich damit wirklich das Problem gelöst oder habe ich einfach zwei Erfordernisse nebeneinandergestellt, die ich beide als gleich stark empfinde, die ich aber auf keine Weise miteinander versöhnen kann? Auch wenn ich kein Wissenschaftler bin, auch wenn ich das Ideal der Kontrolle und der Funktionalität keineswegs teile, auch wenn die Meneketel von Tschernobyl und Seveso mich erschrecken, bin auch ich unbestreitbar daran interessiert, die Welt zu verstehen. Mich interessiert, wie mein Auto und meine Heizung funktionieren, warum sie so funktionieren, und bisweilen interessiert es mich auch zu verstehen, wie ich funktioniere, warum ich mich auf bestimmte Weise verhalten habe. Auch für mich spielt also in meinem Alltagsleben das Kausalitätsprinzip eine wichtige Rolle, und doch will ich mich oder einen anderen bisweilen davon ausnehmen. Hin und wieder glaube ich – muß ich glauben –, der erste und unabhängige Ursprung meines Handelns zu sein, und auf diese Weise schaffe ich mir Verdienst und Schuld. Ich weiß, ich werde mich schuldig fühlen, wenn ich den Calzone esse; ich könnte zu einem Psychoanalytiker gehen, und er würde mir vielleicht erklären, warum ich ihn gegessen habe und warum ich mich schuldig fühle; aber trotzdem würde ich mich *weiterhin* schuldig fühlen. Ist dies möglich, legitim, das heißt, gleichzeitig erklären und beurteilen zu wollen, was geschieht: in allen Einzelheiten zu klären, warum es geschehen mußte, und zugleich zu behaupten, es sei gut (oder schlecht), daß es geschehen ist? Wie lange kann ich noch so weiterleben, mit einem Fuß in zwei Schuhen?

IV. Das Weihnachtsmahl

Der Fall

Schön diese Familientreffen! Man ist umgeben von Leuten, in deren Mitte man sich wohlfühlt, vor denen man sich nicht verteidigen muß, denen man nicht etwas verkaufen muß – kein »Produkt«, gewiß nicht, und auch nicht sich selbst. Man kann sich entspannen, sich gehenlassen, sagen, was einem einfällt, und sicher sein, daß es nicht mißverstanden wird, daß es vielmehr in der günstigsten Weise gedeutet wird. Warum ist es nicht immer so? Warum gibt es so viel Mißtrauen unter den Menschen? Das Leben wäre so einfach, wenn das immer so wäre, wenn es nicht nur einmal im Jahr, unter unwiederholbaren Ausnahmeumständen geschähe. Es wäre für alle so leicht, besser zu sein.

Analyse

Wären wir unter diesen Umständen wirklich gut, wenn wir unser Leben in einer Art gigantischer Weihnachtsfeier verbrächten, geschützt vor möglichen Konflikten, vor jedem Problem, vor jeder gefährlichen und beunruhigenden Mehrdeutigkeit? Gewiß, wir würden uns gut betragen: Wir wären freundlich und liebevoll zueinander, wir würden uns gegenseitig helfen, uns über das Glück unseres Nächsten freuen und uns über sein Mißgeschick grämen. Wir würden nur das Rechte tun; aber würde das genügen, um uns als gut anzusehen, oder würde nicht vielmehr das Motiv es als Ausdruck von gut und böse ganz bedeutungslos machen?

Ich will das erklären. Es ist gängige Meinung, daß der moralische Wert einer Handlung – das heißt die Tatsache, daß sie gut oder böse oder keines von beiden ist – nicht in der Handlung selbst liegt, sondern darin, weshalb sie ausgeführt wurde. Wenn ich dir unabsichtlich auf den Fuß trete oder um mich gegen eine Aggression von dir zu verteidigen, habe ich nichts Schlechtes getan (im moralischen Sinn, versteht sich; denn physisch habe ich dir sehr wohl weh getan) und verdiene also auch keinen Tadel; den würde ich aber verdienen, wenn ich genau dasselbe in der bösartigen Absicht, dich außer Gefecht zu setzen, getan (und dir genau denselben Schmerz zugefügt) hätte. Ebensowenig wäre es ein Akt von Freigebigkeit, wenn ich dir ein beträchtliches Almosen gäbe in der (irrigen) Überzeugung, du seist ein Milliardär incognito, der es mir, nachdem er mich auf die Probe gestellt hätte, mit Zinsen zurückzahlen würde. Verschiedene Religionen haben diese wichtige Wahrheit betont und darauf bestanden, daß etwas zu wollen genauso eine Schuld (oder ein Verdienst) darstellt, wie es zu tun; auch ohne sich zu derartigen Extremen zu versteigen, unterscheidet unser Strafgesetzbuch zum Beispiel ganz richtig zwischen Mord, Totschlag und fahrlässiger Tötung. Auch in den letzten beiden Fällen wird weniger die Handlung an und für sich als der Umstand bestraft, daß sie in schuldhafter Absicht (wenn auch nicht in der Absicht zu töten) ausgeführt wurde. Ich hatte zum Beispiel wirklich nicht die Absicht, dich zu töten, als ich mit dem Messer auf dich losging, ich wollte dich nur verletzen; aber leider ist es übel ausgegangen: Es bleibt doch die Tatsache bestehen, daß die Absicht, auf jemand mit dem Messer loszugehen oder ihn zu verletzen, nicht gerade lobenswert ist. Oder ich wollte dich nicht töten, als ich mich betrunken ans Steuer setzte; aber noch einmal, sich betrunken ans Steuer zu setzen (oder sich zu betrinken, wohl wissend, daß man mit dem Auto nach Hause fahren muß) ist ein willentliches Verhalten und moralisch verwerflich. Um es zu wiederholen: Meine Handlungen sind also an und für sich weder gut noch schlecht; sie werden es aber (können es werden; sie könnten auch indifferent bleiben), wenn man fragt, *weshalb* ich so gehandelt habe.

Kehren wir jetzt zu der Situation zurück, die ich zuerst betrachtete: der Situation des ewigen Weihnachten! In ihr würde jeder das tun, was er tut – freundlich, liebevoll und so weiter handeln –, weil er Gefallen daran findet, weil es ihm leicht fällt und natürlich ist, so wie ein anderer es natürlich fände, ein Bier zu trinken oder zu reiten. Aber nicht nur daß dieses Motiv unseren Handlungen nicht den geringsten moralischen Wert verleiht, es scheint geradezu dazu angetan, ihnen einen solchen abzusprechen.

Allgemein glaubt man, die Moral hätte (unter anderem) die Aufgabe, sich dem Egoismus entgegenzustellen; man hält jemanden für egoistisch, wenn die Regel seines Verhaltens darin besteht, immer in seinem eigenen Interesse zu handeln. Diese letztere Definition aber besagt noch nicht viel, denn sie berücksichtigt nicht eine wichtige Mehrdeutigkeit: D.h. sie klärt nicht, ob der Egoist in seinem wirklichen Interesse (in einem noch ganz ungeklärten Sinn) handelt oder ob er nur *glaubt*, er handle in seinem Interesse. Wenn wir die erste Hypothese wählen, werden wir den Egoisten bald aus den Augen verlieren;

d.h. es wird uns nicht gelingen, ihn auf überzeugende Weise zu charakterisieren. Der Gedanke ist tatsächlich naheliegend, daß jemand *nicht wissen* kann, was wirklich in seinem Interesse liegt, daß andere (Fachleute) es besser wissen als er; dann sagen wir etwa »Ihr täuscht euch, wenn ihr glaubt, in eurem Interesse zu handeln, wenn ihr schlemmt und praßt; aber in Wirklichkeit heißt, das eigene Interesse zu verfolgen, gebildeter, sozial nützlicher oder moralisch besser zu werden.« An dieser Stelle wird klar, daß wir nicht mehr von hemmungslosen Egoisten reden würden, wie wir sie auf der Straße treffen, sondern von einem gezähmteren Typ, der vor allem in philosophischen (oder politischen) Diskussionen wächst und gedeiht.

Also, die zweite Hypothese erscheint vielversprechender; wenn wir sie übernehmen, fassen wir den Egoisten als ein Wesen auf, das sich zwar über alle seine Überzeugungen *einschließlich der Überzeugungen bezüglich seines Interesses* täuscht, das sich aber von diesen Überzeugungen ausgehend doch kohärent verhält. Frage: Wie bilden sich die Überzeugungen heraus? D.h. auf Grund welcher Annahmen kommt der Egoist dazu zu glauben, ein bestimmtes Verhalten sei für ihn vorteilhaft? Auf diese Frage scheint es nur eine mögliche Antwort zu geben: Auf der Grundlage dessen, was ihm gefällt, wofür er eine unmittelbare, direkte Neigung verspürt.

Verstehen wir uns recht! Nicht alles, was der Egoist tut, bereitet ihm ein unmittelbares Vergnügen: Wir dürfen in ihm nicht ein rohes, tierisches Geschöpf sehen. Es kann sich sogar um eine differenzierte Persönlichkeit handeln, die an sich selbst hohe Ansprüche stellt, die sich einer strengen Disziplin unterwirft und auf diese Weise sehr viel erreicht; und doch ist sie ein Egoist, wenn das Motiv, aus dem sie an sich selbst hohe Ansprüche stellt, aus dem sie sich die Disziplin auferlegt und viel erreicht, darin besteht, daß sie an ihnen Gefallen und Geschmack findet, daß sie für sie eine natürliche, anders nicht zu rechtfertigende Vorliebe empfindet. In diesem Sinn sind die Spieler, die Künstler, die Amateurathleten, auch die kleinen Kinder (wenigstens dann, wenn sie spielen) Egoisten: mit einem Wort alle, die, wenn sie auch oft sehr komplizierte Regeln und empfindliche Einschränkungen ihrer Handlungsfreiheit hinnehmen, doch das, was sie tun (oder was daraus entsteht), so sehr lieben, daß sie sich ihm restlos und vorbehaltlos hingeben.

Wenn das der Egoismus ist und die Moralität den Zweck hat, ihn zu bekämpfen, dann ist das Vergnügen, das Gefallen an einer Handlung, ein sicheres Zeichen dafür, daß die Moralität anderswo ist. Es ist nicht gesagt, daß eine Handlung, der diese hedonistische Motivation zugrunde liegt, schon deswegen zu tadeln sei (im Grunde gibt es am Schach spielen nichts an und für sich Tadelnswertes); aber es gibt daran auch nichts zu loben, man kann ihm keinen moralischen Wert beimessen. Moralisch wertvoll zu sein, moralisch gut zu sein, um einen geläufigeren Ausdruck zu benutzen bedeutet, sich Gewissensbisse zu machen, die Notwendigkeit einer Rechtfertigung zu verspüren und damit nach und nach unsere Individualität hintanzustellen; es bedeutet, sich bei Handlungen, die uns selbstverständlich und natürlich sind, zu fragen, ob man sie ausführen *muß*, ob sie gut sind, ob jeder an unserer Stelle – wir natürlich eingeschlossen – die Pflicht hätte, sie auszuführen. Gut sein schließt ein, alles, was uns als bestimmte Einzelpersonen, als diese Personen und keine anderen, kennzeichnet, zu vergessen, und statt dessen den Gesichtspunkt der größtmöglichen Gemeinschaft einzunehmen: nicht nur der heute lebenden Menschheit, sondern geradezu der Gesamtheit aller derjenigen, die dazugehören *könnten* und die theoretisch von uns Rechenschaft für unsere Handlungen verlangen könnten.

Kehren wir noch einmal zu dem Familientreffen zurück! In dieser Situation behandeln wir uns alle gut, weil wir uns alle wohlgesonnen sind: D.h. wir wollen alle der eine des anderen Wohl, es tut uns gut, daß es den anderen gut geht. Wir können uns bestimmt vorstellen, daß sich dasselbe Gefühl auf die gesamte Menschheit und das ganze Jahr erstreckt; wenn das so wäre, könnte man sagen, hätten wir keine Probleme mehr mit dem Zusammenleben. Aber siehe da, es meldet sich das Bedenken: Würden wir keine Probleme mehr haben oder uns ihrer nicht mehr bewußt sein? Wären wir nicht in eine Situation geraten, die, gerade weil sie so außergewöhnlich günstig ist, es uns erschwert, Probleme wahrzunehmen? Nehmen wir an, in diese so erfreuliche Situation reihte sich auch nur ein Individuum ein, das nicht zur Familie gehört, mit dem wir uns nicht identifizieren können, dem »wohlgesonnen« zu sein uns nicht gelingt; unverzüglich hätten wir eine andere Motivation nötig, um es korrekt zu behandeln oder auch nur nicht in Stücke zu zerreißen (wie es übrigens häufig dann geschieht, wenn die »Familie« die einzige Grundlage der zwischenmenschlichen Beziehungen darstellt). Wir müßten unsere persönlichen Neigungen niederkämpfen, um die Rechte dieses Außenstehenden zu achten, uns dazu zwingen, dem, was uns gefällt, zu widerstehen; und genau dann finge unser Verhalten an, eine moralische Bedeutung zu gewinnen. Ein idyllisches Einvernehmen, wie das, das ich mir gerade vorgestellt habe, – d.h. ein letzten Endes auf eine ganze soziale Gruppe verallgemeinerter Egoismus – könnte funktionieren, wenn sich niemals eine Gruppe in eine andere einmischte; aber es könnte auch *nicht* funktionieren; das ist Grund genug, Zweifel an der Güte der Situation zu äußern: Die Person, die sich Gewissensbisse macht und sich nicht damit begnügt zu beobachten, was geschieht (und sich vielleicht darüber amüsiert), sondern auch versucht, es zu rechtfertigen, seine Rechtmäßigkeit festzulegen, wird den Schluß ziehen müssen, daß die Absichten in dieser Situation noch nicht moralisch sind und sehr wohl zu einem moralisch verwerflichen Verhalten führen können. Niemand ist also bei einem Familientreffen wirklich gut, gerade deswegen, weil es in dieser Situation für alle natürlich ist, sich gut zu verhalten.

Dieses Kapitel beschäftigt sich mit Ethik und basiert auf der These, daß der Gegenstand der Ethik (d.h. der menschlichen Moralität, verstanden als das Gesamt der Verhaltensweisen und Werturteile) das Gegenteil von Egoismus ist. Nicht alle Philosophen haben sich diese These zu eigen gemacht; unter denen, die sie zurückgewiesen haben, ist Epikur am berühmtesten – dessen Egoismus übrigens raffiniert und rational begründet wird und nicht ohne Vornehmheit und damit ziemlich weit entfernt ist von dem weithin gebräuchlichen Terminus »epikureisch«. Wichtig für die Geschichte der Ethik ist auch ein Egoist in Gestalt einer literarischen Figur: Thrasymachus aus Platons Staat. *Ihm wird im ersten Buch dieses Werks die obige Frage vorgelegt: ob der Egoist (genauer gesagt, in diesem Fall derjenige, der sein Recht auf Macht gründet) in seinem vermeintlichen oder in seinem wahrhaften Interesse handelt. Thrasymachos wählt die zweite These und stößt schließlich auf die genannten Schwierigkeiten: Sokrates (die Hauptfigur des Dialogs) kann ihm in der Tat beweisen, daß der Tyrann nur dann wirklich in seinem Interesse handelt, wenn er das Interesse seiner Untertanen verfolgt. Für eine überzeugendere (genauso einflußreiche) Formulierung dieser Position muß man auf Friedrich Nietzsche warten.*

Es sieht so aus, als wären diese Überlegungen fehlerfrei, und doch täuscht dieser Eindruck. Nehmen wir die Erziehung der Kinder (oder vielleicht sollte ich weniger optimistisch sagen ihre wünschenswerte Erziehung)! Man versucht, ihnen gute Gewohnheiten beizubringen, dergestalt, daß sie automatisch mit gewissen von der Gesellschaft positiv beurteilten Handlungsweisen reagieren, so daß sie nicht erst innehalten, darüber nachdenken und sich unter Umständen einen Ruck geben müssen. Wenn wir es zum Beispiel als gut ansehen, mit »Danke« zu antworten, wenn uns jemand einen Gefallen erweist, wiederholen wir diese Belehrung bis zum Überdruß, und an einem gewissen Punkt wird das Kind buchstäblich darauf konditioniert, in passenden Situationen »Danke« zu sagen. Ja, es wird dies mit einem Lächeln tun und daran Gefallen finden, wieviel Anstrengung diese Gewohnheit und *dieses Gefallen* es seinerzeit auch gekostet haben mögen. Dasselbe gilt für alle wichtigeren Dinge: Wir wollen, daß es ihm selbstverständlich wird, seine Spielgefährten nicht zu schlagen, zu beleidigen oder einzuschüchtern. Folgt daraus vielleicht, wir täten alles, um unserem Kind jedes nur mögliche Moralempfinden auszutreiben, indem wir ihm gute Gewohnheiten beibringen und ihm so die Anstrengung ersparen, sich richtig zu verhalten? Und wenn wir ihm dieses Verhalten zur zweiten Natur, instinktiv und angenehm werden lassen, zwingen wir es dann dazu, sich aus Egoismus richtig zu verhalten? Und bedenkt man, daß mit jeder Erziehungspraxis mehr oder weniger ausdrücklich das Ziel verfolgt wird, eine ideale Gesellschaft zu verwirklichen, für welche Gesellschaft arbeiten wir dann: für eine, in der die Begriffe gut und böse nicht mehr anwendbar sind? Ist es sinnvoll, daß sich eine Person, die den Wert der Moralität anerkennt, dafür einsetzt, daß ein Ergebnis zustandekommt, bei dem dieser Wert nicht mehr hoch im Kurs steht?

Das sind provozierende Fragen, und es wäre durchaus nicht abwegig, die Provokation anzunehmen. D.h. es wäre nicht abwegig, etwa so zu antworten: »Sicher, wir arbeiten wirklich gegen die Moral und wir tun dies aus tiefsitzendem Mißtrauen gegen die Menschen. Einige von ihnen, verstehen wir uns recht, folgen ihrem Gewissen, aber sie sind in der Minderzahl, und wir können nicht eine Erziehungsmethode oder ein Sozialprogramm auf wenige glückliche Fälle aufbauen. Man muß Strategien ausarbeiten, die allgemein funktionieren, die sich in der Mehrzahl der Fälle als sicher erweisen, und der Egoismus (ach!) – das Handeln nach den eigenen Neigungen und dem eigenen Geschmack – funktioniert in der Mehrzahl der Fälle. Wenn unsere Erziehung Erfolg hat, wird sie eine Reihe von Handlungen, denen eine persönliche Wahl hätte zugrundeliegen können, weil das Individuum sie für recht hielt, weil es sie als seine Pflicht ansah, in automatische Handlungen umzuwandeln, ohne über sie nachzudenken, ohne sich darüber Rechenschaft abzulegen. Handlungen, die auf diese zweite Weise ausgeführt werden, haben keinen moralischen Wert; folglich hat das Individuum, das sie ausführt, eine Gelegenheit verpaßt, wahrhaft gut zu sein; man hofft aber, daß sich die Individuen, wenn sie schon nicht gut sind, doch mindestens mit geringerer Wahrscheinlichkeit gegenseitig abschlachten.«

Einen Augenblick mal! Ich hatte gesagt, die Moralität einer Handlung sei nicht in der Handlung selbst zu suchen, sondern im Motiv der Handlung. Ich bin damit zur Erörterung der Frage übergegangen, ob dic Lust als ein moralisch wertvolles Motiv angesehen werden kann; aber jetzt fällt mir ein, daß ich noch nicht bewiesen habe, daß die *Pflicht* ein moralisch wertvolles Motiv ist. Nehmen wir eine Person, die aus reinem Pflichtgefühl handelt. Nichts von dem, was sie (an Gutem, versteht sich) tut, gefällt ihr, so wenig wie ihr die Personen ihrer Umgebung gefallen. Jedesmal wenn sie ihnen hilft oder ihnen zulächelt oder ihnen einfach nicht ins Gesicht schlägt, muß sie gegen tiefsitzende Widerstände ankämpfen; nur weil sie ihre Pflicht kennt und diese um jeden Preis erfüllen will, hilft sie ihnen oder schlägt ihnen nicht ins Gesicht. Was sollen wir von einer solchen Person halten? Halten wir sie für moralisch? Für gut? Erfordert nicht vielleicht das Gutsein wenigstens ein Minimum an *Wohlwollen*?

Schwierig, sich auf diesem Feld zurechtzufinden: Einerseits muß man viele subtile Unterscheidungen treffen, andererseits handelt es sich um delikate Angelegenheiten, die starke Gefühle mobilisieren. Schreiten wir also mit bleiernen Füßen voran! Ich sagte, eine Handlung sei moralisch wertvoll, wenn sie ausgeführt wird, weil der Handelnde davon überzeugt ist, es sei seine Pflicht, jeder andere müßte an seiner Stelle genauso handeln. Wenn dieses Motiv vorliegt, ist andererseits nicht gesagt, daß der Handelnde nicht auch Gefallen finden kann an dem, was er tut, daran, seinem Nächsten wohlgesonnen zu sein und so weiter. Ja, wenn diese anderen Merkmale vorliegen, kommt uns sein Verhalten gefälliger vor, finden wir es sympathischer; und es ist nichts Verkehrtes an all dem, *solange man es nicht mit dem moralischen Wert der Handlung vermengt.* Denn wenn wir von den Handlungen, die aus Pflichtgefühl begangen werden, reden, kommt uns dann eine gehässige und abstoßende Person wie die oben beschriebene in den Sinn, die von der Pflicht zu Handlungen gezwungen wird, die sie haßt? Denn in derartigen Fällen ist *ganz offenkundig,* daß aus Pflichtgefühl gehandelt wird: Es gibt kein anderes plausibles Motiv dafür. Bei einer sympathischen und gutartigen Person hingegen ist die Situation weniger eindeutig. Eine solche Person könnte sich unter Umständen nur deswegen gut verhalten, weil sie einen guten Charakter hat; in diesem Fall wäre die Handlung moralisch unbedeutend; die Person könnte sich auch unabhängig von ihrem Charakter gut verhalten, dergestalt daß der Charakter nicht der entscheidende Faktor ihrer Motivationen, das ausschlaggebende Element, wäre: Wenn diese Person eines Tages schlecht gelaunt aufwachte, würde sie sich weiterhin auf die gleiche Weise verhalten. Wenn wir ein Beispiel für eine moralisch wertvolle Handlung geben sollen, wählen wir aber nicht diese Person, sondern die andere, weil ein Beispiel umso besser ist, je klarer es ist. Mit einem Wort, nichts schließt aus, daß die gute Person auch wohlwollend sei: Es soll nur nicht heißen, eine gute Person sei gut, weil sie wohlwollend ist. Das erlegt mir neben anderem eine Präzisierung bezüglich des Familientreffens auf: Wir können in derartigen Situationen gut sein, auch wenn es für uns natürlich ist, uns gut zu verhalten, solange das nicht das Motiv unserer Handlungen ist. Wenn es uns eines Tages weniger natürlich wäre und wir uns trotzdem weiterhin gut verhielten, dann wäre das der Beweis dafür, daß unserem Verhalten auch vorher andere (und moralisch wertvollere) Motive zugrundelagen.

Vielleicht ist kein Kontrast, der sich auf das Wesen der Moralität bezieht, so grundlegend wie der hier skizzierte – ein Kontrast, der auf der einen Seite den Aristoteles der Nikomachischen Ethik *sieht und auf der anderen den Kant der* Kritik der praktischen Vernunft. *Aristoteles, der sich sehr für Biologie interessierte und sich oft von ihr inspirieren ließ, faßte die Moralität als einen Gesundheitszustand auf. Um diesen Zustand zu erreichen, der zwar potentiell für alle erreichbar ist, den aber nicht alle zu erreichen vermögen, ist eine angemessene Erziehung vonnöten, die den ganzen Reichtum der Anlagen eines Individuums zum »Aufblühen« bringt, so wie richtiges Licht, fruchtbarer Boden und genügend Wasser eine Pflanze erblühen lassen. Dem idealen aristotelischen Menschen, Ergebnis dieser Verbin-*

dung von Natur und Training, ist es natürlich und angenehm, sich moralisch zu verhalten. Für Kant dagegen ist die Moral eine übernatürliche Forderung; nur Beispiele und Illustrationen von ihr zu geben heißt schon, sie mißzuverstehen und zu erniedrigen. Sie steht von Natur aus im Gegensatz zu jeder Neigung, jeder Besonderheit unseres Charakters, da sie auf die Verwirklichung einer absoluten Rationalität gerichtet ist, die nicht der Welt unserer Erfahrung angehört und angehören kann, aber der immer mehr uns anzunähern nichtsdestotrotz unsere (nie endende) Aufgabe ist.

Und doch bleibt das Problem ungelöst. Ich habe gerade gesagt, der moralische Wert einer Handlung sei nicht im Charakter des Handelnden zu suchen, was mit vielen Beobachtungen, die wir angestellt haben, zusammenstimmt. Gut sein bedeutet, sich von den eigenen Neigungen freizumachen, einen gemeinschaftlichen, ja universalistischen Standpunkt einzunehmen, Zweifel und Vorbehalte all dem gegenüber zu haben, was für uns natürlich ist, und so weiter. Wenn man mich jetzt aber fragte, was ich für einer bin, wie würde ich da antworten? Damit, daß ich meinen Charakter, mein Wesen und meine Neigungen beschriebe. Um mich zu beschreiben, um zu beschreiben, was für eine Person ich bin, würde ich mich auf meine Leidenschaft für das Kartenspiel und die Philosophie beziehen, auf meine Zuneigung zu bestimmten Personen, vielleicht auch auf meine charakteristischsten Marotten. Von all dem abzusehen hieße, von mir selbst abzusehen. Nehmen wir nun an, ich täte etwas Gutes, moralisch Wertvolles: Wäre es im Hinblick darauf, daß diese Tat moralisch wertvoll ist, insofern sie nicht von irgendetwas von dem, in dem ich mich wiedererkenne, abhängt, dann nicht legitim, das positive moralische Urteil über meine Handlung auf mich auszudehnen (oder vielleicht sollte ich sagen, »über die Handlung, die ich ausführe«, da »meine« eine Intimität nahelegt, die in diesem Fall ganz fehl am Platze scheint)? Und kann man je verallgemeinernd sagen, ein Handelnder – d.h. wirklich er (oder sie), nicht das, was er (oder sie) tut, – sei gut?

Mit dieser Frage bin ich offenbar in das Innerste meiner Perplexitäten vorgedrungen. Wenn man die Moralität so kennzeichnet, wie ich das bisher getan habe, bringt sie für den Handelnden mit sich, sich zu transzendieren, d.h. einen ihm äußerlichen Standpunkt einzunehmen und auf der Grundlage dieses Standpunkts, der ihm nahegelegt oder auferlegt wird, der aber nicht der seine ist, zu handeln. Wenn man zugibt, daß das möglich ist, scheint ein derartiges Verhalten nicht mehr dem Handelnden anzugehören, und es ist folglich nicht zu erkennen, wie irgendeines seiner Merkmale, beziehungsweise sein moralischer Wert sich von dem Handeln auf den Handelnden übertragen läßt.

Ein (vielleicht der einzige) Ausweg aus diesen Schwierigkeiten könnte darin liegen, die Einheit des Handelnden zu zerstückeln. Eine ihrer ersten Komponenten könnten wir weiterhin »Charakter« nennen und sie uns aus Tendenzen, Neigungen, Marotten und Gewohnheiten bestehend denken. Eine zweite nennen wir »Rationalität«, »Erkenntnisfähigkeit« oder etwas derartiges und konzipieren sie als Instanz, deren Aufgabe es ist, über die erste Komponente zu urteilen und zu versuchen, sie so zu lenken, wie sie (d.h. die zweite Komponente) es für richtig hält. Das Individuum braucht dann nicht nur mit seinem Charakter identifiziert zu werden: Da es eine komplexe Struktur hat, ist auch seine Identität von komplexer Natur. Um genau zu sein, seine Identität – wenigstens seine moralische Identität – ist darin zu suchen, wie es seiner rationalen Komponente tatsächlich gelingt, seinen Charakter zu kontrollieren; es wird darin zu suchen sein, wie es dem Individuum gelingt, rational etwas aus den »Daten« zu machen, die ihm der genetische Code, Erziehung, Kultur und Gesellschaft zur Verfügung gestellt haben. Individuen, die dieselben Daten auf unterschiedliche Weise kontrollieren, sind moralisch verschieden (wir können uns solche Individuen vorstellen, zum Beispiel eineiige Zwillinge, die unter denselben Umständen aufwachsen, die aber später unterschiedliche »existentielle« Wahlen treffen).

Ein merkwürdiger Aspekt dieses Begriffs von Individuum besteht darin, daß die höherwertige Komponente oder diejenige von den beiden, die die Kontrolle über die Situation erwerben muß, nichts spezifisch Individuelles hat. In jedem von uns stellt sie die Instanz der Selbsttranszendierung dar, von der ich oben sprach, jenen universalistischen Standpunkt, der als universaler allen gemeinsam sein muß. Das wirklich Individuelle ist andererseits die besondere Art des Widerstands, den der einzelne der rationalen Instanz entgegenbringt, oder das Wesen eines solchen Widerstands: Jeder von uns unterscheidet sich von den anderen dadurch, wie schwer es ihm fällt, gut zu sein, wieviel ihn das kostet (und in welchem Sinn). Sein Gutsein dagegen, wenn er denn gut ist, ist nicht verschieden von dem Gutsein eines anderen. Obwohl merkwürdig, ist diese Sicht nicht absurd: Wenn wir zum Beispiel daran denken, daß es nur eine Art und Weise gibt, ein guter Geigenspieler oder guter Schuster zu sein, daß es nur ein Modell eines guten Geigenspielers oder Schusters gibt, sagen wir, daß eine bestimmte Person ein guter Geigenspieler oder Schuster ist, wenn sie diesem Modell – ein und demselben Modell, das für alle gilt, – entspricht. Auch in diesem Fall besteht das, was eine Person von einer anderen unterscheidet, in den Schwierigkeiten, die sie hat überwinden müssen, um gut zu werden, in den oft gewundenen Pfaden, die sie dahin gebracht haben.

Mit dieser ein wenig schizoiden Sicht der menschlichen Persönlichkeit könnte ich auch das Problem der Erziehung auf überzeugendere Weise angehen, auf das ich vorhin nur eine »provozierende« Antwort gegeben hatte. Es ist nicht so, daß wir Kinder durch das Training, sich gut zu verhalten, daran hindern, gut zu sein; denn gut sein heißt, die Stimme der Rationalität zu vernehmen, ihre Befehle auszuführen und sie zur Kontrolle des eigenen Charakters zu benutzen; und durch eine richtige Erziehung versetzen wir sie in die Lage, nicht mehr »instinktiv« zu reagieren, sondern überlegt zu handeln. Die Welt, die sich aus einer allgemeinen und wirksamen Anwendung dieser Erziehungspraxis ergäbe, wäre nicht ohne moralischen Wert; im Gegenteil, es wäre eine Welt, in der die von der Moralität ausgeübte Kontrolle die größtmögliche wäre.

Die These, derzufolge unsere Persönlichkeit ein Komplex von gegensätzlichen Instanzen ist, geht mindestens auf den platonischen Dialog Phaidros *zurück, wo die menschliche Seele mit einem Wagen verglichen wird, auf dem ein Wagenlenker (Sinnbild der Rationalität) versucht, zwei Pferde (Sinnbilder der edelsten beziehungsweise der niedrigsten Leidenschaften) zu bändigen, die in verschiedene Richtungen streben. In der Folge wurde diese These von Aristoteles aufgenommen und verfeinert, der auch innerhalb der rationalen Instanz und innerhalb der Instanz der Leidenschaften verschiedene Komponenten unterscheidet und mit Hilfe dieser Unterscheidungen ein komplexes System der dem Menschen erreichbaren* Tugenden *entwickelt.*

Wenn ich eine Predigt hielte, könnte ich meinen, ich hätte mich aus den Schwierigkeiten herausgearbeitet; es ist aber viel schwieriger, sich selbst zu überzeugen als andere; es gibt hier besonders einen Punkt, an dem die ganze Konstruktion kläglich zusammenbricht. Mehr als einmal habe ich der Rationalität einer Person ihren Charakter, d.h. ihre Neigungen, Tendenzen und so weiter gegenübergestellt. Akzeptiert man diese Gegenüberstellung, folgt der ganze Rest der Argumentation fast von selbst; aber gerade dieser Kontrast ist nicht wasserdicht. Was hindert mich daran anzunehmen, diese rationale Komponente sei ein Teil meines Charakters, unter der Unzahl meiner Neigungen gebe es auch eine, mich rational zu verhalten, das, was ich tue (oder tun will) von einem universellen Standpunkt aus zu beurteilen, meine Individualität zu transzendieren?

Es nützt nichts zu sagen, die Rationalität stehe häufig im Widerspruch zu den Neigungen; denn eine Person kann sehr wohl einander widerstreitende Neigungen besitzen. Ich kann geizig und gleichzeitig ein Sammler von kostbaren Gegenständen sein: Jedesmal wenn sich mir eine Wahl eröffnet, ob ich einen Teppich oder ein wertvolles Bild kaufen soll oder nicht, kreuzen sich meine widerstreitenden Tendenzen; aber sie bleiben trotzdem meine Tendenzen, etwas, das ich mit Lust tue. Und es hilft auch nicht zu sagen, daß die Rationalität für uns oft kein Glück, sondern bisweilen sogar tiefes Leid mit sich bringt. Ich stellte schon fest, daß auf der einen Seite die mit einer bestimmten Neigung verknüpfte Lust eine »langfristige« Lust sein kann, d.h. etwas, das über eine mühsame (und vielleicht schmerzhafte) Anstrengung zu erreichen ist; auf der anderen Seite macht die Existenz des psychologischen Phänomens, das als »Masochismus« bekannt ist, diesen Weg gänzlich ungangbar. Unterstellt man, daß es Personen gibt, denen *Schmerzen Lust bereiten*, wird keine Erfahrung des Schmerzes jemals ein schlüssiger Beweis dafür sein, daß das betreffende Verhalten nicht irgendeiner Neigung entspringt.

Diese Ungereimtheit zwingt mich, noch einmal auf das Problem der Erziehungsmethoden zurückzukommen. Wenn der Mensch in Gesellschaft leben und sich in sozial akzeptabler Weise verhalten soll, muß man irgendwie sicher sein, daß er das auch tut, muß man ihn dazu zwingen. Man kann ihm von außen Zwang auferlegen, indem man die Polizei mobilisiert und ihm verschiedene Strafen androht; aber es ist viel wirksamer, ihn von innen her zu zwingen, indem man sein inneres Gleichgewicht, ja sogar seinen Charakter mit geeigneten Konditionierungstechniken verändert. Das Ergebnis dieser Operation darf genauso »Charakter« genannt werden wie irgend etwas anderes. Auf den Einwand, das Individuum hätte einen anderen Charakter entwickelt, wenn es sich selbst, seinen natürlichen Verhaltenstendenzen überlassen worden wäre, könnte man entgegnen, daß dieser Begriff von »natürlich« sinnlos ist. Wenn das Individuum nicht jenen Konditionierungen – sozialen, meine ich – unterworfen worden wäre, wäre es anderen Einflüssen ausgesetzt gewesen: Jede Form des Lebens hätte es an etwas gewöhnt, und folglich ist keine dieser Gewohnheiten für es natürlicher als andere. Der Schluß daraus: Wir stehen wieder am Anfang: Die Rationalität ist vom Charakter absorbiert, von einem bestimmten Typ von Charakter (der von bestimmten Erziehungspraktiken, von bestimmten sozialen Systemen, geprägt ist), und der Handelnde findet sich von neuem jeden möglichen moralischen Wertes beraubt.

Vielleicht ist auch diese Schlußfolgerung ein wenig übereilt. Sie konnte auf der Grundlage der Vorstellung, die ich anfangs von einem Individuum und seinem Charakter hatte, noch gültig sein: Da war es in der Tat legitim zu sagen, um sich moralisch zu verhalten, müsse man sich transzendieren, Gewalt gegen sich selbst anwenden. Dann aber habe ich in das Individuum die Instanz der Rationalität eingeführt und praktisch vorgeschlagen, »sich transzendieren« sei ein ungeeigneter Terminus, weil das, was sich transzendiert, nur *ein Teil* von einem selbst ist. Jetzt soll dieser Teil im Ganzen aufgehen und alles »Charakter« heißen; aber auch wenn ich akzeptiere, daß er im Ganzen aufgeht, ändert sich die Situation nicht. Ein Individuum ist nicht moralisch, wenn es sich transzendiert, sondern wenn es einfach die sozialen, universellen, rationalen Neigungen verwirklicht oder doch bereit ist, von ihnen zu sagen, *daß sie in ihm sind.* Wenn es das tut, ist das Individuum gut.

Der Grund, warum die Rede von der Konditionierung die Moral in ein schlechtes Licht zu rücken scheint, ist in einer ebenso natürlichen wie fehlerhaften Schlußfolgerung zu suchen. D.h. man denkt oft, wenn man entdeckt hat, was das Aufkommen eine bestimmte Meinung verursacht hat, damit habe man schon bewiesen, daß die Meinung falsch ist. Zum Beispiel ist der freudianische »Mythos« über den Ursprung der Religion – wenn er ernstgenommen wird – oft für hinreichend erachtet worden, die religiösen Überzeugungen zu schwächen; aber diese Verknüpfung hält durchaus nicht: Wie auch die Menschen zu der Überzeugung von der Existenz Gottes gelangt sein mögen, was es auch immer für Beweggründe dafür gegeben haben mag und wie wir diese Beweggründe auch beurteilen mögen (im besonderen, wie auch immer unsere Antwort auf die Frage »Waren es gute Beweggründe?« ausfällt), so hat all dies doch mit der Wahrheit dieser Überzeugung nichts zu tun. Allgemein ausgedrückt, die Gründe für meine Überzeugungen haben nichts damit zu tun, ob diese wahr oder falsch sind. Im Falle der Moralität könnte ich einen entsprechenden Fehler begangen haben. Es handelt sich jetzt darum, ihn entsprechend zu korrigieren. Es kann auch sein, daß die Gesellschaft dazu neigt, ihre Mitglieder mit Methoden zu konditionieren, die für sie funktional sind; aber das heißt nicht, daß diese Methoden nicht *auch* moralisch sind. Wenn wir an einen allgemeinen moralischen Fortschritt der Menschheit glauben, an ihre Entwicklung in Richtung auf immer höhere moralische Stufen, ist es vielmehr naheliegend zu glauben, daß das, was sich für die menschlichen Gesellschaften als funktional erweist, am Ende (im Grenzwert) mit der Moralität zusammenfällt.

Wenn man darüber nachdenkt, ist die Analogie mit der Religion illusorisch. Wir können aus den abwegigsten Motiven, auch rein zufällig, an etwas Wahres glauben. Im Fall Gottes – wenn wir seine Existenz behaupten – können wir sehr wohl zugeben, daß uns seine Fürsorge, jeden auf seine Weise und nach seinen Verhältnissen, zu dieser wichtigen Wahrheit geführt hat. Vielleicht ist einer dahin gelangt, weil er auf der Straße gefallen ist und sich dabei den Kopf gestoßen hat. Wenn es sich aber darum handelt, eine moralisch wertvolle Handlung zu beurteilen, so habe ich von Anfang an erklärt, daß man viel strenger sein muß: Einige Beweggründe können akzeptiert werden, andere nicht, auch wenn die Handlung dieselbe bleibt. Es ist zum Beispiel gewiß kein guter Beweggrund, etwas zu tun, weil man sich den Kopf gestoßen hat. Aber ist die soziale Konditionierung als moralisches Motiv akzeptabel? Offenbar nicht, nicht mehr als es die Leidenschaft oder das Vergnügen sind, – die ja übrigens auch das Ergebnis einer Konditionierung sein könnten.

Vielleicht sollte ich das Problem der Moral anders angehen. Anstatt mit der Frage zu beginnen, ob eine Handlung gut sei, sollte ich mich fragen, was *das Gute* ist, also sagen, daß eine Handlung gut ist, wenn sie sich dem Guten annähert. Im Hinblick darauf, daß die Handlungen nicht einzeln jede für sich beurteilt werden können, sondern daß man allgemeine Verhaltensregeln aufstellen muß, sage ich nunmehr genauer, daß ein bestimmter *Typ* von Handlung gut ist, wenn er mehr als irgendein anderer Typ dem Guten nahekommt. Nehmen wir zum Beispiel an, das Gute sei das Bestmögliche für die größtmögliche Anzahl von Personen! Dann können wir sagen, es sei gut, Versprechen einzuhalten, weil dadurch Vertrauen und wechselseitige Achtung gefördert werden, und es sei gut, die Steuern zu einer Umverteilung des Vermögens zu benutzen, weil so eine größere Anzahl von Menschen in die Lage versetzt wird, ihre natürlichen Anlagen zu entwickeln. Es ist nichts Verkehrtes am verallgemeinerten Egoismus: Es ist der lokale, kurzsichtige und böse Egoismus, der Schaden anrichtet. Die Rationalität wird nicht vergeudet, wenn man einen rein abstrakten und unnützen Pflichtbegriff gründlich prüft, sondern sie wird vielmehr konstruktiv und gewinnbringend zu dem Zweck eingesetzt, eine bessere Welt zu verwirklichen, um Mittel und Wege zu finden, die diesem Ziel dienen.

Die aristotelische und kantsche Ethik werden bisweilen auch in einer anderen als der bisher betrachteten Weise einander gegenübergestellt. Man nennt die erstere eine teleologische *Ethik, insofern sie den Begriff eines Endziels, das es zu verwirklichen gilt (den Idealmenschen), an die erste Stelle rückt, und die zweite eine* deontologische *Ethik, insofern sie den Begriff der Pflicht, also dessen, was man ohne Rücksicht auf die Folgen unbedingt tun muß, an die erste Stelle setzt. Eine andere teleologische Ethik ist der* Utilitarismus, *der auf Jeremy Bentham und John Stuart Mill zurückgeht und der das Gute als den bestmöglichen Zustand für die größtmögliche Anzahl von Individuen definiert und auf dieser Grundlage moralische Urteile fällt, wie oben angedeutet. Der Utilitarismus ist heute die verbreitetste Position in der angloamerikanischen Ethik, wo seine (halb- oder pseudo-)wissenschaftliche Natur (es scheint ein wissenschaftlich zu sichernder Tatbestand zu sein, daß gewisse Verhaltensweisen gewisse Ergebnisse hervorbringen) es ihm ermöglicht, soziologische, politische und ökonomische Themen auf ziemlich ungekünstelte Weise einzubeziehen.*

Mag sein; aber das überzeugt mich nicht. Wenn ich das so fasse, müßte ich, bevor ich weiß, ob eine Handlung gut ist, ihre Konsequenzen kennen, nicht nur die unmittelbaren, sondern die unabsehbar langfristigen und auf das letzte und höchste Gut der Menschheit bezogenen Konsequenzen. Verfügt man je auch nur annäherungsweise über ein solches Wissen? Wenn man daran nicht glauben kann, was bleibt dann von diesem Vorschlag übrig? Es bleibt die Tatsache, daß einige Handlungen als gut angesehen werden und andere nicht und daß sich mehr oder weniger einfallsreiche Rationalisierungen für derartige Urteile beibringen lassen, wobei wir von Mal zu Mal die Faktoren besonders gewichten, die uns gerade am meisten passen, die uns am besten zu rationalisieren erlauben. Das eine Mal (in dem Fall des Einhaltens von Versprechungen zum Beispiel) beziehen wir uns auf den festen sozialen Zusammenhalt, der durch Vertrauen und gegenseitige Achtung gefördert wird, und ein anderes Mal (sagen wir, wenn es sich darum handelt, die Einkommen umzuverteilen) sprechen wir statt dessen von den großen Möglichkeiten einer sozialen Erneuerung, die sich eröffnen, wenn ein jeder in die Lage versetzt wird, sich zu verwirklichen. Wenn einem unsere Rationalisierungen nicht passen, wenn uns zum Beispiel entgegengehalten wird, sozialer Zusammenhalt und das Erfordernis einer sozialen Erneuerung kämen einander in die Quere, können wir immer antworten, das sei nicht wahr, wir müßten vielmehr eine »dialektische

Synthese« zwischen den beiden anstreben. All das ist für mich Geschwätz, das wenig Achtung vor der Unmittelbarkeit, vor der Gewalt hat, mit denen uns moralische Gebote gegenüberstehen. Das Gebot »Du sollst nicht töten« läßt keine Diskussion zu; es wartet nicht auf Rechtfertigungen auf der Grundlage eines sauberen statistischen Vergleichs der Folgen des Tötens und des Nichttötens. Die Menschheit ist nicht eine große Aktiengesellschaft, die darauf aus ist, die Interessen ihrer Mitglieder auf rationale Weise zu fördern: Sie stellt Forderungen an uns, fordert unsere Achtung und unseren Gehorsam vor und jenseits irgendwelcher Interessen.

Ich kann mir aber immer noch nicht erklären, wie ein menschliches Wesen diese Aufgabe erfüllen kann: sie vollständig erfüllen, will ich sagen, und am Ende moralisch, *gut* sein kann. Wenn ich mich gut verhalte, weil es für mich natürlich ist, weil es Teil meines Charakters ist, ist die Sache moralisch bedeutungslos; und wenn ich mich mit Anstrengung gut verhalte und mich dazu zwinge, scheint es nicht richtig zu sagen, dieses Verhalten sei meins, sei Ausdruck dessen, was ich bin. Mir kommt der Gedanke, daß das vielleicht genau die Funktion der Moral ist: uns ein Ideal vor Augen zu stellen, mit dem wir niemals eins werden können und wonach folglich zu streben wir nie aufhören werden, worum uns zu bemühen wir nie ablassen werden. Eine Art ewiger Karotte und auf ewig außerhalb unserer Reichweite. Wenn dem so wäre, würde ich es aber lieber nicht wissen. Wer weiß, ob ich sonst die Kraft hätte, mich noch darum zu bemühen.

V. Der Sinn der Geschichte

Der Fall

Wenn ich ehrlich sein soll, habe ich wirklich nichts verstanden. Diese »Autorenfilme« sind ein wahres Unglück: Liest man die Kritiken, scheint alles tief und bedeutend; dann geht man hin, um sie sich anzusehen, und wird aus ihnen nicht klug. Ständig wird in der Zeit hin- und hergesprungen, treten mehr oder weniger symbolträchtige Personen der Handlung auf und verschwinden wieder, ereignet sich irgend etwas völlig unmotiviert und zusammenhanglos. Selbst auf die Gefahr hin, als stumpfsinnig und beschränkt zu erscheinen: mir gefallen die traditionellen Filme besser: die, die einen Anfang und ein Ende, also einen Sinn haben, wo man begreift, worauf das ganze hinauswill, wo sich jede Figur in erkennbarer Weise in einem klaren, eindeutigen Handlungsverlauf bewegt. Sicher, nicht alles muß von Anfang an klar sein, wie könnte es sonst gute Kriminalfilme geben? Aber am Schluß muß sich alles klären, und daran erkennt man erst, daß man am Schluß angelangt ist. Dagegen hier – wenn bei diesem Film nicht an einer bestimmten Stelle das Licht angegangen wäre, hätte ich doch niemals vermutet, daß das schon alles war.

Analyse

War das wirklich schon alles? Ist das, was ich von Anfang bis Schluß sah, wirklich *ein* Film? Gewiß, das Ritual war das gewohnte: Ich ging zur Kasse, kaufte mir eine Eintrittskarte, betrat den erleuchteten Kinosaal, sah mir ein bißchen Reklame an; dann gingen die Lichter aus, und auf der Leinwand erschien zuerst ein Titel, und dann folgten ungefähr zwei Stunden Bilder und Geräusche unterschiedlicher Art. Schließlich wurden Bilder und Töne unterbrochen und auf der Leinwand eine Reihe von Namen und Funktionen (»Regie«, »Buch« und so weiter) eingeblendet, wobei inzwischen die Lichter wieder angingen und jemand Eis verkaufte. All dies sind eindeutige Anzeichen dafür, daß ich wahrscheinlich einen Film gesehen habe: Wenn etwas derartiges geschieht, sehe ich in der Regel einen Film. Aber bin ich sicher, daß diese Anzeichen wirklich einen schlüssigen Beweis darstellen? Daß sich auch in diesem Fall alles wie gewohnt abgespielt hat? Nehmen wir an, jemand habe sich mir gegenüber einen Scherz erlaubt: er habe einen Haufen irgendwelcher Fotografien bunt durcheinandergewürfelt oder eine bestimmte Anzahl unterschiedlicher Kurzfilme nacheinander montiert, habe diesem Ganzen einen Titel gegeben, der damit nichts zu tun hat, und habe dann diese Vorführung organisiert. Womöglich waren auch alle Zuschauer wie ich Opfer (oder Komplizen) dieses Scherzes; vielleicht tappten auch die Kritiker in diese Falle und beschlossen in ihrer Verlegenheit, daß diesen merkwürdigen »Film« zu loben weniger riskant sei, als ihn zu verreißen und dann mit der Nachwelt abrechnen zu müssen. Wenn ein Werk in Vergessenheit gerät, vergißt man auch seine (positiven und negativen) Kritiken; aber wenn er später als ein Meisterwerk gilt, möge

Gott diejenigen schützen, die gewagt haben, ihn schlecht zu machen!

Es ist offenbar sehr unwahrscheinlich, daß es so lief, daß so viele Zufälle zusammenkamen oder hier ein so trickreicher und perverser Wille am Werk war. Aber ich rede nicht von Wahrscheinlichkeit, von etwas, das sich in der Mehrzahl der Fälle zuträgt: Ich frage mich vielmehr, ob ich in bezug auf das, was sich jetzt ereignet hat, *sicher* sein kann, d.h. sicher, einen und nur einen Film gesehen zu haben. Und diese Sicherheit scheint mir das Ritual nicht geben zu können.

Unter einem Film kann man zwei unterschiedliche Dinge verstehen (oder vielleicht drei, aber das Problem ändert sich dadurch nicht wesentlich). Das eine ist ein bestimmter konkreter, physischer Gegenstand (ein in bestimmter Weise beschichteter und belichteter Zelluloidstreifen) oder auch ein bestimmtes raumzeitliches Ereignis (die Projektion dieses Streifens auf einer Leinwand, gewöhnlich vor einem Publikum). In diesem Sinn gibt es keine Zweifel an der Identität dessen, was ich sah, beziehungsweise können eventuelle Zweifel ausgeschaltet werden: Man braucht sich bloß an den Vorführer zu wenden und ihn zu bitten, uns das, was er projizierte, zu zeigen. Wenn es ein einziger Filmstreifen ist, dann war es ein einziger Film. Eine kleine Komplikation entsteht, wenn während eines einzigen »Ereignisses« mehrere Streifen vorgeführt werden wie damals, als die Streifen zu kurz waren und jeder Film auf zwei Zeiten verteilt werden mußte; aber hier handelt es sich um leicht zu behebende Komplikationen: Die zwei oder mehr Streifen sind zusammen im Umlauf, womöglich in einer einzigen Schachtel mit einem (einzigen) Titel darauf verpackt und werden immer nacheinander mit einer kurzen Pause dazwischen vorgeführt, die dem Vorführer erlaubt, den Streifen zu wechseln, den Zuschauern, die Toilette aufzusuchen oder sich eine Erfrischung zu kaufen. Es gibt also hinreichende Gründe dafür, weiterhin an der Überzeugung festzuhalten, dieser physische Gegenstand (jetzt nicht mehr der Streifen, sondern die Schachtel mit den Streifen) oder dieses raumzeitliche Ereignis seien einheitlich, seien eins.

Das Zweite (oder Dritte), was man unter einem Film verstehen kann, ist das, was der Streifen (oder vielleicht besser seine Vorführung) darstellt, der Inhalt der Darstellung, also die Geschichte, die erzählt wird. In diesem Sinn besteht *Vom Winde verweht* aus den Wechselfällen im Leben von Scarlett O'Hara (aus denen wenigstens, die erzählt werden) und *Das war der wilde Westen* aus der heftigen Auseinandersetzung zwischen Frank und Harmonica.

Es ist nicht immer klar, auf welche dieser zwei (oder drei) Bedeutungen man sich bezieht, wenn man von einem Film spricht. Manchmal hat man den unbedingten Eindruck, es müsse das physische Objekt (oder das Ereignis) sein; sonst wäre es zum Beispiel schwer zu verstehen, worum es sich handelt, wenn man sich auf einen Episodenfilm bezieht, d.h. auf *einen* Zusammenschnitt vieler *verschiedener* Geschichten. In der Mehrzahl der Fälle jedoch ist die Geschichte, die erzählt wird, die wahrscheinlichste Wahl. Wenn man zum Beispiel von der Hauptfigur eines Films oder von dem Darsteller spricht, der in dem Film den »Bösen« spielte, oder von dem Umstand, daß der Film ein Happy End hatte oder daß es ein Kriegs-, ein Abenteuer- oder ein Horrorfilm war oder daß er uns unterhielt oder rührte, spricht man eindeutig von der Geschichte. Ein Filmstreifen – eine Rolle aus Plastik, das in bestimmter Weise beschichtet ist, – kann kein Happy End haben; es hat gar keinen Sinn, ihn so zu beschreiben, und es hat keinen Sinn zu sagen, er enthalte Figuren und handele »vom Krieg«. Das Ereignis seiner Vorführung scheint weniger Probleme aufzuwerfen; denn dieser kann in der Tat handelnde Personen und einen glücklichen Ausgang haben, aber nicht in demselben Sinn wie in dem Fall des Films. Die Hauptperson der Vorführung ist der Vorführer, nicht Robin Hood oder Moses, und die Vorführung nimmt dann einen glücklichen Ausgang, wenn der Filmstreifen nicht an der schönsten Stelle reißt, wodurch die Zuschauer zu unangenehmem Warten genötigt werden, nicht wenn »er« und »sie« sich Hand in Hand in Richtung auf die untergehende Sonne entfernen; auf diesem Wege fortfahrend, könnte man sagen, es gehe bei der Vorführung »um Krieg« oder »um Horror«, wenn während ihres Verlaufs richtige Geschosse durch den Raum pfeifen oder echtes Blut fließt (weil, unterstellen wir dies einmal, ein wirkliches Bombardement im Gange ist oder sich im Kinosaal ein wirkliches »Operngespenst« austobt). Im allgemeinen sprechen wir nicht gerade von so etwas, wenn wir von einem Film sprechen.

Wenn ein Film aber eine Geschichte *ist*, dann ist seine Einheit die Einheit einer Geschichte: Der Film ist *ein* Film, wenn die Geschichte, die erzählt wird, *eine* Geschichte ist. Das Ritual, von dem ich vorhin sprach, kann den Gedanken nahelegen, die Geschichte, die erzählt wird, sei nur eine, aber es erlaubt nicht, dies mit Sicherheit anzunehmen; und folglich erlaubt es auch nicht, die Einheit des Films in *diesem* Sinn zu begründen (in den beiden anderen Bedeutungen vielleicht, aber mit denen will ich mich jetzt nicht befassen). Der Rahmen genügt so wenig, wie der Einband eines Buches genügt, um das diesbzügliche literarische Problem zu lösen. Ein Buch (oder besser noch, ein Band) ist ein Gesamt von Seiten, die mit Leim, mit einem Faden oder einer Spirale zusammengehalten werden; aber ob dies Buch einen einzigen Roman oder verschiedene Geschichten enthält oder umgekehrt ein einziger Roman auf mehrere Bücher verteilt ist, entscheiden wir auf der Grundlage anderer Kriterien. Das Problem ist: auf der Grundlage welcher Kriterien?

Es könnte so aussehen, als ob es auf diese Frage eine einfache und endgültige Antwort gäbe. Es liegt beim Autor, könnte man sagen, zu entscheiden, was – im besonderen, wie vieles – er machen will. Wenn ein Autor einen Roman schreiben will, wird das, was er schreibt, eben *ein* Roman sein; wenn er dagegen Erzählungen schreiben will, werden das, was er schreibt, Erzählungen sein, unabhängig davon, wie viele Bücher sie füllen. Das erklärt unter anderem viele der strukturellen Momente eines Buchs: seine Unterteilung in nacheinander numerierte Kapitel zeigt zum Beispiel an, daß der Autor auf allen diesen Seiten eine einzige Geschichte erzählen will. Wenn wir also an der Identität eines literarischen Werkes Zweifel hegen, brauchen wir nur den Autor um Aufklärung zu bitten. Bei einem Film ist das verwickelter; denn an seiner Herstellung wirken viele Personen mit: ein Drehbuchautor, der die Geschichte schreibt, ein Regisseur, der sie in Bilder umsetzt, ein Produzent, der alle die Einzelheiten der Operation zusammenführt und so weiter. Man darf vernünftigerweise annehmen, daß in der Mehrzahl der Fälle alle diese Leute sich darin einig sind, wovon die Geschichte handelt, die erzählt wird; wenn sie sich nicht einig sind, wird es schon jemanden geben, der mit mehr Macht als die übrigen ausgestattet, entscheidet, welche Geschichte erzählt werden *soll*: An diese Person (oder an die Gruppe in ihrer Gesamtheit, wenn in ihr Harmonie herrscht) wenden wir uns, um Informationen über die Identität des Produkts zu erhalten.

In Anbetracht der Bedeutung des Identitätsproblems in der Metaphysik braucht man sich nicht zu wundern, daß es in verschiedenen Formen auftritt. In Kapitel II haben wir uns mit der Identität eines physischen Gegenstands beschäftigt; demgegenüber beschäftigen wir uns hier mit der Identität einer Erfahrung, *genauer mit der besonderen Erfahrung, die mein Leben darstellt. D.h. wir fragen uns, wie man sagen kann, mein Leben sei einheitlich, es sei eines und nicht viele.*

Das Kapitel ist auf einer Analogie zwischen dem Leben und einer Geschichte aufgebaut. In beiden Fällen gibt es zwei Grundpositionen hinsichtlich der Identität des betrachteten Gegenstands. Die erste (die wir gerade skizziert haben) hat ihren klassischsten Vertreter in Descartes: Für ihn ist die Identität der Person (d.h. die Tatsache, daß ein und nur ein einziges Ich existiert) eine absolut sichere Gegebenheit, nicht von Anfang an und für alle, aber ohne weiteres für alle die, die entschlossen sind, mit aller Entschiedenheit nach ihr zu streben, sie von dem Chaos, das sie umgibt, und von der Vielfalt der verschiedenen Dinge, an die wir uns (irrtümlicherweise) gebunden haben, von denen wir (irrtümlicherweise) abzuhängen meinen, zu befreien. Ist diese Gegebenheit einmal gesichert, ist es banal, von ihr die Identität meines Lebens abzuleiten: Mein Leben stellt eine Einheit dar, weil mein (einheitliches) Ich es als solches lebt – so wie das Kunstwerk eine Einheit darstellt, weil es als solches von seinem Urheber (oder einer Gruppe von Urhebern) gewollt ist.

Diese Lösung wirft besonders im literarischen Fall eine Reihe von praktischen Fragen auf. Da die Literatur viel älter ist als der Film, weist sie viel mehr tote Autoren auf, die man nicht mehr befragen kann, sollten ihre Werke Identitätsprobleme aufwerfen. Ich kann mir vorstellen, daß es sich mit den Regisseuren und Produzenten in einigen Jahrhunderten genauso verhält oder vielleicht nach einem Weltkrieg, in dem alle ihre kostbaren Interviews verlorengingen (aber einige ihrer Werke erhalten blieben). Das sind aber Schwierigkeiten in der Anwendung des Kriteriums, die keine Zweifel an dem Kriterium selbst aufkommen lassen. Ich versuche, genauer zu sein. Prinzipiell dürfte es nicht unmöglich sein, den Erdumfang auf dieselbe Weise zu messen, wie man ein Zimmer ausmißt, nämlich indem man wiederholt ein Bandmaß benutzt. Tatsächlich aber schließen ziemlich offensichtliche praktische Grenzen diese Vorgehensweise aus und nötigen uns, gewitztere Methoden zu suchen, um dasselbe Ergebnis zu erzielen; aber auch wenn wir nicht den dazu nötigen Scharfsinn besäßen, auch wenn die Messung des Erdumfangs *in der Praxis* außerhalb unserer Möglichkeiten bliebe, hätte das nicht den mindesten Einfluß auf die Vernünftigkeit des vorgeschlagenen Kriteriums: Die Erde hat einen Umfang, und wir wissen, was wir tun müßten, um ihn zu messen; es gelingt uns nur nicht. Genauso können wir einen toten Autor nicht nach seinen Intentionen befragen, aber das bedeutet nicht, daß seine Absichten, welche auch immer es gewesen sein mögen, nicht die Grundlage der Einheit (oder Vielheit) jedes seiner Werke seien.

Leider endet hier die Sache aber nicht. Die Absichten sind eher mysteriöse Geschöpfe, die mehr Probleme aufwerfen, als sie lösen; aber auch wenn wir völlig von dieser ihrer beunruhigenden Eigenart absehen, muß mein Kriterium doch mit einer anderen Schwierigkeit fertigwerden, die nicht als eine »rein praktische« abgetan werden kann und die es gänzlich unbrauchbar zu machen droht. Es handelt sich um folgendes: Es kann einem Autor *mißlingen*, seine Absichten zu verwirklichen. Er (oder sie) wollte wirklich nur einen einzigen Roman schreiben oder nur einen einzigen Film drehen – d.h. er (oder sie) wollte, daß es sich nur um eine Geschichte handelte, – aber das ist ihm (oder ihr) nicht gelungen: Die Geschichte steht nicht, ist nicht einheitlich. Auch eine einfache Aufteilung in Kapitel reicht nicht aus, um sie zu einer einheitlichen Geschichte zu machen. Urteile dieser Art finden wir ganz vernünftig; wir meinen sogar, es sei eine wichtige Aufgabe des Literatur- oder Filmkritikers, den Grad der effektiven Verwirklichung eines Werks (den Erfolg der ursprünglichen Absichten) festzustellen; im Falle eines diesbezüglichen Konflikts zwischen den Meinungen des Kritikers und denen des Autors neigen wir höchstwahrscheinlich dazu, das Urteil des letzteren als nicht endgültig anzusehen. Wenn das so ist, dann ist das Problem aber immer noch offen. Die Absicht, ein einheitliches Werk zu schaffen (was alles ist, was ein Autor uns sagen könnte, wenn er uns zur Verfügung stünde, – oder besser, alles, was wir ihm ohne weitere Diskussionen abzunehmen bereit sind) reicht nicht aus, daß das Werk einheitlich *ist*; dazu ist es notwendig, daß die Absicht auch verwirklicht wurde, was uns der Autor nicht zusichern kann, wie fest seine diesbezüglichen Überzeugungen auch sein mögen. Wir stehen also wieder am Anfang: Wie entscheiden wir, ob das, was wir vor uns haben, eine einzige Geschichte ist?

Zur Beantwortung dieser Frage könnte ich auf den Kontrast zwischen Autor und Kritiker, den ich oben konstruierte, zurückkommen. In jenem Fall hob der Autor seine Absichten hervor, das, was ihm vorschwebte, und wir hatten entschieden, daß man auf diesem Wege nicht weit kommt. Versuchen wir also einen anderen! Worauf stützt sich hingegen der Kritiker? Wieso konnte er erklären, der Autor hätte Unrecht gehabt, – und allgemein, welche Werkzeuge benutzt ein Kritiker, um ein Urteil über die Einheit eines Werks zu fällen?

»Stilistische Kriterien« möchte man antworten; aber das ist noch zu unbestimmt. Machen wir uns also daran, die Bestandteile einer Geschichte näher zu analysieren! Da gibt es natürlich die handelnden Personen, und dann gibt es den Gang der Handlung: das, was in der Geschichte geschieht. Beginnen wir mit den Personen! Sicher müssen es nicht immer dieselben sein, damit die Geschichte immer dieselbe bleibt: Ich kann mir die Geschichte einer Familie vorstellen, die sich über mehrere Generationen erstreckt, in der alle die zu Beginn anwesenden Personen früher oder später wegsterben und alle am Ende vorhandenen Personen, sagen wir, nach der ersten Hälfte der Geschichte geboren werden. Es reicht allerdings auch nicht aus, daß die Personen dieselben sind: Die Tatsache, daß James Bond in einem Dutzend Romane von Fleming auftritt und immer von Anfang bis Ende anwesend ist, macht diese Romane nicht zu einem einzigen. Außerdem – das ist das Wichtigste –, woher wissen wir, wann die Personen dieselben sind? Zum Teil wissen wir das offenbar daher, daß sie denselben Namen tragen (oder im Fall des Films dasselbe Aussehen haben); aber nicht immer ist das so leicht zu entscheiden. Es ist nicht auszuschließen, daß Personen den gleichen Namen tragen (oder eineiige Zwillinge sind) und daß ein und dieselbe Person viele Doppelgänger hat (oder auf eine Weise älter wird, daß sie nicht sogleich wiederzuerkennen ist wie zum Beispiel Orson Welles in *Die vierte Macht*). Am sichersten findet man heraus, ob es sich um dieselbe Person handelt, wenn man ihr Verhalten verfolgt. Nachdem wir einen Teil des Romans gelesen oder einen Teil des Films gesehen haben, haben wir die Personen kennengelernt; und so wie es uns mit realen Personen aus dem wirklichen Leben geht, erwarten wir von ihnen bestimmte Reaktionen: Wenn sich unsere Erwartungen erfüllen, sind wir beruhigt, und wenn sie sich nicht erfüllen, sind wir perplex. Gewöhnlich lösen sich die Ungereimtheiten auf: So finden wir zum Beispiel heraus, daß die Person ein großes Problem hatte, das sie quälte, von dem wir aber nichts wußten, und daß sie sich deswegen so merkwürdig benahm. Wenn die Merkwürdigkeiten aber weiterhin keine Erklärung fänden, sich vielmehr vermehrten – wenn von einem bestimmten Zeitpunkt an eine Person (ohne eindeutige Anzeichen einer psychischen Störung zu zeigen) ihr Verhalten radikal änderte – müßten wir natürlich annehmen, der Autor habe den Verstand (oder unterwegs die Geschichte) verloren oder die Person habe sich vielleicht verändert, sie sei nicht mehr dieselbe Person, ich meine im wörtlichen Sinn, in dem Sinn, sie sei durch irgend jemand ersetzt worden. Man sieht, all dies scheint die Vermutung nahezulegen, daß die grundlegendste Einheit nicht die Einheit der Personen, sondern die der Handlung ist: Das Geschehen muß einheitlich sein, damit es sowohl die Geschichte als auch die Personen sind. Wann ist also eine Handlung einheitlich?

Vielleicht ist es leichter anzugeben, wann sie *nicht* einheitlich ist, gerade weil ich dafür ein so lebhaftes Beispiel vor Augen habe. Dieser Film, den ich gerade gesehen habe, ist wirklich nicht einheitlich. Warum? Weil man nichts versteht, weil er keinen Sinn ergibt, nicht *einen* erkennbaren Sinn. Und was bedeutet das? Es bedeutet, daß es einem nicht gelingt, ihn zu kontrollieren, während man ihn betrachtet, daß man Dinge geschehen sieht, aber nicht in der Lage ist, zu erklären, warum sie geschehen, warum diese Dinge und keine anderen, warum jetzt und nicht früher oder später oder jemals.

Nehmen wir an, wir wüßten nichts von Monopoly und wir sähen (falsche) Geldscheine über DM 10, 50, 100, 500, 1000, verschieden gefärbte Kärtchen, Würfel, eine Art Stadtplan und Spielhäuser wahllos durcheinander aufgeschichtet auf dem Tisch liegen. Nehmen wir an, jemand fragte uns danach, was auf dem Tisch liegt. Wahrscheinlich würden wir antworten, das sei ein Haufen Zeug, und wenn der andere darauf bestünde, würden wir daran gehen, alle die Dinge aufzuzählen – die *unterschiedlichen* Dinge –, die wir sehen. An dieser Stelle aber unterbricht uns der Freund und erklärt uns, wie man Monopoly spielt; am Ende seiner Erklärung können wir sagen, daß auf dem Tisch eine einzige Sache liegt, nämlich ein Spiel. Frage: Was hat sich geändert, was hat diesen «Haufen Zeug« zu *einer* Sache gemacht? Antwort: Was sich verändert hat, ist, daß wir Ordnung hineingebracht haben, daß wir die Beziehungen zwischen allen diesen seltsamen Gegenständen geklärt, daß wir ihre gemeinsame Anwesenheit natürlich, selbstverständlich, in gewissem Sinne notwendig gemacht haben.

Dasselbe gilt für eine Geschichte: Auch hier gibt es manchmal ein Haufen Zeug, das scheinbar zufällig beieinander liegt; auch hier muß man Ordnung hineinbringen, den Zufall in Notwendigkeit verwandeln, sich darüber klar werden, daß sich die Ereignisse auf diese Weise abspielen mußten, so wie die Personen angelegt sind, nach dem was ihnen bisher zugestoßen war und nach dem, was sie später zu tun beabsichtigten. Wenn wir uns darüber klar werden, daß alle diese merkwürdigen Leichen Teile eines genauen Plans sind oder vielleicht von dem Scheitern eines genauen Plans und dem Versuch herrühren, dieses Scheitern zu verdecken, mit einem Wort, daß es einen Sinn hat, daß sich hin und wieder eine Leiche in einem Schrank befindet, daß sie da nicht von einem anderen Film, der vor drei Tagen auf derselben Stelle gedreht wurde, liegengeblieben ist, wenn sich also alles zusammenfügt, wenn wir am Ende wissen, warum das, was geschah, geschehen ist, dann wissen wir, welche Geschichte uns erzählt wurde, und wir wissen auch, daß es *eine* Geschichte ist, daß die Handlung einheitlich ist.

Gewiß, mit den Geschichten ist es schwieriger als mit den Dingen, mit den Filmgeschichten wenigstens, mit den Filmen (ich meine die, die man im Kino sieht: Zu Hause mit dem Videorecorder ist die Situation eine andere), weil man nicht das Ganze überblickt, man keine Seite zurückblättern kann, die Geschichte nicht anhalten, nicht erklären kann, wie sie funktioniert, sie nicht wieder von vorne beginnen lassen kann (wie ich mir das beim Monopolyspiel vorstellte). Ein Film ist ein bißchen so wie diese andere, längere, kompliziertere und (für mich wenigstens) wichtigere Geschichte, die mein Leben, meine Erfahrung, ist: In beiden Fällen geht es darum, die Ereignisse zu erklären, während sie geschehen, Ordnung in ein Material zu bringen, das sich vor unseren Augen beständig verändert, über unsere Rekonstruktion der Tatsachen zu wetten, wohl wissend, daß das nächste Mal, der nächste Leichnam im Schrank, die nächste Antwort der Person, von der wir annahmen, sie bis in Herz hinein zu kennen, alle unsere Erwartungen widerlegen können. Und doch muß es uns in beiden Fällen gelingen, ein wenig Ordnung da hineinzubringen: Wenn uns das nicht gelingt, löst sich der Film in eine zusammenhanglose Folge von verschiedenen Bruchstücken auf, und auch mein Leben könnte sich vielleicht in entsprechender Weise auflösen.

Auf diese Weise sind wir bei der Behandlung der zweiten Grundposition in bezug auf die Identität der Erfahrung angelangt, die Kant in der Kritik der reinen Vernunft *darlegt. Kant betont den illusionären Charakter dieser Gewißheit der Existenz und Einheit des eigenen Ichs, die für Descartes so wichtig war, oder wenigstens die Tatsache, daß Gewißheit noch nicht Wissen bedeutet, daß wissen verstehen heißt, daß wir das, dessen wir gewiß sind, nicht deswegen schon verstehen. Kant ist also nicht in der Lage, die Identität seines Lebens auf seine Identität abzuwälzen: Er muß das Problem direkt angehen, sich zum Betrachter seiner eigenen Erfahrung machen (so wie der Kritiker ein Betrachter des Kunstwerks ist – auch wenn er nicht sein Urheber ist) und sich fragen, in welchem Sinn diese besondere Aufeinanderfolge von Ereignissen als eine und nicht als viele, nicht als Aggregat verschiedener Entitäten angesehen werden kann. Im allgemeinen hebt seine Lösung das Element der Regelmäßigkeit und der Notwendigkeit hervor: Dieses Leben ist ein einziges, weil in ihm Ordnung ist, weil die Ereignisse in vorhersehbarer Weise aufeinanderfolgen, weil unsere Erwartungen (oft) bestätigt werden. Und ich bin eine Person und nicht mehrere, weil meine Erfahrung eine ist, und nicht umgekehrt (wie für Descartes). Auf diese Weise verschränkt sich das Problem der Einheit des Ichs mit dem der Induktion (das in Kapitel I behandelt wurde): Ich kann auf meine Identität nur insoweit vertrauen, als ich auf die Vorhersehbarkeit der Erfahrung vertrauen kann.*

Aber nehmen wir das Spiel nicht zu ernst! Es taugt dazu, die Einheit des Films zu kritisieren; aber will ich vielleicht die Einheit meiner selbst, meiner Erfahrung, auf die Einheit einer Geschichte reduzieren, die mehr oder weniger gut, stilistisch mehr oder weniger überzeugend erzählt wird? Mein Gefühl, einer und immer derselbe, immer ich zu sein, begleitet mich, wie die Dinge auch immer laufen, wie merkwürdig auch immer meine Erlebnisse sind. Wenn ich nicht in der Lage bin, diese Erlebnisse zu erklären, bin doch immer ich es, der Unerklärliches erlebt. Wenn meine Geschichte nicht in sich stimmig ist, bin ich doch immer noch die Hauptperson: die Hauptperson einer mittelmäßigen Geschichte.

Diese Gewißheit meiner Identität ist ein natürliches Faktum und drängt sich mir unwiderstehlich auf. Mir kommt aber der Gedanke, Natürlichkeit und Unwiderstehlichkeit könnten das Ergebnis einer Reihe günstiger Umstände und dabei ganz und gar zufällig sein. Nehmen wir einen äußerst erfolgreichen

Mittelstürmer. Jedesmal wenn er ein Tor schießt, kommt ihm ein Zufall zu Hilfe: ein unberechenbarer Aufprall, ein Schienbein, das nicht da ist, wo es sein sollte, ein Abseits, das nicht bemerkt wurde. Andererseits ist er offensichtlich auch tatsächlich gut; aber auch die Verteidiger sind gut; ohne Zutun des Zufalls schösse er nicht so und so viele Tore. Aber die Zufälle wiederholen sich beharrlich, und er schießt ständig, Spielzeit für Spielzeit, »seine« (seltsam dieser Ausdruck) 25 Tore. Wird er nicht nach und nach vollständig und unwiderstehlich davon überzeugt sein, er werde auch in der nächsten Spielzeit 25 Tore schießen? Wäre er nicht der erste, der sich wundern würde, wenn die Dinge nicht wie vorhergesehen liefen?

Der Sinn dieses Beispiels liegt in folgendem: Wenn uns etwas wiederholt gelingt, ist es allzu natürlich anzunehmen, es *müsse* uns weiterhin gelingen, und wir denken nicht weiter darüber nach, daß das Geschehen nicht vollständig in unserer Hand liegt, sondern auch von äußeren Faktoren abhängt, von Faktoren, die sich sehr wohl von einem Augenblick zum anderen »auflehnen« können. Mir ist es bisher ziemlich gut gelungen, Ordnung und Kohärenz in mein Leben zu bringen, zu erklären, was geschah, und die Einheit meines Lebens auf diese Weise (vielleicht unbewußt) zu rechtfertigen, die Tatsache, daß es nur ein einziges Leben war, immer dasselbe, immer meins. Wer sagt mir, daß es nicht dieser Erfolg war, der mich so sicher machte, der mich zu der Überzeugung gelangen ließ, es sei für mich völlig unmöglich, das Gefühl meiner Identität zu verlieren, während ich, wenn die Dinge, die Ereignisse, auf einmal nicht mehr mitspielen würden, (wie der Mittelstürmer) gezwungen werden könnte, aus meinen Träumen des Ruhms unsanft zu erwachen?

Vielleicht sind die Geisteskranken, besonders diejenigen, die *nicht* ein so genaues Identitätsgefühl besitzen, nur weniger vom Glück begünstigt, sind es Menschen, mit denen die Dinge nicht gut genug zusammengearbeitet haben. Wo ich gerade von Träumen (des Ruhms) gesprochen habe, konzentrieren wir uns doch auf sie! Mir ist nämlich ein (hoffentlich fiktives) Beispiel eingefallen, das mich wirklich in Verlegenheit bringen könnte. Es gibt in meiner Erfahrung seltsame, unzusammenhängende Ereignisse, die mir aber keine schwerwiegenden Probleme bereiten, weil ich als sie Träume einstufen kann. Es ist so, als hätte man neben dem Tisch mit dem Monopolyspiel einen Abfallkorb stehen: Alles, was nicht ins Spiel paßt (was weiß ich? ein Zigarettenstummel, eine Notiz, hingekritzelt auf ein Stück Papier), werfen wir weg; auf diese Weise erhalten wir die Einheit dessen, was auf dem Tisch liegt, eliminieren wir mögliche Ursachen von Störung und Durcheinander, von Verschiedenheit und Vielfalt. Nehmen wir weiter an, die Dinge, die wir wegwerfen, wären in Wirklichkeit Elemente eines *anderen* Spiels: Wenn wir uns darüber klar geworden sind, ist es dann immer noch so leicht, uns ihrer zu entledigen – oder vielleicht zu entscheiden, welchen Spiels wir uns entledigen? Dasselbe könnte für die Träume gelten. Ich könnte zum Beispiel jeden Abend einschlafen und träumen, ich wachte am Morgen an einem anderen Ort auf, wo ich einen Tag mit zusammenhängenden und vollständig verketteten Erfahrungen bis zum Abend verlebe, wenn ich zu Bett gehe, einschlafe und davon träume, am Morgen genau da aufzuwachen, wo ich das letzte Mal eingeschlafen war. Man prüfe, ob ich, wenn ich eine derartige Erfahrung machte, immer noch ihrer (oder meiner) Einheit so sicher wäre? Oder müßte ich nicht eher darüber »verrückt werden«?

Das beunruhigendste Element an diesem Beispiel ist, daß ich offenbar rein zufällig nicht eine solche andere Erfahrung mache. Ich habe keine Kontrolle darüber, was ich träume; bislang handelte es sich in meinen Träumen um zusammenhanglose und wirre Vorgänge; aber die Dinge könnten sich auch ändern, und dann wiese mein Leben eine genauso problematische Identität auf wie dieser Film.

In Anbetracht der engen Verknüpfung zwischen Subjektivität und Induktion tauchen hier wie vorhersehbar wieder Träume und Wahnsinn auf; das erlaubt uns, einen Aspekt ihrer Vieldeutigkeit zu klären. Wenn es wahr ist, daß von einem praktischen, empirischen Gesichtspunkt aus derartige Episoden häufig ein Problem darstellen (wenn ich träume, verstehe ich meistens wenig von dem, was vor sich geht), ist es auch vom Gesichtspunkt der philosophischen Rekonstruktion der Erfahrung aus wahr, daß über einen Begriff wie Traum zu verfügen ein wichtiges Sicherheitsventil darstellt: Was sich nicht mit dem Rest vereinbaren läßt, können wir immer als Traum ansehen. Um diese Strategie aber konkret anwenden zu können, müssen Träume und Realität eine klar unterschiedene Struktur aufweisen und als solche erkennbar sein.

Ich übertreibe diese Kontrollangelegenheit ein wenig. Zugegeben, innerhalb gewisser Grenzen ist es wichtig zu verstehen, was und warum es geschieht; aber wenn wir wirklich alles verstünden, wenn wir eine Erklärung für jedes kleinste Detail hätten, wäre vielleicht das, was wir verstanden haben, *eine Sache*, aber nicht eine Sache des richtigen Typs. Es könnte ein Theorem, ein notwendiges Denkgesetz, aber nicht eine Geschichte oder ein Leben sein. Im Leben erwarten wir, daß vieles unvorhergesehen und »unordentlich« ist: zum Beispiel die Gesichter der Personen, die wir in der U-Bahn treffen (es erschiene mir so merkwürdig und irgendwie irreal, wenn ich immer wieder demselben Gesicht oder ähnlichen Gesichtern begegnete), die

Wetterlagen (in gutem Einvernehmen mit dem Wetterdienst), die Autonummer, die uns zugeteilt wird. Mit einem Wort, es geschehen eine Menge *unterschiedlicher* Dinge; aber, was am meisten zählt, nichts von alledem bringt uns aus der Fassung, und wir denken nicht einmal im Traum einen Augenblick daran, es zu »organisieren«: Wer das systematisch tun wollte, wäre unserer Meinung nach verrückt – auf andere Weise verrückt. Dasselbe gilt für die erfundenen Geschichten. Nehmen wir als Beispiel noch einmal einen Film, einen der gelungenen, einheitlichen Sorte, und fragen uns: Gibt es vielleicht einen Grund, weshalb jener Schaffner Pickel haben, jene Lehrerin fett sein und der Hauptdarsteller einen Fruchtsalat essen muß? Nein, nicht für mich wenigstens, für mich als durchschnittlichen Zuschauer; ja, es sind gerade Details, die die Geschichte glaubwürdig machen: Eine gewisse Anzahl beliebiger, unbegründeter Aspekte lassen sie wahrer, echter, mehr als eine Geschichte und weniger als eine zu beweisende These erscheinen. Der Filmemacher kann vielleicht für jede Einzelheit eine Erklärung liefern, den Film zergliedern, ihn bis in seine winzigsten Einzelteile auseinandernehmen und ihn wieder wie eine Uhr zusammensetzen; aber dann ist das, was er vor sich hat, keine Geschichte mehr: Es ist ein Uhrwerk. Wie sollen wir es ausdrücken? Gibt es vielleicht ein optimales Kontrollniveau, das die Identität einer Geschichte festlegt, während oberhalb und unterhalb dieses Niveaus sich die Dinge verwirren? Welches Niveau? Und warum?

Vielleicht wird das optimale Niveau pragmatisch festgelegt. Um annehmen zu können, ich hätte mein Leben unter Kontrolle, und um es als *ein Leben* ansehen zu können und nicht als ein Pandämonium, muß es mir gelingen, es hinreichend in Ordnung zu bringen, um wirkungsam agieren zu können. Ich muß wissen, was ich will, was ich tun will, um zu bekommen, was ich von der Umgebung zu erwarten habe, *insofern die Umgebung etwas mit meinen Zwecken zu tun hat.* So ist es zum Beispiel wichtig zu wissen, daß ich jetzt Hunger habe und essen will, daß ich, um zu essen, kochen werde, daß, wenn ich mich ans Kochen mache, die Töpfe da sind, wo ich sie gestern zurückließ (wenn sie niemand angerührt hat), und sie sich nicht unversehens in nichts aufgelöst haben, daß das Streichholz entflammt, wenn ich es an der Reibefläche reibe, daß die Butter in der Hitze der Flamme zerfließt und sie nicht zu einem Eisblock oder einem Lotterielos wird. Von vielen anderen Dingen – von der Mehrzahl der Dinge – erwarte ich nichts; da habe ich nur das unbestimmte Gefühl, es wäre mir, wenn sie mich *interessieren würden*, prinzipiell möglich, ihre Struktur zu erkennen und sie kohärent in die »Geschichte«, die mein Leben ist, einzubauen. Wenn mich die Personen, die ich in der U-Bahn treffe, interessierten, würde ich meine Zeit damit verbringen, sie aufmerksam zu studieren, und nach einiger Zeit würden mir ihre Gesichter vertraut, ich wüßte alles von ihren Ortsveränderungen, wäre vollständig in der Lage zu erklären, weshalb ich zu einer bestimmten Stunde eine bestimmte Person treffe, woher sie kommt und wohin sie geht. Aber all das interessiert mich nicht, es ist nicht wichtig für mich, um zurechtzukommen und zu funktionieren; also kann ich es als ein zufälliges Element ansehen, ohne deswegen die Einheit und die Kohärenz meines Lebens preiszugeben. Ja, ich muß es so ansehen, weil der Unterschied zwischen dem, was mich interessiert, und dem, was mich nicht interessiert, meinen Gesichtspunkt definiert, den besonderen Verlauf, den mein Leben genommen hat: das, was ich bin, und das, was ich *nicht* bin. Was die erfundenen Geschichten angeht, so ahmen sie die wirkliche Erfahrung bloß nach: D.h. sie führen eine Person ein, mit der man sich identifizieren soll, und »kontrollieren« im Fortgang der Handlung nur so viel, wie für das wirksame Agieren dieser Person (wenn sie wirklich existierte) notwendig (und hinreichend) ist. Wenn sie sich dafür interessierte, warum die Lehrerin fett ist, würde sie anders handeln und es in Erfahrung bringen – und auf diese Weise würden auch wir es erfahren.

Und doch überzeugt mich diese Lösung nicht ganz. Ein Widerspruch oder eine Schwierigkeit entmutigen mich nicht, sondern sie reizen mich eher. Zunächst hatte ich von der sicheren und unwiderstehlichen Überzeugung gesprochen, die mit meiner Identität (für mich) einhergeht, und als es dann darum ging, diese Überzeugung zu rechtfertigen, stand ich mit leeren Händen da, weil meine Überlegung, was daran Zufällen zu verdanken sein könnte, zu nichts geführt hatte. Abgesehen von jeder Rechtfertigung bleiben aber Sicherheit und Unwiderstehlichkeit unangetastet und behaupten sich mit um so größerer Standfestigkeit, je widerspenstiger die Umwelt ist. Solange alles effizient und funktional abläuft, vergesse ich in gewissem Sinn sogar, daß ich existiere; dann tritt etwas auf, das ich nicht verstehe, das ich nicht kontrollieren kann, und siehe da, auf einmal fühle ich mich, fühle *meine* (vielleicht vergebliche) Anstrengung, zu verstehen und zu kontrollieren, nehme ich unmittelbar und etwas schmerzhaft wahr, daß *ich* mich mit einer nicht zu bewältigenden Aufgabe herumplage. Im Grunde könnte dies wirklich der Zweck solcher »unverständlicher« Filme sein, von denen ich gerade einen sah: eine größere Selbst-Bewußtheit auf seiten des Zuschauers zu wecken, ihn in der ersten Person in eine Operation einzubeziehen, die seinen Beitrag verlangt, zu verhindern, daß sich das Filmerlebnis für ihn (oder sie) darauf beschränkt, auf dem Kinosessel einzuschlafen, eine vollständig »gelöste«, abgeschlossene und aufwendig verpackte Geschichte passiv zu rezipieren. Wenn dem so wäre, brauchte ich mich nicht zu wundern, daß mir die traditionellen Filme besser gefallen; denn sie erfordern gewiß weniger Mühe; in derartigen Filmen wäre aber auch weniger Platz *für mich* und auch wenig Platz für mich in einem Leben, das solchen Filmen ähnelte.

Nach Kant wurde die Untersuchung der Struktur der Erfahrung (unter weitgehender Absehung von den Gegenständen der Erfahrung) ein zentraler Gegenstand für die philosophische Schule, die unter dem Namen Phänomenologie *von den Arbeiten Franz von Brentanos ausging und vor allem von Edmund Husserl (besonders in* Logische Untersuchungen *und* Ideen zu einer reinen Phänomenologie*) weiterentwickelt wurde. In derselben Tradition steht auch der Existentialismus mit einem seiner zentralen Themen: dem »Schachmatt« (oder der Krise), aus der das Gefühl der eigenen Identität erwächst.*

Vielleicht stifte ich Verwirrung. Vielleicht sollte ich einen Unterschied machen zwischen meinem *Versuch*, die Einheit meiner Person herzustellen, und der Tatsache, daß es eine Einheit *gibt*. Wenn ich die Geschichte des Römischen Reiches studiere, ist klar, daß ich sie noch nicht kenne und daß ich gerade deswegen eine äußerst bewußte Anstrengung unternehme, sie mir anzueignen: Es kostet mich einiges, mir alle diese Namen und Daten, alle diese komplizierten Verwandtschaftsbeziehungen einzuprägen; deswegen ist mir dieser Lernvorgang ganz bewußt. An einer bestimmten Stelle aber kommt der Lernvorgang zum Abschluß, und ich erwerbe eine ganz und gar automatische Fähigkeit, der ich keine Aufmerksamkeit mehr zuzuwenden brauche, für die ich gar kein »Gefühl« mehr haben muß. Wenn man mich fragt »Wann hat Antoninus Pius gelebt?« antworte ich »von 138-161«, unter Umständen sogar ohne meine laufende Tätigkeit zu unterbrechen, ohne auch nur darüber nachzudenken. Mit meiner Identität könnte es sich genauso so verhalten: Wenn sie sich in der Krise befindet, bin ich mir des Problems bewußt, und wenn die Krise überwunden und meine Identität wieder stabilisiert ist, bin ich mir ihrer nicht mehr bewußt, weil die Identität kein Problem, sondern die *Lösung* eines Problems darstellt.

Natürlich ist das Problem nicht ein für alle Mal gelöst. Auch im Fall des Römischen Reiches ist es unmöglich, jemals an einen Punkt zu gelangen, an dem man alles Wissenswerte weiß: Wenn ich auch alles wüßte, was bis heute entdeckt wurde, so könnte doch morgen ein weiteres Grab entdeckt, ein weiterer Tempel ausgegraben, eine weitere Inschrift entziffert werden, und es ergäben sich auf diese Weise neue Daten, die eingeprägt werden könnten. Dasselbe gilt für meine Erfahrung. Wenn die Krise überstanden ist, kann ich die automatische Flugsteuerung einschalten, aber nicht auf unbestimmt lange Zeit: Es wird in der Zukunft andere Krisen geben, andere Rechnungen, die nicht aufgehen, andere Dinge, die ich nicht verstehe und die mich interessieren, die ich verstehen muß.

Das scheint alles sehr elegant; aber ich kann nicht behaupten, daß es mich zufriedenstellt. Ich fühle mich zu einem ständigen Hin- und Herschwanken zwischen zwei gleichermaßen unangenehmen Zuständen gezwungen. Entweder hat meine Erfahrung einen genauen Sinn, ist meine Geschichte in sich stimmig, entwickelt sich ihre Handlung mit einiger Natürlichkeit, aber dann verhalte ich mich wie ein Zombie, wie ein Getriebe in einem Mechanismus, wie ein gut geöltes Rädchen, das ohne ein Funken Bewußtsein, ohne das geringste Zögern in andere Räder greift. Oder ich bin mir tief bewußt, daß ich mich mit meinem Leben herumschlage, daß ich existiere, daß ich eine Aufgabe erfülle; aber dann wirklich deswegen, weil meine Aufgabe darin besteht, mich zu finden, festzulegen, *was* mein Leben ist oder auch nur ob es *eine* Sache gibt, die man so nennen könnte.

Natürlich ist nicht gesagt, daß die Schlußfolgerung, weil sie unangenehm ist, deswegen schon falsch sein muß. Vielleicht liegt es gerade in der Natur dieser Dinge, unangenehm zu sein. Vielleicht ist dieses Gesamt von Solidität und Bewußtheit, in dem ich mich gerne spiegele, ein Mythos, eine Illusion, und ich kann von den beiden immer nur das eine *oder* das andere haben: *entweder* Sicherheit *oder* Bewußtsein. So viel ist sicher: Es wäre tröstlich, wenn es sich wenigstens im Kino, wenn ich wirklich eine Illusion betrachte, um eine angenehme Illusion handelte.

VI. Der Weihnachtsmann und sein Schlitten

Der Fall

Sarah (neun Jahre) hat gerade entdeckt, daß der Weihnachtsmann nicht existiert, und versucht, Thomas (zwei Jahre jünger) von dieser beunruhigenden Wahrheit zu überzeugen. »Wieso gibt es ihn nicht?« protestiert der Junge, »Und wer kommt dann mit dem Schlitten?« »Keiner«, antwortet die Schwester unversöhnlich, »es gibt auch keinen Schlitten.« »Und woher weißt du das?« »Ich weiß es eben: diese Dinge weiß man.« »Das ist nicht wahr; ich schreibe ihm jetzt einen Brief.« »Du kannst ihm gar keinen Brief schreiben, weil er nicht existiert.«

Analyse

Sehr wahrscheinlich hat Sarah recht. Seit nunmehr ungefähr einhundert Jahren suchen wir den Nordpol auf: Wir sind da zu Fuß, auf dem Motorschlitten, im Flugzeug und mit jedem anderen verfügbaren Verkehrsmittel hingekommen. Wir haben dort sogar Beobachter zurückgelassen, und es gibt Leute, die haben jahrelang da gelebt. Wenn ein bärtiger Alter mit einem roten Mantel mit Schellengeklingel in jenen Gegenden in einem Schlitten herumführe, müßte ihn jemand gesehen haben. Aber nichts dergleichen: Man sieht alles mögliche (UFOs, Gespenster, Heilige und Madonnen), aber vom Weihnachtsmann keine Spur. Bis zum Beweis des Gegenteils ist also eine gewisse Skepsis durchaus angebracht. Trotzdem hat Thomas nicht unrecht, darauf zu bestehen und perplex zu sein. Denn darin sind wir uns einig, wenn der Weihnachtsmann nicht existiert, kann man ihm auch keinen Brief schreiben: Man kann niemandem schreiben, der nicht existiert. Aber kann man von jemandem sprechen, der nicht existiert? Kann man zum Beispiel sagen, *daß er nicht* existiert?

Gehen wir systematisch zu Werke! Nehmen wir an, ich sagte »Das Matterhorn ist ein Berg« und dann »Das Kaspische Meer ist ein Meer«. Der erste Satz ist wahr, und der zweite ist falsch. Warum? Was macht sie wahr beziehungsweise falsch? Die Art und Weise, wie die Welt gemacht ist, möchte man antworten: Das Matterhorn ist wirklich ein Berg, und folglich heißt zu sagen, er sei ein Berg, etwas Wahres zu sagen, während das Kaspische Meer gar kein Meer ist (wohl aber ein See); und folglich heißt zu sagen, es sei ein Meer, etwas Falsches zu sagen.

Versuchen wir, noch genauer zu sein! Wenn ich einen Aussagesatz wie diese beiden ausspeche (und nicht eine Aufforderung wie zum Beispiel »An die Waffen und los!« oder einen Wunsch wie »Wenn ich doch in der Lotterie gewonnen hätte!«), will ich in der Regel eine Tatsache mitteilen. Wenn ich meinen Zweck erreiche (und eine Tatsache mitteile), ist der Satz wahr; ansonsten ist er falsch. Es ist ein bißchen so wie eine Zeichnung anfertigen: Die Zeichnung kann etwas Reales darstellen (mich zum Beispiel) oder etwas Fiktives (zum Beispiel einen Kentauren oder eine Sirene). Genauso kann mein Satz eine

Tatsache oder etwas, das keine Tatsache ist, zum Ausdruck bringen: einen Traum, eine Fabel oder was ihr wollt. In einem Wort: Es gibt also zwei Ebenen: die Welt mit allen ihren Tatsachen und unsere Reden, in denen wir die Welt beschreiben (oder besser, versuchen, sie zu beschreiben). Wenn die beiden Ebenen sich decken, ist die Beschreibung korrekt (oder wahr); wenn sie sich nicht decken, ist sie inkorrekt (oder falsch).

Wenn wir merken, daß wir keine Tatsache beschrieben haben (also einen falschen Satz ausgesagt haben), ist es sehr leicht, sich zu verbessern: Wir brauchen nur das gerade Gesagte zu verneinen, und unser Satz wird wahr (beschreibt eine Tatsache). Wenn ich zum Beispiel merke, daß ich mich mit meiner Meinung, das Kaspische Meer sei ein Meer, geirrt habe (weil ich mich vielleicht durch seinen Namen täuschen ließ), lege ich sofort den Rückwärtsgang ein und sage: »Ich habe mich geirrt: Das Kaspische Meer ist kein Meer.« An dieser Stelle bin ich möglicherweise nicht imstande zu sagen, was das Kaspische Meer ist: d.h. nicht imstande zu entscheiden, ob es ein See, ein Fluß oder ein Gletscher ist. Aber das spielt keine Rolle: Was ich gesagt habe, ist doch wahr. Wenn »Das Kaspische Meer ist ein Meer« falsch ist, ist »Das Kaspische Meer ist kein Meer« wahr; wenn es keine Tatsache ist, daß das Kaspische Meer ein Meer ist, ist es ohne weiteres eine Tatsache, daß es das nicht ist.

Nehmen wir jetzt den Satz »Der Weihnachtsmann existiert nicht«. Der Satz ist (sehr wahrscheinlich) wahr, sagten wir; also berichtet er eine Tatsache. Welche Tatsache? Wenn der Satz wahr ist, gibt es keinen Weihnachtsmann in der Welt; also kann der Weihnachtsmann nicht die Hauptperson irgendeiner Tatsache sein. Das Kaspische Meer gibt es, es existiert, und folglich gibt es Tatsachen, die es einschließen: die Tatsache, daß es ein See ist zum Beispiel oder daß es kein Meer oder Fluß oder Gletscher ist. Den Weihnachtsmann hingegen gibt es nicht, und folglich kann ihn auch keine Tatsache einschließen. Um es anders zu sagen, der Satz »Der Weihnachtsmann existiert nicht« besitzt offenbar diese beiden Merkmale: Er ist wahr und bezieht sich auf den Weihnachtsmann. Wenn man jedoch darüber nachdenkt, kann er nicht alle beiden Eigenschaften besitzen. Wenn der Satz wahr ist, dann existiert der Weihnachtsmann nicht und also kann sich auch nichts auf ihn beziehen; umgekehrt, wenn er sich auf den Weihnachtsmann bezieht, dann gibt es etwas, auf das er sich bezieht (den Weihnachtsmann), und folglich gibt es den Weihnachtsmann, existiert er. Noch anders gesagt: Um die Wahrheit von »Das Kaspische Meer ist kein Meer« zu beurteilen, muß man das Kaspische Meer hernehmen und entscheiden, ob es ein Meer ist oder nicht; aber um die Wahrheit von »Der Weihnachtsmann existiert nicht« zu beurteilen, ist es nicht möglich, den Weihnachtsmann herzunehmen und zu entscheiden, ob er existiert oder nicht; denn da der Weihnachtsmann nicht existiert, kann man ihn auch nicht hernehmen.

Vielleicht muß ich, um aus dieser Ausweglosigkeit herauszukommen, einen besonderen Status für die Existenz- (und Nichtexistenz-)Behauptungen, d.h. für die Sätze des Typs »Der So-und-so existiert (oder existiert nicht)« anerkennen. Vielleicht beschreiben diese Sätze nicht Tatsachen wie die anderen, sondern geben sozusagen das allgemeine Gerüst ab, das hinterher benutzt werden kann, um Tatsachen zu beschreiben. Stellen wir uns vor, wir listeten alle wahren Existenz- und Nichtexistenzbehauptungen auf: »Das Kaspische Meer existiert«, »Das Matterhorn existiert«, »Thomas existiert«, »Der Weihnachtsmann existiert nicht«, »Das Christkind existiert nicht«

und so weiter. Nach Abschluß dieser Liste, können wir damit beginnen, Tatsachen zu beschreiben: Zum Beispiel können wir, da das Kaspische Meer existiert, Tatsachen beschreiben, die sich auf es beziehen (daß es ein See ist, daß es kein Meer ist und so weiter); aber da der Weihnachtsmann nicht existiert, gibt es keine Tatsachen, die sich auf ihn beziehen, und folglich können wir auch keine von ihm beschreiben. *Daß er nicht existiert*, ist aber eigentlich keine Tatsache, wenigstens keine Tatsache wie die anderen, folglich können wir das sagen.

Das genügt aber nicht. Die Existenz scheint wirklich ein wenig ein besonderes Merkmal zu sein; es aber ohne weitere Erklärungen aus dem Reich der Tatsachen zu verbannen schmeckt sehr nach Willkür. Um ein Problem zu lösen, reicht es nicht, sich auf eine Ausnahme zu berufen: Man muß auch sagen, *warum* das eine Ausnahme ist, wie sie funktioniert. Also, entweder führe ich die Erörterung detaillierter aus oder lasse sie lieber gleich ganz fallen.

Eine Möglichkeit, die Erörterung detaillierter auszuführen, könnte in folgendem bestehen. Nehmen wir Sätze wie »Es existieren Pferde« oder »Es existieren keine Kentauren«, d.h. Existenz- und Nichtexistenzaussagen *im Plural*. Wovon handeln diese Sätze? Anscheinend nicht von einem Einzelobjekt, sondern von einem allgemeinen Ausdruck, einem Begriff. Es ist ein wenig so, wie wenn man sagte: »Wißt ihr, was für ein Dingtyp ein Pferd ist, ist euch das klar? Also, derartige Dinge gibt es!« Oder: »Wißt ihr, was ein Kentaur ist? Also, so etwas gibt es wirklich nicht!« »Es existieren Pferde« sagt uns offenbar, daß *der Begriff* des Pferdes nicht leer, nicht fiktiv ist, daß es dafür Beispiele gibt, daß er dazu verwendet werden kann, um die Welt zu beschreiben; dagegen sagt uns »Es existieren keine Kentauren« offenbar, daß der Begriff des Kentauren leer und damit unnütz ist. Wir behalten das im Sinn und kehren zum Weihnachtsmann zurück. Um die Wahrheit von »Der Weihnachtsmann existiert nicht« zu beurteilen, sagte ich, ist es nicht möglich, den Weihnachtsmann herzunehmen und zu entscheiden, ob er existiert oder nicht. Gut: Dann muß man eben nicht so sehr den Weihnachtsmann »hernehmen« als vielmehr die Vorstellung, die wir vom Weihnachtsmann haben, den Begriff, den wir von ihm gebildet haben, die Beschreibung, die wir von ihm geben würden. Wie würden wir den Weihnachtsmann beschreiben? Als einen alten Mann mit einem weißen Bart und einem roten Mantel, der am Nordpol lebt, in einem Schlitten fährt und den Kindern Geschenke bringt. Also, so etwas gibt es nicht; wenn wir das sagen, sprechen wir nicht von *der Sache* (das können wir nicht, weil es sie nicht gibt), sondern wir sprechen vielmehr von unserer Beschreibung und sagen, daß diese Beschreibung leer, fiktiv ist, daß sie für das Reden von der Welt unnütz ist, daß wir auf sie verzichten können. Entsprechend reden wir nicht vom Kaspischen Meer, wenn wir sagen »Das Kaspische Meer existiert«, sondern von unserer Vorstellung (oder Beschreibung) des Kaspischen Meers; wir sagen, daß diese Vorstellung (im Unterschied zu der des Weihnachtsmanns) nicht leer ist. In einem gewissen Sinn ist es also die Grammatik, die uns einen Streich spielt: Sätze wie »Sarah ißt nicht« und »Der Weihnachtsmann existiert nicht« scheinen auf dieselbe Weise gebildet zu sein, was daran denken läßt, daß sie Dinge desselben Typs aussagen, während sie statt dessen ganz verschiedene Dinge, auf einem unterschiedlichen Niveau aussagen und folglich auf einer je verschiedenen Grundlage wahr (oder falsch) sind. Es ist ein wenig so, wie wenn man sagt »Die Apostel waren weise Männer« und »Die Apostel waren zwölf«: Auch hier ist die grammatische Ähnlichkeit illusorisch (und gefährlich); denn der erste Satz handelt von den Aposteln einer nach dem anderen (wenn Petrus ein Apostel war, erlaubt das den Schluß, daß Petrus ein weiser Mann war), während der zweite (wie alle Sätze, die keine qualifikatorischen, sondern numerische Adjektive enthalten) von allen Aposteln zusammen handelt (und also nicht den Schluß zuläßt, daß Petrus zwölf war).

Das Hauptthema dieses Kapitels ist der Begriff der Wahrheit. Die geläufigste und natürlichste Analyse dieses Begriffs geht von dem Begriff der Korrespondenz *aus (wahr ist, was den Tatsachen entspricht); die erste Formulierung der Korrespondenzthese der Wahrheit findet sich in der* Metaphysik *des Aristoteles: von dem, das ist, zu sagen, daß es ist, und von dem, das nicht ist, zu sagen, daß es nicht ist, ist wahr. Eine zeitgenössische Version dieser Analyse stammt von Ludwig Wittgenstein in seinem* Tractatus Logico-Philosophicus, *wo er sich der Analogie der Darstellung oder des Bildes der Realität bedient: Ein wahrer Satz ist wie ein wiedergabetreues Bild.*

Die Korrespondenzanalyse (oder -theorie) ist nicht die einzige: Die Wahrheit ist unter anderem auch als Konsistenz oder pragmatischer Erfolg gedeutet worden. Das vorliegende Kapitel befaßt sich nicht mit diesen Alternativen (auf die in Kapitel I hingewiesen wurde); es diskutiert vielmehr eine Reihe von Problemen in bezug auf das Korrespondenzkonzept der Wahrheit, genauer: auf die Beziehung zwischen diesem Begriff und dem der Existenz. Das Gefühl, die Aussage, daß etwas existiert, sei etwas ganz anderes als die Aussage, daß eine Sache (zum Beispiel) rot ist, ist sehr alt: Sie geht mindestens auf die Einwände gegen den sogenannten ontologischen Gottesbeweis von Anselm von Canterbury zurück (der die Existenz Gottes auf der Basis unserer Vorstellung von ihm bewies – der Vorstellung der Vollkommenheit, die mit der Nichtexistenz ihres Gegenstands unvereinbar wäre). Kant drückt dieselbe Ansicht in der Kritik der reinen Vernunft *aus, wenn er be-*

hauptet: »Sein ist offenbar kein reales Prädikat, d.i. ein Begriff von irgend etwas, was zu dem Begriffe eines Dinges hinzukommen könne«, – eine These, die in der Folge von Gottlieb Frege (in Die Grundlagen der Mathematik*) in der Art, wie sie hier geprüft wird, artikuliert wurde. Frege hat in der Tat behauptet, wir sprächen, wenn wir die Existenz von etwas behaupten, nicht von diesem Etwas, sondern (in gewissem Sinne) von seinem Begriff.*

Eine Präzisierung! Ich sagte, »in der Regel« bestehe der Zweck eines Aussagesatzes darin, eine Tatsache zu berichten. Eine Ausnahme bilden Sätze wie »Ich verspreche zu kommen« oder »Ich schlage dir vor, es zu versuchen«: Wenn wir sie aussprechen, beschreiben wir nicht eine zuvor existierende Realität, sondern wir führen vielmehr eine Handlung aus (eben versprechen oder vorschlagen). Die Untersuchung derartiger »sprachlicher Akte« ist in den fünfziger Jahren von John Austin vorangetrieben worden.

Die Erörterung endet hier aber nicht. Kehren wir noch einmal zu dem Gespräch der beiden Kinder zurück! Denn es gibt da noch etwas anderes, worüber sich Thomas zu Recht Sorgen macht. Wir sagen vom Weihnachtsmann nicht nur, daß er nicht existiert, sondern beispielsweise auch, daß er in einem Schlitten fährt. Nehmen wir einmal an, es sei wahr, daß er nicht existiert: Es ist aber auch wahr, daß er in einem Schlitten fährt und nicht auf einem Traktor oder in einem Flugzeug daherkommt, ebenso wie das Christkind jung und nicht alt ist, Pegasus ein geflügeltes Pferd (vielmehr das geflügelte Pferd von Bellerophon) und keine Kuh ist, daß Apoll und Diana Geschwister und keine Vettern sind. Mit einem Wort, auch wenn der Weihnachtsmann, das Christkind, Pegasus, Bellerophon, Apollo und Diana nicht existieren, gibt es viele wahre Sätze, die von ihnen handeln, die keine Existenz- oder Nichtexistenzbehauptungen sind: Sätze wie »Der Weihnachtsmann fährt in einem Schlitten«, »Der Weihnachtsmann fährt nicht auf einem Traktor«, »Pegasus ist nicht das Pferd des Knappen Roland«, »Diana ist die Göttin der Jagd« und so weiter. Wie stellen es diese Sätze an, wahr zu sein? Wenn keine dieser Personen existiert, kann keine Tatsache sie einschließen oder sich auf sie beziehen: Wir können Pegasus nicht hernehmen und entscheiden, ob er Flügel hat oder nicht. Wovon handelt dann der Satz »Pegasus hat Flügel«?

Ich könnte mit derselben Strategie wie vorhin sagen, daß nicht einmal der Satz »Der Weihnachtsmann fährt in einem Schlitten« vom Weihnachtsmann handelt. Den Weihnachtsmann gibt es nicht, also kann man auch nicht von ihm sprechen. Worüber man sprechen kann, ist die Vorstellung, die wir vom Weihnachtsmann haben (denn die Vorstellung gibt es im Unterschied zum Weihnachtsmann, sagen wir, in unserem Geist) und gerade von der sprechen wir. Während wir meinen, uns einbilden, wir sprächen von dem Weihnachtsmann (wir sprächen *von ihm*, der in einem Schlitten fährt), sprechen wir vielmehr davon, daß es zu unserer Vorstellungen vom Weihnachtsmann gehört, zu dem Begriff, den wir von ihm haben, daß er in einem Schlitten fährt: Wir haben uns diese Vorstellung so gebildet, daß wir das Bild eines alten Mannes mit einem weißen Bart und einem roten Mantel, das Bild eines Schlittens und so weiter zusammengesetzt haben. Da dieses »Und so weiter« keinen Traktor einschließt, gehört es nicht zu unserer Vorstellung vom Weihnachtsmann, daß der Weihnachtsmann auf einem Traktor fährt, und das sagen wir, wenn wir sagen »Der Weihnachtsmann fährt nicht auf einem Traktor«. Folglich sind beide Sätze: »Der Weihnachtsmann fährt in einem Schlitten« und »Der Weihnachtsmann fährt nicht auf einem Traktor« wahr, weil beide Sätze Tatsachen berichten, nur daß die berichteten Tatsachen psychologische Tatsachen in Gestalt unserer Vorstellungen und keine physikalischen Tatsachen in Gestalt von alten Männern, Bärten, Schlitten und Traktoren sind.

Wieder einmal wäre also die Grammatik für das Problem verantwortlich. Man muß aber aufpassen, denn dieser Fall unterscheidet sich vom dem vorherigen. Vorhin hatte ich gesagt, *alle Sätze* des Typs »Der So-und-so existiert« oder »Der So-und-so existiert nicht« seien mit Vorsicht zu behandeln, man müsse sie in korrektere Formulierungen übersetzen, bevor man entscheiden könne, *was sie zum Ausdruck bringen.* Praktisch habe ich also die Hypothese vorgetragen, das grammatikalische Verhalten des Verbums »existieren« werde reglementiert, um Mißverständnisse zu vermeiden; das ist eine durchaus achtbare, vielleicht falsche, aber achtbare Hypothese. Auf dieselbe Weise wird das grammatikalische Verhalten der Verbform »wird« geregelt; denn wenn dieser Verbform ein Partizip Perfekt folgt (wie in »Die Sternkonjunktion wird berechnet«), hat es einen gänzlich anderen Sinn, als wenn etwas anderes auf es folgt (wie in dem Satz »Es wird schon!«): In dem einen Fall verhält es sich wie ein Hilfsverb zur Bildung von Passivformen und im anderen Fall wie ein intransitives Verb: Nehmen wir jetzt an, wir sagten dasselbe für Sätze wie »Der Weihnachtsmann fährt in einem Schlitten«: Die Grammatik ist für das Problem verantwortlich. Frage: Die Grammatik (d.h. das grammatikalische Verhalten) *wovon?*

Anscheinend nicht von »Er fährt in einem Schlitten«; denn »Helmut Kohl fährt in einem Schlitten« bereitet keine Schwierigkeit: Dieser Satz kann offenkundig falsch sein, aber es gibt keinen Grund anzunehmen, er handle nicht von Helmut Kohl (er handle statt dessen von unserer Vorstellung oder unserem

Konzept von dem Bundeskanzler). Dann also von dem »Weihnachtsmann?« Es könnte so aussehen in Anbetracht der Tatsache, daß dieser Ausdruck Schwierigkeiten bereitet; aber leider bereitet die Kriegserklärung an die Adresse des grammatikalischen Verhaltens von »Weihnachtsmann« noch größere Schwierigkeiten.

Grammatikalisch ist »Weihnachtsmann« ein Eigenname so wie »Helmut Kohl« oder »Ermanno Bencivenga«. Der Weihnachtsmann existiert nicht, wohl aber existieren Helmut Kohl und Ermanno Bencivenga; also sind »Helmut Kohl« und »Ermanno Bencivenga« Eigennamen von etwas, und »Weihnachtsmann« ist ein Eigenname *von nichts*. All das sind aber keine grammatikalischen Fakten. Es ist ein grammatikalisches Faktum, daß »existieren« ein Verbum ist, daß »zwölf« ein Zahlwort ist und daß auf »werden« das Partizip Perfekt folgt (oder auch nicht): Auf der Grundlage dieser Fakten ist es durchaus vernünftig (vielleicht verfehlt, aber vernünftig), grammatikalische Regeln vorzuschlagen, die gefährliche Mißverständnisse ausschließen. Man darf zum Beispiel sagen: Wenn auf »werden« ein Partizip Perfekt folgt, ersetzt es durch »man« mit der entsprechenden Form des Vollwerbs, auf diese Weise vermeidet ihr eine Verwechslung! Oder wenn ihr auf einen Satz der Form »Die So-und-so sind so viele« (wo das »so viele« ein Zahlwort ist) stoßt, schreibt ihn um in die Form »Die So-und-so sind alle zusammen so viele!« Auf diese Weise vermeidet ihr, daß man annehmen könnte, ein jeder einzelne der So-und-so-vielen (jeder für sich genommen) sei so viele. Oder noch anders: Wenn ihr auf einen Satz der Form »Der So-und-so existiert« stoßt, ersetzt ihn durch »Unsere Vorstellung des So-und-so ist nicht fiktiv«. Bei »Weihnachtsmann« liegt die Sache aber anders: Aus Gründen, die mit der Grammatik gar nichts zu tun haben, –

aus physikalischen, biologischen oder welchen ihr wollt, aber nicht aus grammatikalischen Gründen –, gibt es den Weihnachtsmann nicht, wohl aber Helmut Kohl. Wenn die physikalische Struktur der Welt sich einmal gänzlich ändern und als Folge davon der Weihnachtsmann erscheinen und Helmut Kohl verschwinden würde, würden die Ausdrücke »Weihnachtsmann« und »Helmut Kohl« grammatikalisch das bleiben, was sie sind, nämlich Eigennamen. Es ist nicht vernünftig, auf der Basis der physikalischen Struktur der Welt grammatikalische Unterscheidungen zu treffen und grammatikalische Regeln aufzustellen; es ist nicht vernünftig, das grammatikalische Verhalten eines Ausdrucks davon abhängen zu lassen, ob einer existiert oder nicht existiert. Es wäre dasselbe, als wolle man sagen, jedesmal wenn sich etwas ändert, müßten wir auch die Sprache ändern; das läuft allen unseren diesbezüglichen Intuitionen zuwider: Das Schöne einer Sprache liegt gerade in ihrer Ausdruckskraft, d.h. darin, daß sie – immer sie, immer dieselbe –, uns erlaubt, von so vielen verschiedenen Dingen zu reden (und davon, wie die Dinge andere *werden*). Einmal glaubte man, es gäbe zwischen Merkur und Sonne einen weiteren Planeten, und man hatte ihm auch einen Namen gegeben, nämlich Vulkan. Dann zeigte sich, daß Vulkan nicht existierte; trotzdem blieb »Vulkan« dieselbe »Wortart« wie vorher (d.h. ein Name), genauso wie es »Merkur« ergangen wäre, wenn die Dinge andersherum gelaufen wären.

An dieser Stelle eröffnet sich mir eine eher unangenehme Alternative. Wenn ich auf der Strategie bestehen will, die ich bisher verfolgt habe, bin ich gezwungen zuzugeben, da es keinen grammatikalischen Unterschied zwischen »Weihnachtsmann« und »Helmut Kohl« oder irgendeinem anderen Eigennamen gibt, daß *alle* Eigennamen auf dieselbe Weise reglementiert werden, daß ich in allen Fällen, in denen ich einen Eigennamen verwende im Glauben, ich spräche von einem Objekt, in Wirklichkeit von einer Vorstellung, einem Begriff, einer Beschreibung, spreche und sage, was in dieser Vorstellung enthalten (oder nicht enthalten) ist. Wenn ich zum Beispiel sage »Helmut Kohl ist Bundeskanzler«, spreche ich nicht von Helmut Kohl, sondern von unserer Vorstellung von Helmut Kohl und sage, daß die Vorstellung das Merkmal einschließt, Bundeskanzler zu sein, daß dieses Merkmal ein Bestandteil unseres »mentalen Rezepts« ist, um an Helmut Kohl zu denken. Genauso spreche ich von unserer Vorstellung von Ermanno Bencivenga (nicht von ihm, d.h. von mir), wenn ich sage »Ermanno Bencivenga hat gerade eine Pizza gegessen«.

Einer der Gründe dafür, warum diese Alternative so unangenehm ist, liegt darin, daß sie sehr radikal ist. Mit Hilfe eines Eigennamens spricht man am direktesten von etwas; folglich bedeutet zu erklären, man spräche jedesmal, wenn man einen Eigennamen verwendet, von einer Vorstellung, einem Begriff, etwas Mentalem, jeden Kontakt mit dem Nichtmentalen, mit physischen Objekten, so gut wie unmöglich zu machen. Wenn ich diesen Weg ginge, bestünde paradoxerweise die einzige Möglichkeit, daß ein Eigenname die physische Realität ins Spiel bringen könnte, darin, so zu verfahren, wie ich es vorhin für die Existenzbehauptungen vorgeschlagen hatte: Zu sagen »Helmut Kohl existiert« wäre gleichbedeutend damit, von der Vorstellung von Helmut Kohl auszusagen, daß sie nicht leer ist, daß sie auf die Welt anwendbar ist, daß sie (auf gänzlich unbestimmte Weise) eine gewisse »Physizität« und Konkretheit habe. Die Feststellung, eine Alternative sei radikal oder ihre Konsequenzen seien merkwürdig und paradox, ist aber noch kein entscheidender Einwand. Im Grunde ist meine jetzige Tätigkeit (die philosophische Analyse) merkwürdig und paradox und zwingt mich häufig dazu, radikale Positionen einzunehmen. Das wirkliche Problem mit dieser Alternative ist ein anderes: Einige ihrer Konsequenzen scheinen nicht nur merkwürdig, sondern *falsch* zu sein.

Solange wir von »Objekten« wie Pegasus, Apollo oder dem Weihnachtsmann sprechen, scheint es keinen großen Unterschied zu geben zwischen dem Reden von ihnen und dem Reden von unseren Vorstellungen von ihnen. Alles an derartigen Objekten, von dem man niemals wissen kann, ob es wahr ist, ist in den Geschichten enthalten, die sie beschreiben – oder die sie beschreiben werden, wenn wir uns vorstellen, daß jemand in Zukunft eine *neue* Geschichte über den Weihnachtsmann schreibt. Da diese Objekte nicht existieren, erwarten wir von ihnen auch nicht, daß sie uns überraschen, daß sie uns über sich aufklären können. Sie können uns in Einzelheiten überraschen, da wir nicht alle Geschichten, die sie betreffen, gelesen haben (insbesondere haben wir die noch nicht gelesen, die noch gar nicht geschrieben wurden); aus diesem Grund habe ich den (eher unbestimmten) Ausdruck »*unsere* Vorstellung (von diesem und jenem)« verwendet, womit ich andeuten wollte, daß nicht die Vorstellung, die ich oder du haben, zählt, sondern die, die ein jeder von uns haben könnte, wenn er all das wüßte, was man sich dabei gedacht hat und was man sich dabei *denken wird.* In so unbestimmten und allgemeinen Ausdrücken können wir auch zugeben, daß »Der Weihnachtsmann fährt in einem Schlitten« von einer Vorstellung und nicht vom Weihnachtsmann handelt: Das mag ein wenig unnatürlich sein, aber im Grunde kostet es uns nichts.

Mit Helmut Kohl hingegen (und mit allen existierenden Objekten) verhält es sich völlig anders. Ein Objekt so auf eine

Vorstellung zu reduzieren – auch auf eine rein potentielle Vorstellung, die alles enthält, was man sich dabei gedacht hat und jemals denken wird – stellt doch immer eine Einschränkung dar; denn von Helmut Kohl sind sehr viele Dinge wahr, die niemandem je durch den Sinn gehen werden. Nehmen wir zum Beispiel an, der folgende Satz sei wahr: »Gestern ist Helmut Kohl zufällig auf derselben Straße gegangen, durch die (später) Genscher ging.» Es ist durchaus möglich, daß niemand (*Kohl und Genscher eingeschlossen*) irgendeine Vorstellung von der Wahrheit dieses Satzes hatte und daß jeder kostbare Hinweis auf ein ähnlich unwahrscheinliches Zusammentreffen unwiderruflich verlorengegangen ist, so daß es niemand je wird rekonstruieren (und daran denken) können.

Ein weiteres Hauptproblem dieses Kapitels ist, wie stark die Grammatik eine philosophische Position determiniert. Bertrand Russell hat behauptet (zum Beispiel in Eine kritische Darstellung der Leibnizschen Philosophie*), ganze philosophische Systeme (wie zum Beispiel die Metaphysik von Leibniz) verdankten sich einer bloßen Extrapolation von grammatikalischen Strukturen und, wenn die Sprache, die diese Strukturen enthält, (in einem zu präzisierenden Sinne) »falsch« sei, folgten daraus falsche (und gefährliche) Ansichten über die Welt. Deswegen ist es üblich geworden, die Sprache jedes Mal, wenn heterodoxe philosophische Thesen aufgestellt werden, zu »reglementieren« und zu behaupten, die Reglementierung sei für angemessenes Reden und Denken notwendig. Weiter oben wurden einige der typischeren Schritte und (der Risiken) dieser Operation vorgeführt.*

Heutzutage ist das am meisten benutzte Instrument zur Reglementierung der Sprache (und zur Rechtfertigung der Reglementierung) die hochentwickelte formale Logik; aber diese »korrigierende« Praxis ist nicht erst von heute: In gewissem Maße hat jeder Philosoph mehr oder weniger bewußt gegen die zu seiner Zeit bestehenden Sprachgewohnheiten angekämpft. Das fünfte Buch der

Metaphysik *von Aristoteles ist ein gutes Beispiel dafür, wie der Kampf in der Antike geführt wurde, d.h. indem man zwischen verschiedenen Bedeutungen (einigen »richtigen« und anderen »weniger richtigen«) gewisser Schlüsselwörter (Wörter wie »Sein«, »Substanz« und so weiter) unterschied.*

Die Situation ist eher verworren; es empfiehlt sich also zu rekapitulieren. Wenn ich den Weihnachtsmann wie ein Objekt behandle, kann ich nicht erklären, wovon ich rede, wenn ich sage »Der Weihnachtsmann fährt in einem Schlitten«, weil es den Weihnachtsmann nicht gibt und es also auch nichts gibt, wovon ich sprechen könnte. Ich könnte dann sagen, ich spräche nicht von einem Objekt, sondern von einer Vorstellung eines Objekts und mich führe die Grammatik in die Irre; dann scheint es aber vernünftig zu sein, dieselbe Haltung gegenüber allen Ausdrücken desselben Typs, d.h. für alle Eigennamen einzunehmen. Und hier stoßen wir mit der Tatsache zusammen, daß diese Lösung bei denen, die wirklich (im Gegensatz zum »Weihnachtsmann«) Namen von etwas sind, zu unakzeptablen Weiterungen führt: daß zum Beispiel alle Angelegenheiten einer Person in einer Vorstellung oder einem Konzept von ihr enthalten sind. An dieser Stelle wäre es naheliegend, von vorn zu beginnen und in Anbetracht dessen, daß man, wenn man mit Vorstellungen operiert, in einer Sackgasse landet, wieder von Objekten zu sprechen. Ich spreche von einem Objekt, wenn ich sage »Helmut Kohl ist Bundeskanzler«, und die Rede ist von einem Objekt, wenn ich sage »Der Weihnachtsmann fährt in einem Schlitten«: Im ersten Fall spreche ich von einem *existierenden* Objekt und im zweiten von einem *nicht*existierenden Objekt. Das bisher betrachtete »Problem« ist das Ergebnis einer einfachen Verwechslung von »es gibt« und »es existiert«. Wenn ich sage »Der Weihnachtsmann fährt in einem Schlitten«, gibt es sicher etwas (oder besser, einen), von dem ich rede: *den Weihnachtsmann*. Daraus folgt aber nicht, daß der Weihnachtsmann existiert, weil es Objekte *gibt*, die *nicht existieren*. Folglich kann Thomas auch an den Weihnachtsmann schreiben: Nur wird sein Brief nie ankommen.

Untersuchen wir diese Lösung ein wenig genauer! Ich sagte vorhin, »Der Weihnachtsmann fährt in einem Schlitten« sei wahr und »Der Weihnachtsmann fährt auf einem Traktor« sei falsch. Da ein wahrer Satz und die Verneinung eines falschen Satzes bestimmten Tatsachen entsprechen – sie beschreiben – und da ich beschlossen habe, die psychologischen Tatsachen in bezug auf meine Vorstellung vom Weihnachtsmann außer acht zu lassen, »gibt es« auf der Welt nicht nur das nichtexistierende Objekt Weihnachtsmann, sondern auch die nichtreale (oder fiktive) Tatsache, daß der Weihnachtsmann in einem Schlitten (und nicht auf einem Traktor) fährt. Die Welt enthält also über die realen Tatsachen hinaus noch viele dieser fiktiven Tatsachen. Das Problem ist: wieviele?

Ich kann nicht erwarten, daß die nichtexistierenden Objekte ebenso »vollständig« sind wie die existierenden. Von einem existierenden Pferd wie Sultan (ihr kennt es nicht, aber das macht nichts) ist es ohne weiteres wahr, daß es in diesem Augenblick entweder frißt oder nicht frißt, unabhängig von der Frage, ob das je einer wissen kann. Unser Wissen hat Grenzen, und folglich können wir oftmals nicht entscheiden, ob ein Objekt ein bestimmtes Merkmal aufweist oder nicht; wenn das Objekt aber existiert, ist es sicher, daß es das Merkmal entweder aufweist oder nicht aufweist, *entweder ist es eine Tatsache*, daß es das Merkmal aufweist, oder *es ist eine Tatsache*, daß es das Merkmal nicht aufweist. Die existierenden Objekte sind hinsichtlich jedes ihrer möglichen Merkmale vollständig bestimmt. Bei den nichtexistierenden Objekten dagegen ist die Lage eine andere. Von einem nichtexistierenden Pferd wie Pegasus zum Beispiel hat es nicht einmal Sinn, sich zu fragen, ob es in diesem Augenblick frißt, weil die Geschichten, die es betreffen, nicht von diesen Dingen handeln (und wir dürfen annehmen, niemals handeln werden; von jetzt an übergehe ich diese Präzisierung). Ja, diese Geschichten handeln nicht einmal von wichtigeren Dingen; keine sagt uns, soviel ich weiß, zum Beispiel, wie hoch oder wie lang Pegasus war; folglich hat Pegasus keine Höhe oder Länge, und Sätze wie »Pegasus ist zwei Meter hoch« oder »Pegasus ist nicht zwei Meter hoch« sind weder wahr noch falsch, sondern schlicht unbestimmt. Es gibt keine Tatsachen (weder reale noch fiktive), die ihnen entsprächen.

So weit, so gut. Im Grunde habe ich nichts anderes getan, als mit anderen Worten das, was ich vorhin sagte, zu wiederholen: Ein nichtexistierendes Objekt wird wirklich von der Vorstellung, die wir von ihm haben, ausgeschöpft, es endet zur Gänze da; und wenn die Vorstellung nicht alle Möglichkeiten abdeckt, bleibt das Objekt unvollständig, nur halb (oder weniger) charakterisiert. Es läge aber auch nahe, das Umgekehrte zuzugeben: das heißt, daß, wenn unsere Vorstellung von ihm ein bestimmtes Merkmal enthält, es eine entsprechende (fiktive) Tatsache gibt. Da wir an Pegasus als an ein geflügeltes, weißes (wie ich glaube) und von Bellerophon geführtes Pferd denken, da es diese Dinge in der Geschichte von Pegasus gibt, gibt es auch die entsprechenden fiktiven Tatsachen, und Sätze wie »Pegasus ist ein Pferd«, »Pegasus hat Flügel« und »Pegasus ist weiß« sind wahr. Daraus kann gefolgert werden, daß also offenbar die wahrscheinlichste Antwort auf die Frage »Wieviele fiktive Tatsachen enthält die Welt (zusätzlich zu den realen Tatsachen)?« lautet: »So viele, wie Vorstellungselemente mit nichtexistierenden Objekten assoziiert werden, oder wie es Sätze in ihren Geschichten gibt.«

An dieser Stelle sind wir schon wieder in Schwierigkeiten. Stellen wir uns vor, wir erzählten eine Geschichte über das runde Quadrat. Im Grunde gehört nicht viel dazu, eine Geschichte zu erzählen: Man braucht nur zur Feder zu greifen und mit dem Schreiben zu beginnen. Ich könnte also sehr wohl eine Geschichte schreiben, in der das runde Quadrat wunderbarerweise schwierige Probleme, die die ganze Menschheit bedrohen, löst, auch wenn ich mir (aus naheliegenden Gründen) durchaus nicht vorstellen kann, wie ein rundes Quadrat beschaffen ist. Jetzt fragen wir uns: Gibt es Tatsachen, die das runde Quadrat einschließen? Und welche?

Was ich in meiner Geschichte auch geschrieben haben mag, da ich von dem runden Quadrat sprach, habe ich von ihm (wenigstens implizit) als von etwas *Quadratischem und Rundem* gesprochen. Folglich gibt es wenigstens diese beiden Tatsachen: daß das runde Quadrat quadratisch ist und daß das runde Quadrat rund ist. Aber wenn das runde Quadrat rund ist, ist es nicht quadratisch, und folglich gibt es auch die Tatsache, daß das runde Quadrat nicht quadratisch ist. Um es in Form von Sätzen zu sagen, »Das runde Quadrat ist quadratisch« ist wahr und auch »Das runde Quadrat ist *nicht* quadratisch«. Wie ist das möglich? Wenn »Das runde Quadrat ist quadratisch« wahr ist, muß »Das runde Quadrat ist nicht quadratisch« falsch sein und umgekehrt. Es können nicht beide wahr sein! Man mag die nichtexistierenden Objekte zulassen, aber hier gelangen wir zu wirklichen Absurditäten!

Das ist noch nicht alles. Nehmen wir an, ich erzählte jetzt eine Geschichte über ein *existierendes* geflügeltes Pferd. Ich beschreibe es wie folgt: »In einem Teil der Welt, den meisten unbekannt, gibt es Pogasus, ein existierendes geflügeltes Pferd ... « Folgt daraus vielleicht, daß es eine (sicher fiktive, aber wir werden sehen, daß die Sache durchaus besorgniserregend ist) Tatsache ist, daß Pogasus ein Pferd ist, eine Tatsache, daß Pogasus Flügel hat, *und eine Tatsache, daß Pogasus existiert*? Und daß also die Sätze »Pogasus ist ein Pferd«, »Pogasus hat Flügel« und »Pogasus existiert« wahr sind? Wenn es eine wissenschaftliche (biologische, um genau zu sein) Wahrheit ist, daß kein Pferd Flügel hat, genügt es dann, eine Geschichte zu erzählen, um ihr zu widersprechen? Und wenn ich eine Geschichte über das existierende runde Quadrat erzählen würde?

Alles in allem geht man große Risiken ein, wenn man die Welt mit fiktiven Objekten und Tatsachen bevölkert. Es ist ja nicht so, daß diese Kreaturen aus dem Jenseits ruhig abseits in der Ecke stünden, ohne uns zur Last zu fallen: Sie dringen überall ein, sie zwingen uns, Gegenbeispiele für wissenschaftliche Gesetze und sogar eine widersprüchliche Welt zu akzeptieren, in der die Dinge gleichzeitig wahr und falsch sind. Und doch, wenn ich nicht über derartige Objekte spreche, wenn ich sage »Der Weihnachtsmann fährt in einem Schlitten«, wovon spreche ich dann? Von *nichts*? Ist es dann dasselbe wie zu schweigen?

Aristoteles charakterisiert ein Objekt als das, was im ersten Sinn existiert; nach dieser (realistischen) Konzeption des Gegenstandes ist es absurd, von Objekten zu sprechen, die nicht existieren. Kant dagegen (darin besteht im wesentlichen seine »kopernikanische Revolution«) charakterisiert einen Gegenstand als etwas, das uns in der Erfahrung gegeben ist (an den man denkt, von dem man redet, den man begehrt und so weiter); es ist also ganz und gar plausibel, daß einige dieser »Gegenstände« nicht existieren. Wie wir in Kapitel V festgestellt haben, stellt die Phänomenologie eine Entwicklung einiger kantscher Themen dar; man braucht sich also nicht zu wundern, wenn von dieser Schule, vermittelt über das Werk von Alexius Meinong, die Behauptung aufgestellt wurde, der »reine« Gegenstand sei »jenseits von Sein und Nichtsein« (d.h. sei das, was er unabhängig von der Tatsache ist, daß er existiert oder nicht existiere), und wenn eine allgemeine Theorie *der Gegenstände, der existierenden und der nichtexistierenden, ausgearbeitet wurde. Meinongs Theorie der Gegenstände wurde von Bertrand Russell heftig kritisiert, von dem wir hier einige Einwände gegen sie übernehmen.*

Vielleicht gibt es viele Welten. Es gibt eine, in der die Geschichte des Weihnachtsmanns wahr ist, eine, in der die Geschichte von Pegasus wahr ist, und eine, die von wirklichen Dingen bevölkert ist, in der die wirklichen Tatsachen vorkommen. Ja, jede Welt enthält, um genauer zu sein, die Tatsachen, die *dort*, in jener Welt wirklich sind: In der Welt des Pegasus sind die Tatsachen von Pegasus wahr, und in der Welt des Weihnachtsmanns ist wahr – geschieht es wirklich –, daß er am Nordpol lebt und in einem Schlitten fährt. Zwischen all diesen Welten gibt es eine von uns, von mir, Sarah und Thomas und so weiter, bewohnte Welt: Das ist die für uns wirkliche Welt, und folglich passiert es so oft, daß wir sie für wirklich halten und damit basta, für die einzig wirkliche, ohne darüber nachzudenken, daß alles eine Frage der Perspektive ist und daß wir dem Weihnachtsmann wahrscheinlich genau so fiktiv vorkämen, wie er uns vorkommt. Es ist immer eine Frage der Perspektive, weswegen uns ein rundes Quadrat so viele Probleme beschert: Die Welt, in der es existiert, ist für uns dermaßen seltsam, so von der unsrigen verschieden und so weit von ihr entfernt, daß wir uns absolut nicht vorzustellen vermögen, wie sie funktionieren kann. Doch wenn wir reden, passiert es uns oft, daß wir von einer Welt in die andere hinüberwechseln. Wir sagen zum Beispiel »Dieses Weihnachten hat es nicht geschneit« und kurz darauf »Deshalb kann der Weihnachtsmann nicht mit dem Schlitten kommen«, aber wir sagen nicht (wahrscheinlich weil wir das nicht sagen wollen, wenigstens nicht, wenn kleine Kinder zugegen sind), daß der erste Satz in einer Welt wahr ist, und der zweite Satz in einer anderen wahr ist. Normalerweise versteht man sich (die Erwachsenen verstehen sich), und das genügt.

Es ist in der Philosophie üblich, von möglichen Welten zu sprechen – eine von ihnen, diese aktuale, wäre realisiert worden, während die anderen nur möglich geblieben wären. Diese Redeweise wird oft mit Leibniz in Zusammenhang gebracht, der (zum Beispiel in der Theodizee*) zu zeigen versuchte, daß die aktuale Welt (die von Gott geschaffene) die beste der möglichen Welten ist, – wofür er von Voltaire in seinem* Candide *lächerlich gemacht wurde. Heutzutage kommen die möglichen Welten vor allem in der Modalen Logik vor, d.h. in formalen Systemen, die das logische Verhalten von Ausdrücken wie »notwendig« und »möglich« untersuchen. In diesem Kontext stößt man (unter anderem) auf eine hier nur angedeutete Mehrdeutigkeit: D.h. ob eine wirkliche (oder aktuale) Welt schlechthin existiert oder ob der Begriff einer realen Welt vielmehr eine Frage der Perspektive ist.*

Auch so funktioniert es nicht. Nehmen wir einen Satz wie »Sherlock Holmes ist berühmter als irgendein wirklicher Detektiv«. Hier bedeutet »wirklich« eindeutig »wirklich für uns (und nicht für Sherlock Holmes)«. Außerdem besteht kein Zweifel daran, daß der Satz wahr ist. In welcher Welt ist er wahr? Zu welcher Welt gehört die Tatsache, die er beschreibt?

Die Welt von Sherlock Holmes enthält keinen der in unserer Welt anwesenden, der für uns realen Detektive. Sie enthält Moriarty und Watson, die Liga der Rothaarigen und das Zeichen der Vier, aber sie enthält (zum Beispiel) nicht den Generalbundesanwalt Klaus Rebmann, dem es trotz seiner großartigen Erfolge im Kampf gegen den Terrorismus noch nicht gelungen ist, den fiktiven Detektiv aus der Baker Street an Popularität zu übertreffen. Oder nehmen wir den Satz »Thomas liebt den Weihnachtsmann sehr«! Wenn Thomas sich hier in dieser Welt aufhält und der Weihnachtsmann in einer anderen, von welcher Welt handelt dann der Satz? Und wenn wir keine Welt finden, von der wir ihn handeln, in der wir ihn gelten lassen können, müßten wir ihn dann vielleicht bestreiten? Die Zuneigung bestreiten, die Thomas für den Alten mit dem weißen Bart und dem roten Mantel empfindet?

Es hat keinen Zweck, wieder von Vorstellungen statt von Gegenständen zu sprechen. Denn es ist nicht die Vorstellung von Sherlock Holmes, die berühmter ist als Klaus Rebmann (oder als die Vorstellung von Klaus Rebmann), und es ist nicht die Vorstellung von dem Weihnachtsmann, die Thomas liebt. *Ich* könnte die Vorstellung vom Weihnachtsmann lieben: Da ich vor langer Zeit entdeckt habe, daß der Weihnachtsmann nicht existiert, und ich mich daran erinnere, wie gerne ich an ihn dachte, wie wichtig diese Vorstellung für mich war, könnte ich sie als mir teuer empfinden und sie hin und wieder mit einem positiven Gefühl in mir wachrufen. Aber Thomas nicht: Thomas liebt *den Weihnachtsmann*, einen Menschen mit einem Bart; die Vorstellungen interessieren ihn nicht. Die Vorstellungen haben keinen Bart.

VII. Ein Ausflug in die Berge

Der Fall

Gestern sind wir kurz nach Sonnenaufgang aufgebrochen und nach einem langen, mühsamen Aufstieg in der Berghütte angelangt. Ein Glück, daß der Pfad immer von diesen merkwürdigen roten Hieroglyphen markiert war, sonst hätten wir uns sicher verlaufen! Jedenfalls haben wir da oben ein prächtiges Wochenende verlebt, was die Vorstellung, daß jetzt das meiste geschafft war und der Rückmarsch ein Kinderspiel würde, noch viel angenehmer machte. Und so war es auch: Als wir uns heute auf den Weg machten, war es schon später Nachmittag, aber zum Abendessen waren wir zu Hause. Sicherlich ein bißchen deswegen, weil wir den Weg schon kannten (denselben Weg zurückzulegen ist immer leichter und gibt mir auch das Gefühl, weniger zu laufen); aber vor allen Dingen gibt es einen ganz schönen Unterschied zwischen einem Aufstieg und einem Abstieg!

Halt, hier stifte ich Verwirrung! Auf der einen Seite sagte ich, der Weg, den wir gestern, und der Weg, den wir heute gegangen sind, sei derselbe, er sei von denselben Wegzeichen markiert und, da ich ihn schon einmal gegangen sei, sei es mir beim zweiten Mal leichter gefallen, (*ihn* zurückzulegen, immer denselben). Damit habe ich habe eine Identitätsbeziehung zwischen den beiden Wegen gestiftet; das heißt, daß es praktisch ein vielleicht verständlicher, aber immerhin doch ein Fehler ist, von ihnen als von *zwei* Wegen zu sprechen. Es gibt hier nur einen einzigen Weg: den, den ich gestern, und den, den ich heute nochmals gegangen bin. Auf der anderen Seite aber sagte ich auch, daß ein Weg (den ich gestern ging) hinaufführte, und einer (den ich heute gegangen bin) hinabführte; das ist nur möglich, wenn es sich um zwei Wege handelt: einen bergauf und einen bergab. Wenn der Weg ein einziger ist, wie schafft es dann dieser einzige Weg, sowohl bergauf, als auch bergab zu führen?

Vielleicht muß man eine Unterscheidung zwischen zwei unterschiedlichen Bedeutungen des Wortes »Weg« treffen. Einerseits ist der Weg ein physisches Objekt, ein Gesamt von Steinen, Staub und Pflanzenwuchs (offenkundig spreche ich hier von einem Bergpfad). In diesem Sinn sind der Weg von heute und der von gestern immer derselbe Weg, einer und nicht zwei. Wenn ihr mir eine Karte gebt und mich fragt »Welchen Weg bist Du gestern gegangen?«, zeige ich auf eine bestimmte Trasse (oder da Pfade oft einen Namen oder eine Nummer haben, nenne ich euch den Namen oder die Nummer); wenn ihr mich dann fragt »Und welchen Weg bist du heute gegangen?«, zeige ich auf dieselbe Trasse (oder ich nenne euch denselben Namen oder dieselbe Nummer). In einem anderen Sinn aber ist ein Weg durchaus nicht ein (d.h. er besteht nicht aus einem) Gesamt von Steinen, Staub und so weiter, sondern er ist vielmehr eine bestimmte *Strecke*, die von einem oder mehreren Personen zurückgelegt wurde, eine Strecke mit einem Anfangs- und Endpunkt und auf der eins in einer definierten Ordnung auf das andere folgt. Wenn ihr mich fragt, was bei einem bestimmten Weg zuerst kommt, ein Kreuz oder eine Hütte, weiß ich in dem ersten Sinn keine Antwort darauf (höchstens könnte ich sagen »Es kommt darauf an« – d.h. es kommt darauf an, in welche Richtung man geht), wohingegen in dem zweiten Sinn die Frage durchaus berechtigt ist: Vielleicht weiß ich die Antwort darauf nicht, aber sicher gibt es eine. Also, nachdem diese Mehrdeutigkeit geklärt ist, kann man sagen, der Weg von gestern und der Weg von heute seien derselbe, wenn man dasselbe physische Objekt, dieselbe Trasse darunter versteht; sie sind dagegen nicht derselbe Weg, wenn man darunter dieselbe Strecke, dieselbe Trasse *in derselben Richtung* versteht. Also kein Problem, sondern nur mangelnde Klarheit.

Viele andere scheinbare Paradoxe werden dadurch aufgelöst, daß man entsprechende Unterscheidungen trifft. Nehmen wir zum Beispiel folgendes! 2/3 ist dasselbe wie 4/6: sie sind ein und derselbe Bruch. Wie kommt es dann, daß der Nenner von 2/3 3 ist und der Nenner von 4/6 6? Antwort: Es kommt darauf an, was man unter einem Bruch versteht. Wenn man unter einem Bruch einen sprachlichen Ausdruck (genauer, einen Ausdruck der mathematischen Sprache) versteht, dann sind 2/3 und 4/6 nicht derselbe Bruch, weil es sich um verschiedene sprachliche Ausdrücke handelt – ja, ich dürfte eigentlich nicht 2/3 und 4/6 sagen, sondern müßte »2/3« und »4/6« sagen, weil ich nur von diesen Ausdrücken hier, von diesen schriftlichen

Ausdrücken spreche, genauso wie wenn ich von *dem Namen Karl* und nicht von *der Person* Karl spreche, von diesem etwas mit vier Buchstaben und einem Vokal und nicht von diesem anderen mit Augen, Mund und Nase, ich besser von, »Karl« und nicht von Karl spreche, um Mißverständnisse auszuschließen. Ich wiederhole: Wenn ich unter einem Bruch einen sprachlichen Ausdruck verstehe, dann sind »2/3« und »4/6« nicht derselbe Bruch, weil es verschiedene sprachliche Ausdrücke sind. Den einen erhält man, indem man eine 2 (oder besser, eine »2«), dann einen Schrägstrich und dann eine »3« schreibt, und den anderen erhält man, indem man eine »4«, dann einen Schrägstrich und dann eine »6« schreibt; diese beiden Operationen ergeben unterschiedliche Ergebnisse, so wie die verschiedenen Ergebnisse wenn man die Ausdrücke »Cassius Clay« und »Muhammad Ali« hinschreibt – auch wenn sich diese beiden Ausdrücke auf dieselbe Person beziehen. In diesem Sinn von Bruch also stellt sich das Problem nicht: »2/3« und »3/4« können durchaus einen unterschiedlichen Nenner haben, weil es sich um verschiedene Brüche handelt; sie sind zwei und nicht einer, so wie du und ich, die wir zwei und nicht eine Person sind, (zum Beispiel) unterschiedlich groß sein können.

Andererseits kann man den Bruch 2/3 nicht nur als sprachlichen Ausdruck, sondern auch als eine (rationale) Zahl verstehen: das Ergebnis der Teilung von 2 durch 3 (dann bringen wir die Anführungszeichen nicht an; denn wir sprechen wirklich von 2/3, *von der Zahl* 2/3, nicht von dem *Zahlwort* 2/3 – oder besser »2/3«). In diesem Sinn sind 2/3 und 4/6 eindeutig derselbe Bruch: Das Ergebnis der Teilung von 2 durch 3 ist identisch mit dem Ergebnis der Teilung von 4 durch 6, es handelt sich um eine einzige Zahl, nicht um zwei. Aber in diesem Sinn haben die Brüche keinen Nenner (d.h. Teiler)! Gerade weil man dieselbe Zahl erhält, wenn man 2 durch 3 teilt, wie wenn man 4 durch 6 teilt, ist es sinnlos anzugeben, wodurch man teilen muß, um diese Zahl zu erhalten; die einzig mögliche Antwort lautet auch in diesem Fall »Es kommt darauf an« – d.h. es kommt darauf an, was man teilt (es kommt auf den Dividenden an). Als Schlußfolgerung ergibt sich also, daß kein Problem vorliegt; denn in dem Sinn, in dem die Brüche einen Nenner haben (d.h. insoweit es sich um sprachliche Ausdrücke handelt), sind sie nicht derselbe Bruch, und in dem Sinn, daß sie derselbe Bruch sind (d.h. insoweit sie rationale Zahlen sind), haben sie keinen Nenner. Das obige »Problem« entstand aus einer bloßen Verwechslung der beiden Bedeutungen.

Diese ganze Erörterung scheint äußerst vernünftig – viel zu vernünftig. Die Lösung (oder besser *Auf*lösung, Eliminierung) des Problems ist einfach, elegant und so überzeugend, daß sich einer geradezu ein bißchen begriffsstutzig vorkommen und ausrufen könnte »Aber sicher! Warum bin ich nicht früher darauf gekommen?« Wenn mir aber etwas derartiges passiert, werde ich gewöhnlich argwöhnisch: D.h. ich argwöhne, es möchte sehr gute Gründe dafür gegeben haben, zunächst nicht daran zu denken. Wer weiß, vielleicht ist alles so einfach und klar geworden, weil es sich nicht mehr um dasselbe Problem handelt: Indem ich sorgfältige Unterscheidungen treffe, von der Komplexität der Situation abstrahiere, habe ich vielleicht am Ende eine andere, sicherlich weniger problematische und auch nicht einer gewissen Eleganz entbehrende Situation geschaffen, die zwar aber doch meilenweit von der Situation entfernt ist, die meine ursprüngliche Perplexität ausgelöst hatte.

An den Brüchen gab es (bis jetzt) nichts zu deuteln. Ich hatte aber die Brüche nur zu Analogiezwecken eingeführt; dann habe ich mich ablenken lassen und am Ende mehr von der Analogie als von dem eigentlichen Problem gesprochen. Und wenn ich auf diese Weise nichts anderes getan hätte, als subtil und delikat den Diskurs zu wechseln? Lassen wir also die Brüche Brüche sein und wenden wir uns wieder dem Ausflug in die Berge zu! Es gibt zwei Bedeutungen des Wortes »Weg«, hatte ich gesagt. In der einen bezieht sich das Wort auf ein physisches, konkretes, räumliches Objekt und in der anderen auf eine von einem oder mehreren Individuen (in der Zeit) zurückgelegte Strecke. Nehmen wir jetzt den Ausdruck »der Weg, den wir gestern gingen«. Worauf bezieht sich dieser Ausdruck? Auf einen Weg offensichtlich, aber in welcher der beiden Bedeutungen?

Folgende Antwort scheint unvermeidlich: in der zweiten, d.h. in der Bedeutung, nach der ein Weg eine Strecke unter Einschluß der Richtung ist. Warum? Weil man durchaus sagen kann »Der Weg, den wir gestern gingen, führte aufwärts«, und es gibt wenigstens zwei Elemente in diesem Satz, die nicht zulassen, an einen Weg als ein Gesamt von Steinen und Gebüsch zu denken. Erstens wird die Zeitform des Imperfekts (»*führte* aufwärts») verwendet, die im allgemeinen nur sinnvoll für etwas gebraucht wird, das in der Zeit vorgefallen ist, für etwas, das jemand gemacht hat: zum Beispiel von einer Stelle A zu einer Stelle B gehen. Ein Gesamt von Steinen und Gebüsch *war* nicht, sondern *ist*: zum Beispiel *ist* abschüssig, *ist* trocken, *ist* abwechslungsreich und so weiter. Zweitens führt ein Gesamt von Steinen und Gebüsch, ein Weg als Trasse also, nicht *aufwärts*. Das Aufwärts- oder Abwärtsführen hängt von der Richtung ab, in der man die Trasse begeht; also führt die Trasse an sich weder auf- noch abwärts. Man kann höchstens sagen, der Weg habe eine bestimmte Steigung, *er* verlange, *wenn* er bergauf (oder bergab) zurückgelegt wird, eine besondere Vorsicht, aber nicht, *er*, dieses Stück Erde (des Gebirges, in diesem Fall), führe bergauf oder bergab. Also muß es der Weg als Strecke sein, der bergauf führt, und muß es der Weg als Strecke sein, den »wir gestern gingen «.

An dieser Stelle stellt sich das Problem von neuem. Zweifellos bin ich davon überzeugt, daß der Weg, den wir gestern gingen, mit dem Weg identisch ist, den wir heute gingen. Wie ist das möglich, wenn man das Wort »Weg« im Sinne von »Strecke (in einer bestimmten Richtung)« versteht und wenn sich die gestern zurückgelegte Strecke von der heute zurückgelegten Strecke unterschied (es waren *zwei*, d.h. *eine* bergauf und *eine* bergab führende)? Je mehr ich darüber nachdenke, umso mehr bin ich davon überzeugt, daß dies von Anfang an das Problem war und daß die ganze Erörterung der beiden Bedeutungen von »Weg« (besonders, die Erörterung der ersten Bedeutung) nichts anderes war als ein Versuch, mich abzulenken, ein wenig so, wie es die Taschenspieler machen, bevor sie das Kaninchen aus dem Zylinder ziehen. Von Anfang an habe ich mich in der Tat mit Dingen beschäftigt, die aufwärts oder abwärts führten (d.h. mit Strecken): Es waren *diese* Dinge, von denen ich nicht verstehen konnte, wie sie dasselbe sein konnten. Also einen anderen Typ von Ding hervorzuziehen, das ohne weiteres dasselbe sein kann, aber nicht das war, wovon ich ursprünglich sprach, ist wirklich eine etwas betrügerische Operation (nur daß ich mich allein getäuscht habe).

In diesem Kapitel beschäftigen wir uns noch einmal mit der Identität, genauer mit zwei verschiedenen Konzepten von Identität, die schon in Kapitel II erörtert wurden: Die numerische und die qualitative Identität. Dort lag der Akzent auf dem ersteren: darauf, wie es möglich sei, die Dinge zu zählen. Hier dagegen geht es um den zweiten: darum, was uns erlaubt, die qualitative Identität eine Identität zu nennen, wo doch die Dinge, denen sie zugeschrieben wird, verschieden sind.

Vielleicht war die Abschweifung nicht ganz unnütz, vielleicht bestand mein Irrtum nur darin, beide Bedeutungen zu scharf gegeneinander abzugrenzen. Es gibt den Unterschied, und es ist nützlich, diese Unterscheidung zu treffen; aber es gibt auch eine wichtige Beziehung zwischen der Straße als physischem Objekt und der Straße als Strecke. Das, worüber sich eine Strecke *erstreckt*, ist eben eine Straße als physisches Objekt, als Trasse, und auf der Grundlage davon, auf welcher Trasse sich zwei Strecken erstrecken, werden sie *dieselbe* genannt.

Ich will das erklären. Nehmen wir an, wir entschieden, daß *die Straße von Mailand nach Padua* die betreffende Autobahntrasse (mit vier, manchmal sechs Fahrstreifen) sei, die bei km 0 bei Mailand Certosa anfängt und kurz nach dem Kilometerstein 232 an der Ausfahrt Padua West endet. In einem solchen Fall zu sagen, die Straße von Mailand nach Padua sei identisch mit der von Padua nach Mailand, würde wortwörtlich bedeuten, daß sie eine und dieselbe und nicht zwei sind, daß sie aus demselben Asphalt bestehen, daß an ihnen dieselben Bauarbeiten vorgenommen werden und auf ihnen dieselben Schilder mit der Aufschrift »Wir arbeiten für Sie« aufgestellt sind. Es würde bedeuten, daß, wenn man eine Liste erstellte mit all dem, was es auf der Welt gibt, die Straße von Mailand nach Padua nur einmal darin vorkäme, und zwar unter der einen oder der anderen Bezeichnung (es spielt keine Rolle, unter welcher, da es sich immer um dieselbe Sache handelt).

Setzen wir statt dessen den Fall, wir sprächen von der Straße von Mailand nach Padua als von einer Strecke mit einer Richtung: der Richtung von Mailand Certosa nach Padua

West. Natürlich ist die Strecke Mailand-Padua nicht identisch mit der Strecke Padua-Mailand in demselben Sinn, in dem die Autobahntrasse Mailand-Padua mit der von Padua-Mailand identisch ist: Im Unterschied zu der räumlichen Trasse sind es zwei Strecken und nicht eine, zwei verschiedene, so daß beide in einem Verzeichnis aller Dinge, die es auf der Welt gibt, als zwei verschiedene Eintragungen im Verzeichnis vorkommen würden. Trotzdem darf ich sagen, daß die Strecke Mailand-Padua dieselbe ist wie die Strecke Padua-Mailand, *weil die benutzte Trasse dieselbe ist*, im Unterschied zu dem, was zum Beispiel für die Strecke Mailand-Padua und die Strecke Padua-Mestre gilt. Es ist also nichts Merkwürdiges an der Ausdrucksweise »Der Hinweg war derselbe wie der Rückweg«, auch wenn »der Hinweg« (oder »Rückweg«) »die *Strecke*, die ich auf der Hinfahrt (oder auf der Rückfahrt) zurücklegte« bedeutet und genaugenommen die beiden Strecken verschieden waren: Es ist deshalb nichts Merkwürdiges daran, weil man auf diese Weise nur sagt, man habe dieselbe Trasse benutzt, sonst nichts. Die Identität der Trasse ist die einzige wahre Identität, um die es hier geht: Nur die Trasse ist eine und nicht zwei. Auf dieser Identität ist sozusagen parasitär eine andere gewachsen: eine metaphorische Identität, wenn wir wollen, die Identität zwischen zwei Dingen, die, wenn wir pingelig sein wollen, durchaus nicht identisch sind, aber doch eine Identität, deren Gesetze und deren Verhalten wir jetzt verstehen können. Das Problem scheint also wirklich gelöst; die Lösung besteht ein weiteres Mal in der Entdeckung einer Mehrdeutigkeit: aber nicht einer Mehrdeutigkeit, die im Wort »Straße« (oder im Begriff Straße, in unserer Vorstellung einer Straße) liegt, als vielmehr in Wörtern wie »identisch«, »dasselbe«, »gleich« (oder in den Begriffen, in den korrespondierenden Vorstellungen).

Wenn man darüber nachdenkt, habe ich eine sehr allgemeine, ich würde sagen, allgegenwärtige Mehrdeutigkeit entdeckt. Setzen wir den Fall, zwei Frauen begegnen sich und stellen betroffen fest, daß sie dasselbe Kleid tragen: Wollen wir dann vielleicht sagen, die *beiden* Kleider, das von Frau Weiß und das von Frau Roth getragene, seien eines und nicht zwei? Nein, selbstverständlich sind es zwei: Eines hat Frau Weiß an, und eins (ein anderes) hat Frau Roth an. In welchem Sinn bereuen dann die beiden Frauen, ein *identisches* Kleid, *dasselbe* Kleid, ein *gleiches* Kleid ausgesucht zu haben? Was ist an der Situation wirklich identisch? Das einzig Identische, das einzige, das eins und nicht zwei ist, ist das Modell, nach dem die beiden Kleider geschneidert sind, und zwar wohlgemerkt das erste Modell, das ursprünglich von dem Designer entworfen wurde. (Die Situation könnte auch viel komplizierter sein: D.h. die beiden Kleider hätten von verschiedenen Designern entworfen sein und zufällig gleich ausfallen können. Aber für den Augenblick übergehe ich diese Komplikation). Dieses Modell wurde dann in vielen verschiedenen Exemplaren vervielfältigt, und alle wurden als »dasselbe Modell« bezeichnet, was besagen will, daß es *Kopien* desselben Modells waren. Dann wurden von diesen Kopien die Kleider angefertigt, und auch diese wurden als *dasselbe Kleid* angesehen, weil sie ihren Ursprung im selben Modell hatten. Es ist so, als ob es eine Kernidentität gäbe, die auf alles um sie herum ausstrahlt und über eine Reihe von oft sehr komplizierten Zwischenschritten vielen anderen Dingen, die bei näherem Hinsehen nicht identisch sind, einen Anschein von Identität, einer schwächeren und vermittelteren Identität, verleiht.

Manchmal ist es noch nicht einmal klar, wo der Kern ist, welches die Basisidentität, die wahre Identität ist, die alle die anderen rechtfertigt. Bei Straßen und Kleidern scheint die Sache ziemlich klar zu sein: Die Basisidentität ist in dem einen Fall eine räumliche Trasse, im anderen ein Gekritzel auf einem Stück Papier. Aber nehmen wir an, du und ich riefen gleichzeitig aus »Was für ein schöner Tag!« und brächen dann in ein Gelächter aus, weil wir, ohne es zu wollen, *denselben Satz* ausgesprochen haben. Was ist *dasselbe* in diesem Fall?

Wenn ein Satz etwas ist, das man ausspricht, dann könnte man in ihm ein Gesamt von Lauten sehen. Aber die Laute, die ich aussprach, waren bestimmt nicht dieselben, die du aussprachst: Die ersteren habe ich ausgesprochen, sie kamen aus meinem Mund, und die letzteren hast du ausgesprochen, sie kamen aus deinem Mund. Das ist noch nicht alles: Die Laute, die ich aussprach, waren wahrscheinlich nicht einmal denen sehr ähnlich, die du aussprachst. Sie hatten nicht dieselbe Klangfarbe, dieselbe Tonhöhe und dasselbe Volumen (angenommen, es sei klar, was es heißt, diese Dinge zu haben), und außerdem kann unser Akzent ganz verschieden sein. Aber die Laute, wird man sagen, sind keinesfalls der Satz: Sie sind nur das Material, um den Satz zu bilden, ihn auszudrücken, so wie der Stoff, aus dem viele gleiche Kleider genäht werden, als solcher verschieden ist. Das ist genau der Punkt, auf den ich hinauswollte: Zugegeben, der Stoff und die Laute sind verschieden; aber in einem Fall ist das, was die aus diesem Stoff geschneiderten Kleider gleich macht, die Tatsache, daß, wenn wir ihren Ursprung Schritt für Schritt zurückverfolgen, wir bei einem und nur einem einzigen Objekt angelangen, einem und nur einem Gekritzel auf einem Stück Papier. Welches ist dagegen in dem Fall des Satzes, den wir aussprachen, (oder vielleicht sollte ich sagen, »*der* Sätze«, weil ich noch nicht erklärt habe, ob und in welcher Weise es sich um einem einzigen Satz handelt), das einzige, identische Element, das seinen Ursprung bildet?

Man könnte sagen: etwas in unserem Geist, etwas, das wir beide gedacht haben und ausdrücken wollten, indem wir unterschiedliche Laute ausstießen, die aber doch denselben Gedanken kundgaben. Aber nicht einmal das reicht aus. Scheinbar ist alles klar, solange wir es im Unbestimmten lassen, indem wir von »unserem« Geist» und von etwas, das *in* ihm ist, sprechen. Die Illusion, verstanden zu haben, verflüchtigt sich, kaum daß wir uns fragen, von welchem Geist wir eigentlich sprechen. Mein Geist ist verschieden von deinem, es sind zwei, eben mein Geist und deiner, und nicht einer; also anstelle von *unserem* Geist müßten wir eigentlich von *meinem und deinem* Geist sprechen. Aber wenn mein und dein Geist zwei sind und wenn etwas (ein Gedanke zum Beispiel) in einem Geist ist, kann dieses Identische unmöglich auch in dem anderen Geist sein: Wenn mein Haus und dein Haus zwei verschiedene Häuser sind, kann ein Stuhl, der in meinem Haus steht, unmöglich identisch sein mit einem Stuhl, der in deinem Haus steht, in dem Sinn natürlich, daß es sich nur um einen einzigen Stuhl handelt und nicht um zwei. Offenbar kann man im Fall der Stühle sagen, sie seien identisch, wenn man darunter versteht, daß es sich um Kopien desselben Modells handelt; somit stehen wir wieder am Anfang: Von welchem Modell sind die beiden Gedanken, die uns »durch den Sinn« (oder »durch meinen beziehungsweise deinen Geist«) gegangen sind, Kopien, und was haben wir beide kundgegeben, wenn wir Laute äußerten, die *aus diesem Grund* (d.h. weil sie auf dasselbe Modell zurückgehen) zu Recht »derselbe Satz« genannt werden dürfen?

Wenn es nicht etwas im Geist sein kann, muß es etwas außerhalb seiner sein. Mein Gedanke ist derselbe wie deiner, auch wenn der meine mir gehört und der deine dir (unsere Gedanken also strenggenommen verschieden sind), weil beide einen allgemeineren Gedanken kopieren, eine Art von Mustergedanken, den Gedanken, den wir alle (nicht nur du und ich) auszudrücken suchen, wenn wir sagen oder auch nur denken »Was für ein schöner Tag!«. Es gäbe also einen Gedanken, der niemandem angehört oder zumindest nicht einem Individuum; vielleicht gehört er einer Kultur, einer Sprache an. Dieser Gedanke – immer derselbe, nur einer – ist das, was man unter der Äußerung »Was für ein schöner Tag!« versteht. Jeder von uns, die wir Deutsch sprechen, muß irgendwie Zugang dazu haben, *was bedeutet*: Jeder von uns kann ihn mit Hilfe seines Geistes und der Laute, die gegebenenfalls aus *seinem* Munde kommen, ausdrücken. Jedesmal wenn wir denselben identischen Gedanken ausdrücken, werden die verschiedenen Laute, die wir benutzen, »derselbe Satz« genannt.

Wieder ist die erreichte Lösung äußerst einfach und wirkungsvoll und fegt auf einen einzigen Schlag eine große Zahl von Problemen beiseite. Wie können dieser Tisch und diese Tafel *dieselbe Länge* aufweisen, wo doch eine die Länge *des Tischs* und die andere die Länge *der Tafel* ist? Das ist möglich, weil diese beiden Längen eine einzige identische Musterlänge »kopieren«: Diese ist wahrhaftig dieselbe, und die Längen des Tischs und der Tafel sind stellvertretend »dieselbe«, so wie die Kleider oder die Strecken dasselbe beziehungsweise dieselbe sind. Wie kann ich sagen, meine und deine Haare hätten *dieselbe Farbe*, wenn die eine die Farbe meiner Haare und die andere die Farbe der deinen ist? Ich kann das sagen, weil beide eine einzige Musterfarbe (einen bestimmte Kastanienfarbton) »kopieren«; ja, das kann ich sagen, auch wenn eine Kopie besser gelungen ist als die andere (wenn, sagen wir, meine Haare ein bißchen dunkler sind als deine), genauso wie unsere Versuche, einen bestimmten Mustersatz zu kopieren, mehr oder weniger gelungen sein können (weil, sagen wir, einer von uns erkältet war); trotzdem sind sie immer *derselbe Satz.* Welchen Sinn hat es zu sagen, daß gewisse Autoren immer *dasselbe Buch* schreiben, auch wenn diese Bücher einander nicht ähnlicher sind, als Büchern anderer Autoren? Das hat insofern Sinn, als alle diese verschiedenen Bücher – verschieden nicht nur, insoweit sie verschiedene physische Objekte sind, die an verschiedener Stelle stehen, sondern auch insoweit sie verschiedene Titel haben, verschiedene Umschläge und verschiedene Seitenzahlen – ein einziges identisches *Thema* »kopieren«, einen Thematyp, den zu kopieren dem Autor möglicherweise noch nicht einmal gut gelungen ist, der aber doch mit *seiner* Einzigartigkeit, mit *seiner* Identität, unsere Beobachtung rechtfertigt, daß es sich immer um dasselbe Buch handelt. (Auf analoge Weise könnte man unter anderem erklären, was geschieht, wenn zwei Kleider »dasselbe« sind, auch wenn verschiedene Designer am Werk waren: Beide haben, ohne es zu wissen, ein identisches *abstraktes* »Modell kopiert«.)

Die platonische Ideenlehre (vergleiche zum Beispiel Der Staat*) stellt die (theoretisch wie historisch) bedeutsamste Antwort auf die uns interressierende Frage dar: Die qualitative Identität beruht auf einer grundlegenderen numerischen Identität, der Identität eines Modells oder Standards (der platonischen Idee, auch »Form« genannt), von der die qualitativ identischen Dinge in gewissem Maße Kopien, Abbilder, sind (in platonischer Sprache: an denen sie »teilhaben«). Ein Gutteil der abendländischen Metaphysikgeschichte kann als Reaktion auf diese Theorie angesehen werden. Die Reaktionen sind von zweierlei Art: Auf der einen Seite sucht man zu verstehen, was die Ideen sind, auf der anderen versucht man, mit einer Reihe von Paradoxien, die von der Theorie verursacht werden, fertig zu werden.*

*In bezug auf das erste Thema gibt es drei Hauptpositionen, die in der mittelalterlichen Debatte über die »Universalien« und neuerdings in der Debatte über die Natur der mathematischen Wesenheiten (worauf weiter oben angespielt wurde, als von den Brüchen die Rede war) gut vertreten sind. Entweder sind die Ideen unabhängige Objekte, die selbständig existieren (realistische Position) oder sie sind Hervorbringungen des menschlichen Geistes (*konzeptualistische *Position) oder es gibt sie überhaupt nicht, sie existieren nicht, und alles, was es gibt, sind nur Wörter (*flatus vocis*), mittels derer wir (irrtümlicherweise) von Ideen zu sprechen meinen (*nominalistische *Position). Das Kapitel befaßt sich nicht direkt mit dieser Debatte, es übernimmt implizit die* realistische *Position und deutet nur am Schluß einige der Thesen (und der Schwierigkeiten) der nominalistischen Position an.*

Wieder werde ich angesichts so großer Einfachheit und Effizienz mißtrauisch und frage mich, wo und wann mir die Rechnung für diesen ganzen Zauber präsentiert wird: D.h. welches die Voraussetzungen dieser brillianten Lösung sind, die Annahmen, die ich akzeptieren muß, damit sie funktioniert. Die Antwort läßt auch nicht auf sich warten. Die obigen Probleme wurden dadurch aus dem Weg geräumt, daß die Welt mit einer Reihe von Wesenheiten von ziemlich zweifelhafter Natur bevölkert wird: Das heißt von *Typen*, von Modellen, die nicht im Geist sind und nicht (immer) auf einem Stück Papier stehen, aber doch irgendwie existieren müssen, weil sie letzten Endes die einzigen, wahrhaft identischen Dinge hier sind, auf deren Identität (parasitär, habe ich vorhin gesagt) die »schwächere« Identität aller anderen beruht.

Es gibt immer einen gewissen Widerstand dagegen, Dinge zuzugeben, die man nicht sehen und nicht berühren kann: Auch gegenüber den sogenannten theoretischen Konstrukten, die von der Wissenschaft postuliert werden (Wesenheiten wie die Neutronen und die Quarks, der Big Bang und das Unbewußte) bleiben viele skeptisch. In diesem Fall lassen sich diese seltsamen Objekte wenigstens damit rechtfertigen, daß sich durch ihre Einführung viele Probleme lösen und Schwierigkeiten mildern lassen und man unter Umständen auf den Mond fliegt und Neurosen heilt. Bei den Wesenheiten aber, die ich jetzt betrachte, ist diese Rechtfertigung nicht sehr plausibel; denn offenbar handelt man sich damit mehr Probleme ein, als man löst, – ja, offenbar schaffen sie neue Probleme, ohne die alten zu lösen. Nehmen wir zum Beispiel folgendes Problem: Es ist klar, was es heißt, eine Zeichnung zu kopieren, also auch, was es heißt, ein Modellkleid werde in vielen Kopien reproduziert und werde zum Ursprung für viele (gleiche, weil eben auf diesen Ursprung zurückführbare) Kleider; aber was heißt, einen Gedanken zu »kopieren« – wohlgemerkt einen Gedanken, der nicht einmal in meinem Geist ist, einen Gedanken, von dem auch der andere Gedanke, der in meinem Geist ist, nur eine Kopie ist? (Das zwingt mich, unter anderem auf die Brüche zurückzukommen. Die sprachlichen Ausdrücke sehe ich, sie sind auf ein Stück Papier geschrieben; die rationalen Zahlen aber sind abstrakte Dinge, die man nicht sieht, die sich nicht auf Papier schreiben lassen, – und genau deswegen können sie durch verschiedene Brüche »ausgedrückt« werden. Wenn ich sie aber nicht sehe, wie kann ich sie dann ausdrücken?)

Wir sind noch nicht am Ende: Auch diese ganze Rede davon, daß es ausreicht, das Modell kopieren zu *wollen*, um sagen zu können, man hätte denselben Satz geäußert, überzeugt durchaus nicht. Nehmen wir an, ich wollte wirklich »den Gedanken ausdrücken«, daß heute ein schöner Tag ist; aber während ich dazu ansetze, macht mir ein Hustenanfall ein Strich durch die Rechnung, und ich bringe am Ende nichts anderes heraus als ein unverständliches Gurgeln: Ich will bestimmt nicht behaupten, ich hätte denselben Satz geäußert, wie wenn ich meine Absichten verwirklichte. Und wie weiß ich, ob ich meine Absichten verwirklichte? Unterstellen wir, mir sei vollständig klar, was wir tun, wenn wir einen Gedanken kopieren (was durchaus nicht stimmt, aber geben wir es der Diskussion zuliebe zu!): Wie gut muß ich ihn kopieren, um sagen zu können, ich hätte den korrespondierenden Satz geäußert? Gibt es vielleicht einen Genauigkeitsstandard, der mir als Deutschsprechendem auf mysteriöse Weise »zugänglich« ist? Wenn dem so wäre, bräuchte man zwei »Typen« oder »Modelle«: Den Gedanken, der kopiert werden soll, und einen anderen Gedanken (oder etwas anderes), der mir sagt, wann der erste hinreichend gut kopiert ist. Ist es angesichts einer solchen Unklarheit noch wahrscheinlich, daß diese Maschinerie mir erklärt, was »derselbe Satz« oder »dieselbe Farbe« oder auch »derselbe Weg« bedeutet?

Ja, derselbe Weg! Dieser Fall wenigstens war mir vorher immer klar: dieser und der Fall mit den Kleidern. Als die Rede von Gedanken, »Themen« und dergleichen war, wurde es mysteriös; aber wenigstens hier schien es so, als gäbe es physische, konkrete, sichtbare Objekte, deren Identität »strenggenommen« als Unterstützung für eher metaphorische, eher bildliche Identitäten dient. Jetzt aber, wo mir Zweifel gekommen sind, ist kein Halten mehr. Nehmen wir die Strecke, die ich gestern zurücklegte, *den Weg*, den ich gestern ging, dieses Stück meines Lebens vom Aufbruch bei Morgengrauen bis zur Ankunft in der Berghütte, und vergleichen wir es mit dem anderen Stück Leben, das der Weg darstellt, den ich heute ging. Sie haben fast nichts miteinander gemein. Außer daß einer bergauf führte und der andere bergab, außer daß der, der bergauf führte, mich ermüdete und der andere nicht, gibt es auch noch die Tatsache, daß ich in beiden Fällen wirklich verschiedenen Lauf-Bahnen folgte, was selbstverständlich ist, wenn man einmal bergauf und ein anderes Mal bergab, einmal auf einem neuen Weg und das andere Mal auf einem bereits bekannten geht (übrigens: Sind der neue und der bereits bekannte Weg derselbe oder sind es zwei verschiedene Wege?). Gewiß, mitten in dieser ganzen Verschiedenheit gibt es auch die Tatsache, daß sich meine Lauf-Bahnen (mehr oder weniger) innerhalb derselben Trasse hielten; aber das ist nur ein Aspekt unter vielen, eines der vielen Dinge, die *den gestrigen Weg* und *den heutigen Weg* kennzeichnen. Warum sollte ich unter all diesen Dingen, allen diesen Aspekten, einen Aspekt bevorrechtigen und auf dieser schwachen Basis erklären, die beiden Wege seien derselbe?

Dieses Kapitel beschäftigt sich näher mit den Paradoxien der Ideenlehre und besonders mit einer Problematik, die von Aristoteles »dritter Mensch« genannt wird. (Das Beispiel des Weges, der bergauf und bergab führt, stammt übrigens aus der Physik *des Aristoteles, nur daß es da die Straße von Athen nach Theben war). Kurz gesagt, funktioniert der dritte Mensch folgendermaßen: Ich frage mich, was mich dir ähnlich macht, was die Grundlage unserer Ähnlichkeit ist. Ich antworte: Die Tatsache, daß wir beide Menschen sind. Ich frage mich dann, was aus mir einen Menschen macht, worin mein Menschsein besteht. Ich antworte gut platonisch: in der Tatsache, daß ich dem Typ Mensch , der »Idee« Mensch, dem Standard des Menschseins, gleiche, daß ich daran teilhabe. Ich frage mich dann, was mich dem Typ Mensch ähnlich macht; im besonderen was bestimmt, daß wir uns ähnlich genug sind. Gibt es vielleicht einen dritten Menschen (hier der Grund für die Wahl des Namens), der auf der einen Seite mir und auf der anderen Seite dem Typ Mensch ähnlich ist und der erlaubt, die Ähnlichkeit zwischen uns beiden festzulegen? Und worauf gründet sich die Ähnlichkeit zwischen mir und dem dritten Menschen oder zwischen diesem und dem Typ? Natürlich hört hiermit die Erörterung nicht auf: Man braucht auch einen vierten, einen fünften Menschen . . .*

Um die Schwierigkeit zu beheben, haben Autoren wie Frege und Russell mehr oder weniger ausdrücklich vorgeschlagen, zwei Klassen von Wesenheiten zu unterscheiden, die nicht aufeinander rückführbar sind: die Objekte und die Beziehungen zwischen ihnen. Das Problem Platons bestand nach diesen Autoren darin, die Ähnlichkeit (d.h. eine Beziehung) zwischen zwei Objekten mit Bezug auf ein anderes Objekt (das ist der Typ) erklären wollen, wodurch er sich das weitere Problem der Ähnlichkeit mit dem Typ und so weiter einhandelte. Angesichts des historischen Ursprungs des Paradoxes braucht man sich nicht zu wundern, daß dieser Vorschlag aristotelische Themen aufgreift: Aristoteles unterschied tatsächlich (zum Beispiel in den Kategorien*) als erster Klassen von Wesenheiten, die nicht aufeinander rückführbar sind, die Kategorien. Objekte und Relationen sind zwei der im ganzen zehn aristotelischen Kategorien. Gegen diese Lösung läuft aber eine ständige Tendenz des philosophischen Denkens Sturm: Jedesmal wenn sich eine »irreduzible« Differenz zeigt, sehen viele darin eine Herausforderung, einen Weg zu finden, sie doch zu reduzieren.*

Vielleicht kommen in meiner Haltung nichts anderes als praktische Interessen zum Ausdruck. Es gibt so viele Aspekte an dem Weg, den ich heute, und dem Weg, den ich gestern ging, die gänzlich persönlicher Natur sind oder höchstens die kleine Gemeinschaft meiner Familie betreffen. Der gestrige Weg zum Beispiel löste den Unmut von Thomas aus; der bettelte gestern dauernd, ich solle ihn auf den Schultern tragen, heute dagegen war er sehr glücklich, als er die Abhänge herunterkugelte und damit bisweilen *unseren* Unmut auf sich zog. Diese Einzelheiten sind der kostbare Teil des Lebens einiger (weniger) Individuen und als solche ohne Interesse für andere, die hingegen daran interessiert sind, sich nicht zu verlaufen, sich (mehr oder weniger) beim Aufstieg wie beim Abstieg auf derselben Trasse zu halten. Es ist also nichts Merkwürdiges daran, wenn unter so vielen Aspekten dieser beiden Erfahrungen derjenige ausgewählt wird, der die meisten interessiert: der einzige Aspekt vielleicht, in Hinblick auf den die beiden Strecken ähnlich sind, aber auch der einzige, den es lohnt, anderen mitzuteilen. Wenn die Sprache unser hauptsächliches Kommunikationsinstrument ist, ist es natürlich, daß sie uns erlaubt, die Bedeutung dieses Aspekts zu unterstreichen, was wir auch tun, wenn wir von dem ganzen Rest absehen und erklären, es genüge für diese beiden Strecken, der (mehr oder weniger) selben Trasse zu folgen, damit sie »derselbe Weg« sind.

Wenn ich alles so stehenlasse, wie es ist, und mich auf Zehenspitzen entferne, bleibt vielleicht das Kartenhaus, das ich (aus Wörtern) errichtet habe, für einige Augenblicke stehen; aber kaum bewege ich mich, genügen die Erschütterungen der Luft, um es zusammenbrechen zu lassen, so instabil ist es. Es gibt mit allem, was ich gesagt habe, Schwierigkeiten: Ausdrücke, die ich zu verstehen meine (nur weil sie mir geläufig sind), die aber statt dessen erbarmungslos alle die schon diskutierten Probleme aufwerfen. Was ist zum Beispiel ein *Aspekt* einer Sache (oder ein *Element*, wie ich es auch genannt habe)? Nehmen wir noch einmal den Tisch und die Tafel und unterstellen wir, wir sagten, sie hätten einen Aspekt gemeinsam: die Länge. Was bedeutet das? Wenn sie ihn gemeinsam haben, muß es *eine* Sache sein, die beide haben. So stehen wir wieder da, wo wir vorhin waren: Die Länge des Tischs und die Länge der Tafel sind *zwei*; das ist so wahr, daß, wenn ich den Tisch verbrennen würde, es keine Länge des Tischs mehr gäbe (wenn es den Tisch nicht mehr gäbe, hätte er keine Länge mehr), aber es gäbe immer noch die Länge der Tafel (angenommen, ich hätte sie verschont). Folgt daraus, daß der dem Tisch und der Tafel gemeinsame Aspekt eine »Länge« ist, die keinem von beiden gehört, aber von der die Länge, die dem einen oder der anderen gehört, irgendwie eine »Kopie« ist? Und wenn ich sage, daß andere an bestimmten und nicht an anderen Aspekten einer gegebenen Erfahrung (oder eines Objekts) interessiert sind, verstehe ich vielleicht darunter, daß sie »Zugang« zu den *Originalen* haben, von denen die Kopien gezogen sind?

Oder nehmen wir die Tatsache, daß die beiden Strecken (in bezug auf die Trasse) *ähnlich* waren! Was bedeutet ähnlich sein? Ich könnte antworten, es bedeutet, einen Aspekt gemeinsam haben; aber das würde wieder alle die Probleme mit sich bringen, über die ich gerade sprach. Nehmen wir also an, wir wollten diesen Problemen aus dem Weg gehen und auf einer pragmatischen Haltung bestehen! Es gibt nichts Besonderes an zwei ähnlichen Dingen, könnte ich dann sagen, außer der Tatsache, daß sie dazu neigen, in mir dieselben Reaktionen hervorzurufen: Zwei saftige Speisen erregen mir denselben Appetit, ein Messer und ein Gewehr dieselbe Furcht, ein Bild und ein Sonnenuntergang dasselbe ästhetische Vergnügen. Die Ähnlichkeit, die ich den Dingen selbst zuschreibe, ist schlicht und einfach Ausdruck dieser Identität meiner Reaktionen auf sie (von hier aus kann man fortfahren wie zuvor: Es ist wichtig, meine Reaktionen anderen zu signalisieren, sie also sprachlich auszudrücken und so weiter und so weiter). Aber was bedeutet »dieselben Reaktionen?« Nehmen wir an, ich hätte einmal auf ein Messer und einmal auf ein Gewehr mit Furcht reagiert: Offenkundig handelt es sich um *zwei* verschiedene Reaktionen.

Will ich vielleicht sagen, diese verschiedenen Reaktionen hätten *Aspekte* gemeinsam? Will ich sagen, es gäbe einen *Reaktions-Typ*, den sie in irgendeiner Weise »nachahmen?« Außerdem, warum sollte ich dir das mitteilen wollen? Erwarte ich vielleicht, daß du dieselben Reaktionen zeigst? Aber dein Nervensystem ist von dem meinen verschieden, es sind zwei und nicht eins; folglich können unsere Reaktionen nicht anders als (gänzlich) verschieden sein. Zeigen wir vielleicht *ähnliche* Reaktionen? Wenn man darüber nachdenkt, so ist übrigens nicht einmal gesagt, daß meine Reaktion auf das Messer und meine Reaktion auf das Gewehr wirklich identisch sein müssen (was immer auch man mit dieser Rede sagen will): Es ist im Hinblick auf die große Verschiedenartigkeit dieser Gegenstände viel wahrscheinlicher, daß ich auch in diesen beiden Fällen nur ähnlich reagiere und daß es genügt, ähnlich zu reagieren, um immer (mehr oder weniger) auf dieselbe Weise zu funktionieren. Das ist wirklich eine unbezahlbare Schlußfolgerung: Die *Ähnlichkeit* von zwei Gegenständen wird mittels der *Ähnlichkeit* meiner Reaktionen auf sie erklärt. Ich habe wirklich einen schönen Schritt nach vorn getan! Ich sollte lieber wieder Ausflüge in die Berge unternehmen: Da kommt man wenigstens voran!

VIII. Eine schwierige Beziehung

Der Fall

So geht es uns beiden immer: Mark und ich geraten, ohne es zu wollen und ohne überhaupt zu wissen, warum, in einen Streit. Ein Wort gibt das andere, der Ton wird gereizter, das Gesicht läuft rot an, und am Ende beginnt man, die Wand mit Fußtritten zu traktieren, um nicht woandershin zu treten. Dann verraucht der Zorn, man setzt sich mit einem Glas in der Hand an den Tisch und begreift, daß man wegen nichts in Wut geriet: daß in Wirklichkeit jeder von uns eine andere, seine ganz persönliche Sache im Kopf hatte und daß das Bestreben, sie dem anderen aufzudrängen, nur dazu führte, daß man die Stimme erhob. Wir müssen wirklich aufhören, die Sprache so stupide als eine Waffe, als ein Werkzeug zur Verteidigung und (vor allem) zum Angriff zu benutzen: Wir müssen lernen, sie zu benutzen, um zu kommunizieren, um *gemeinsam* zu diskutieren. Das schließt natürlich nicht aus, daß man verschiedene Ansichten hat, schließt aber zumindest den Streit aus, wenn man glaubt, nur verschiedene Ansichten zu haben, und statt dessen nicht einmal von derselben Sache spricht.

Ist es überhaupt möglich, wirklich von derselben Sache zu sprechen? Lassen wir Fälle mit einem hohen emotionalen Gehalt wie einen Streit außer acht und konzentrieren wir uns lieber auf das, was passiert, wenn die Wogen geglättet, die Gemüter friedlich sind und wir an dem berühmten Tisch sitzen, mit dem berühmten Glas in der Hand! Nehmen wir an, ich sagte zu Mark: »Dieser Tisch ist schmutzig. Ich muß ihn endlich mal abwischen.« Und nehmen wir weiter an, er antworte mir (in einer Atmosphäre, die an diejenige in De Amicis' Buch *Cuore* erinnert und die sich gewöhnlich an diesem Punkt einstellt): »Du hast recht. Machen wir es zusammen!« Frage: Sprechen wir jetzt von derselben Sache, von *demselben Tisch*?

Die Frage könnte einem absurd vorkommen. Man möchte darauf antworten: Ja, gewiß, worüber könnten wir sonst sprechen, wenn nicht von diesem Tisch, auf dem ich die Ellenbogen aufstütze *und* der schmutzig ist *und* den wir abwischen wollen? Von diesem Gegenstand aus abwaschbarem Holz, von brauner Farbe, mit vier Beinen (von denen eins wackelt), der in meiner Küche steht, einen Meter von der Spüle und einundeinhalb Meter vom Kühlschrank entfernt? *Dieser* Gegenstand hat meine Perplexitäten ausgelöst, auf ihn beziehe ich mich mit meinem Hygiene- und Reinigungsvorhaben und an ihm versöhnen Mark und ich uns hoffentlich auch bald wieder. Nachdem wir uns geeinigt haben, besorgen wir uns Schwämme und Reinigungsmittel und machen uns über die verkrusteten Ablagerungen auf diesem Tisch her; wie könnten wir das, wie könnten wir uns wohlgemut über denselben Gegenstand hermachen, wenn wir von unterschiedlichen Dingen gesprochen hätten?

Ja, wie könnten wir? Es ist ein ganz schönes Problem; aber bevor wir es näher untersuchen, kehren wir zur scheinbar absurden Ausgangsfrage zurück! Es ist eine Tatsache, daß ich von dem Tisch, da er in meiner Küche steht und ich ihn immer vor Augen habe, eine viel reichere und differenziertere Anschauung habe als Mark. Ich weiß zum Beispiel, daß der Tisch sich öffnen läßt – wenigstens theoretisch, denn als der Tischler mir das vorführte, verspürte ich nicht den geringsten Wunsch, meine Geschicklichkeit mit der seinen zu messen; es könnte sein, daß alle die geheimnisvollen Mechanismen, die er mir zeigte, unwiderruflich verrostet und schmerzlich unbenutzbar geworden sind. Sagen wir ruhig, ich wüßte, daß der Tisch sich öffnen läßt, daß er so gebaut ist, daß er sich öffnen läßt, und daß dies keiner, der diese Demonstration nicht miterlebt hat, vermuten würde! Ich weiß auch, daß sich unten, wo (glücklicherweise) niemand hinguckt und wo er (leider) nicht abwaschbar ist, meine Kinder sich mit ihren ewigen Kaugummis verewigt hatten, bevor ich das bemerkt und geeignete Gegenmaßnahmen ergriffen hatte. Und so weiter: Es ist unglaublich, wie viele Geheimnisse sich hinter einem einfachen Objekt wie einem Tisch, einer Platte mit vier Beinen, verbergen können. Kann ich bei dieser Sachlage aber noch behaupten, der Tisch, von dem ich spreche, sei derselbe Tisch, von dem Mark spricht? Er weiß nicht, daß der Tisch sich öffnen läßt, folglich sich läßt der Tisch, von dem er spricht, nicht öffnen, derjenige aber, von dem ich spreche, sehr wohl.

Einen Augenblick mal, wird man einwerfen, man braucht diese Schlußfolgerung nicht zu akzeptieren! Der Tisch, von dem ich spreche, läßt sich öffnen, und es läßt sich auch der Tisch öffnen, von dem Mark spricht, nur daß er nichts davon weiß. Mit einem Wort, es gibt nur einen Tisch, und zwar den, von dem wir beide sprechen, allerdings verfüge ich diesbezüglich über mehr Informationen; um zu entscheiden, wie dieser Tisch, von dem wir beide sprechen, tatsächlich ist, muß man also mich fragen; ich habe in dieser Angelegenheit das letzte Wort. Auch Mark würde, wenn ich ihm erklärte, wie die Dinge liegen, ohne weiteres zugeben, daß er, ohne es zu wissen, von einem Tisch sprach, der sich öffnen läßt.

Das ist eine sehr natürliche Einstellung und doch überzeugt sie mich nicht ganz. Der Grund dafür liegt darin, daß das, was sie möglich (und natürlich macht), stark an eine spezifische Situation gebunden ist – ich meine, an die Situation des Tisches –, etwas, das sich nicht unmittelbar auf jede andere Situation, in der wir von einem Gegenstand sprechen, ausdehnen läßt. Ich will damit nur sagen, daß es in dem zur Prüfung anstehenden Fall eine Person gibt (mich), die man in dieser Beziehung als praktisch allwissend ansehen kann: Der Tisch gehört mir, ich habe jahrelang mit ihm zu tun gehabt und folglich weiß ich alles, was es diesbezüglich zu wissen gibt. Davon, wovon ich spreche, wenn ich von dem Tisch spreche, sprechen alle, wenn sie von ihm sprechen, ob sie es wissen oder nicht. Wer es nicht weiß, dem könnte ich es ja sagen, und dann wüßten es die meisten; diejenigen, die sich meinen Enthüllungen verschlössen, befänden sich dann schlicht im Irrtum; was sie auch immer von diesem Tisch dächten, sie würden doch immer von diesem Tisch sprechen, von diesem Tisch, der sich öffnen läßt und so weiter, nur daß sie es (ein wenig perverserweise) weiterhin nicht wüßten, *nicht wissen wollten.*

Derart günstige Bedingungen sind aber nicht gerade häufig. Nehmen wir zum Beispiel an, Mark und ich würden uns auf eine unserer hitzigen politischen Diskussionen werfen –, wo »hitzig« nicht notwendigerweise »kämpferisch« heißt, denn es gibt glücklicherweise auch vieles, worin wir übereinstimmen! Nehmen wir an, das Ziel unserer gemeinsamen Vorhaltungen sei der amerikanische Präsident George Bush (ein für uns in diesen Tagen häufiges Ziel) und das von uns mit diesem Individuum assoziierte Bild sei unvollständig und teilweise ungenau! Keiner von uns weiß, zum Beispiel, daß Bush ein Muttermal auf dem rechten Oberschenkel hat, und beide sind wir davon überzeugt, daß er als junger Mann Polo spielte (vielmehr spielte er, soweit ich weiß, Baseball); es gibt außerdem niemanden in der unmittelbaren Nachbarschaft, der die notwendigen Korrekturen an unserem Bild vornehmen könnte. Von wem sprechen wir in diesem Fall, von Bush mit dem Muttermal, der Baseball spielte, oder von einer anderen Person, einer Person, die wir uns in einer bestimmten Weise vorstellen und die (dem wahren, wirklichen) Bush mehr oder weniger ähnlich ist? Die Frage ist vertrackt, denn wenn wir sagen, daß wir von dem zweiten »Bush« sprechen, von dem, den wir uns vorstellen, und nicht von dem, der ist, müssen wir auf unseren Tisch zurückkommen und schließen, daß vielleicht auch in diesem Fall jeder von uns von dem Tisch spricht, von dem er eine bestimmte Vorstellung hat, und daß es reiner Zufall ist, daß der Tisch, von dem ich eine Vorstellung habe (und von dem ich spreche), dem wirklichen Tisch ähnlicher (oder auch ganz identisch mit ihm) ist, als der Tisch, von dem Mark eine Vorstellung hat (und von dem er spricht).

Aber man braucht durchaus nicht so zu antworten, wird man wieder beharrlich einwenden. Mark und ich sprechen von George Bush, dem einzigen George Bush, den es gibt, dem mit dem Muttermal, der Baseball spielte; wenn wir auch unser ganzes Leben lang etwas anderes dächten, wäre das im Grunde nur unsere Schuld oder eine Folge unserer Beschränktheit: Die

Mittel, um unsere Irrtümer zu korrigieren, gibt es, aber wir nutzen sie nicht. Wir brauchen nur George Bush (oder vielleicht seine Frau Barbara oder vielleicht seinen Pressesprecher) zu fragen, und alle unsere Zweifel wären behoben, unsere Irrtümer korrigiert.

Aber wieder, so scheint mir, mache ich einen zu weitgehenden Gebrauch von der Möglichkeit, die mir nur diese Situation anbietet. Auch hier gibt es eine allwissende Person (vielmehr gibt es möglicherweise mehr als eine): Die Person ist nicht sofort greifbar, und Hindernisse praktischer Natur könnten auch den Zugang zu ihr (für Mark und mich) auf ewig vereiteln, aber ein solcher Zugang zu ihr ist im Prinzip möglich, und das reicht – d.h. das reicht, um *dieses* Problem zu lösen, aber vielleicht nicht jedes Problem desselben Typs.

Setzen wir den Fall, wir sprächen von einer Person, die noch mehr außer Reichweite ist als George Bush, *hoffnungslos* außer Reichweite: Perikles zum Beispiel! Nehmen wir an, auch Perikles hätte an seinem rechten Oberschenkel ein, den meisten und vor allem denen, die über Perikles geforscht haben, unbekanntes Muttermal, so daß keinerlei Kunde von diesem mysteriösen Gewächs auf uns gekommen ist! Wenn wir also von Perikles sprechen, sind wir uns alle seines Muttermals auf dem rechten Oberschenkel in keiner Weise bewußt und *können es nicht mehr sein*: Von wem sprechen wir dann, von dem Perikles, der das Muttermal hatte? Oder von einem anderem, von einem »Perikles« ohne Muttermal, der dem Bild, das in Jahrhunderten von ihm überliefert wurde, aber nicht notwendigerweise der Wirklichkeit des »wahren« Perikles entspricht?

Aus Gründen, die in der Einleitung geklärt wurden, war die Sprache seit jeher das wesentliche Handwerkszeug des Philosophen. Da braucht man sich nicht zu wundern, daß die Philosophie sich immer mit ihr beschäftigt hat und daß oft ursprünglich nichtsprachliche Probleme zu sprachlichen umformuliert wurden; in diesem Kapitel werden wir zum Beispiel den Gegensatz von Idealismus und Realismus und die Beziehung zwischen Identität und Ähnlichkeit wieder auftauchen sehen. Das Kapitel beschäftigt sich aber auch mit einem Problem, das die Sprache in spezifischer Weise betrifft: Wovon sprechen wir, wenn wir sprechen? Die erste präzise Antwort auf diese Frage findet sich in De interpretatione *von Aristoteles: Die Wörter sind Symbole für Regungen der Seele, und diesen Regungen kommt es zu, bisweilen wahr oder falsch zu sein, je nachdem wie die Dinge liegen (das unterstellt die geheimnisvolle Möglichkeit, Wörter mit Dingen zu »konfrontieren« – ein Thema, das am Kapitelende aufgegriffen wird). Eine im wesentlichen identische Position (in einem sonst oft lebhaft antiaristotelischen Kontext, was die Ähnlichkeit noch interessanter macht) wird im dritten Buch des* Versuchs über den menschlichen Verstand *von John Locke vorgestellt, in dem Text, der die moderne Sprachphilosophie begründet: Die Wörter sind Zeichen für Vorstellungen, und einige Vorstellungen (die Vorstellungen von den Substanzen) sind ihrerseits Zeichen für Dinge. In bezug auf diese letzteren hat es Sinn, von einer »Übereinstimmung« mit den Dingen zu sprechen (das ist genauso mysteriös wie die Konfrontierung, von der zuvor die Rede war).*

Ein Gutteil der zeitgenössischen Sprachphilosophie hat ihren Ursprung in Frege, der in Über Sinn und Bedeutung *und anderen Werken eine Alternative zur aristotelisch-lockeschen Position vorschlägt: Das, wovon wir sprechen, sind wirkliche Gegenstände, und wir können davon sprechen, weil wir als Teilhaber an einer Kultur über kulturelle Werkzeuge zu ihrer Identifikation verfügen, d.h. über ein gemeinsames Repertoire von* Bedeutungen, *die auf der einen Seite mit den Wörtern und auf der anderen mit den Gegenständen assoziiert sind. Ich verfüge als Deutschsprechender über die Bedeutung der Wörter »Dreieck« und »Tafel« und kann mich ihrer bedienen, um das Objekt, das* das Dreieck auf der Tafel *darstellt, zu identifizieren und also davon sprechen. (Das gewohnte Geheimnis stellt sich ein, wenn es sich darum handelt, die kognitive Beziehung eines Sprechers zu einer Bedeutung zu klären: Frege beschränkt sich darauf zu sagen, daß eine Bedeutung »erfaßt« werden kann; der Ausdruck hat jedoch einen rein metaphorischen Wert, wenn man bedenkt, daß sich eine Bedeutung gewiß nicht anfassen läßt).*

Mir ist, als führte ich mit jemandem ein Gespräch. Ich weise dauernd auf etwas Ungereimtes in der Situation hin, auf ein nicht vollständig gelöstes Problem und bemühe mich, meine Feststellungen in Worte zu fassen und sie mittels immer komplizierterer Beispiele zu erklären; mein Gegenüber aber meint, alles sei unter Kontrolle, und jedesmal wenn ich ein Beispiel vorschlage, macht er mir erbarmungslos klar, es gäbe wirklich nichts Ungereimtes, ich »müsse« (ein Ausdruck, den ich nicht zufällig schon ein paarmal benutzt habe) durchaus nicht meinen, es gäbe da etwas Ungereimtes. Auch bei dem Beispiel Perikles würde mein Gesprächspartner (nennen wir ihn »Herrn X«) keinen Grund sehen, von seiner Haltung abzurücken; er würde in aller Seelenruhe erklären, ja, ich spräche von Perikles, dem wahren, von dem mit dem Muttermal und allem; wenn die Geschichtswissenschaft keinen Weg fände, dieses kleine Detail zu korrigieren, nur Geduld: daraus folge bestimmt nicht, daß wir von etwas anderem sprächen!

Vielleicht habe ich aber den Schwachpunkt dieser Reaktionen gefunden; der Ausdruck »kleines Detail« hat mich darauf gebracht. Alle bisherigen Beispiele hatten etwas mit unbedeutenden Kleinigkeiten zu tun, »Muttermalen« im wörtlichen und übertragenen Sinn, und gewiß war es schwierig, durch die Heranziehung derart unbedeutender Einzelheiten meinen aufgeweckten und hartnäckigen Gegner dazu zu bringen, seine unbekümmerte Überzeugung, er spräche von dem wirklichen

Perikles und von dem wirklichen George Bush, aufzugeben. Er konnte in der Tat immer annehmen, er wüßte – und wir alle wüßten – die wichtigsten Dinge über diese Persönlichkeiten und angesichts derartiger Informationen seien die Irrtümer in bezug auf Details zu vernachlässigen. Nehmen wir aber an, durch irgendeinen historischen Unfall schrieben wir alle einer gewissen Persönlichkeit *irrtümlicherweise* ein sehr wichtiges Merkmal zu; was weiß ich, Dante habe in Wahrheit *Die Göttliche Komödie* nicht geschrieben, aber wir seien alle davon überzeugt und glaubten sogar, das sei seine wichtigste Leistung, das sei das Wichtigste, was es von ihm zu wissen gebe. Frage (wie gewohnt): Vom wem sprechen wir, wenn wir von Dante sprechen? Vom »wahren« Dante, d.h. von dem, der *Die göttliche Komödie nicht* geschrieben hat?

Aber auch dieses Beispiel kann demontiert werden. Es genügte, daß Herr X den Begriff Wichtigkeit fallen ließe und sich statt dessen auf folgendes Thema konzentrierte: Verfügen wir aber, abgesehen von dem, was wir *nicht* von Dante wissen (besonders von dem, was wir irrtümlich von ihm annehmen), über ein Wissen von Kernmerkmalen, die hinreichend sind, um ihn mitten im Gewimmel der Menschheit absolut sicher zu identifizieren? Unser Freund könnte sich die Situation mehr oder weniger so zurechtlegen: Um von einer Person zu sprechen, muß man sie vor allem wie beim Schießen aufs Korn nehmen, und um sie aufs Korn zu nehmen, muß man eine Menge von ihr wissen. Wenn man andererseits genug von ihr weiß (wenn das Ziel aufs Korn genommen ist), kann man dem problemlos alle die Mystifikationen des Falls hinzufügen, d.h. ohne den *Gegenstand* unserer Erörterung in eine Krise zu stürzen. So ist ohne Bedeutung, wenn Dante nicht wirklich *Die Göttliche Komödie* geschrieben hat. Wichtig ist nur folgendes:

Wissen wir genug *andere* Dinge über ihn, um ihn zu identifizieren, um ihn von seinem Vater und von seinem Sohn, von Guido Guinizelli und von Lapo Gianni zu unterscheiden? Wenn die Antwort auf diese Frage lautet »Ja, wir wissen zum Beispiel, daß er *Das neue Leben* (nehmen wir an, er hätte diese Schrift wirklich verfaßt) schrieb und daß er sie allein verfaßte«, dann haben wir das Ziel aufs Korn genommen; wenn wir morgen entdeckten, daß all das andere, das wir von Dante annehmen, falsch ist, würden wir doch immer noch von ihm sprechen, von jener einzigartigen Person, die *Das Neue Leben* (und nicht zum Beispiel *Die Göttliche Komödie*) schrieb.

Um diese Position anzugreifen, muß ich offensichtlich ein komplizierteres Beispiel wählen. Nehmen wir an, im Griechenland des 10. Jahrhunderts habe es einen Mann namens Homer gegeben! Er übte den Beruf eines Töpfers aus, trug aber auch alte Geschichten vor, die er in seiner Kindheit gehört hatte. Zu einem bestimmten Zeitpunkt bricht eine Epidemie aus, und in dem Ort bleiben nur zwei Kinder am Leben, denen Homer weiterhin seine Geschichten erzählt. Nach und nach lernen die Kinder sie auswendig; dann stirbt Homer, und die Kinder, inzwischen herangewachsen, sind davon überzeugt, daß er es war, der die Geschichten erfand. Die Zeit vergeht, die Geschichten werden aufgeschrieben, man gibt ihnen Titel (*Ilias* und *Odyssee*), und Homer wird allgemein als ihr Autor angesehen. Jetzt kann man aber den *wahren* Homer (den Töpfer) nicht mehr identifizieren, und es ist nicht sicher, ob man von ihm spricht, wenn man von Homer spricht, wohlgemerkt von dem *Autor der Ilias und der Odyssee.* Wenn man über den Stil Homers, über Homers Wirkung, über Homers Quellen, disku tiert, spricht man gewiß nicht von einem unbekannten Töpfer ohne jede Originalität, sondern von einer Persönlichkeit mit einer für unsere Kultur herausragenden Bedeutung: Mit einem Wort, man spricht von unserer Vorstellung von Homer, von unserem *Bild* von Homer, von dem, was man über Homer gedacht und geschrieben hat. Und wenn das für Homer gilt, warum sollte es dann nicht auch für Dante, Perikles, George Bush und den Tisch gelten? Der Unterschied zwischen diesen Fällen besteht nur darin, über wieviele Informationen wir jeweils verfügen, wieviele Informationen uns *zufällig* zur Verfügung stehen; ein derartiger empirischer und zufälliger Unterschied kann nicht eine prinzipielle Frage wie die folgende entscheiden: Von welchem *Typ* von Ding sprechen wir, wenn wir von etwas sprechen, – d.h. sprechen wir von einem realen Gegenstand oder von unserer Vorstellung von einem Gegenstand, von dem, was der Gegenstand für uns ist? Erwarte ich vielleicht, wenn man morgen herausfände, daß die Geschichte von Homer so gelaufen ist, wie ich sie erzählte, daß dann die Leute überzeugt wären, sie hätten immer von einem Töpfer gesprochen? Nein: Das erwarte ich durchaus nicht, vielmehr fände ich es absurd. Es hat schon immer erhebliche Zweifel daran gegeben, ob sich die Geschichte Homers (und auch andere entsprechende Geschichten wie zum Beispiel die Geschichte Shakespeares) mehr oder weniger so, wie ich sie erzählte, zugetragen habe; trotzdem hatten die Leute nie Probleme damit, diesen Namen zu verwenden *und zu wissen, wovon die Rede war.* Man sprach vom Autor der *Ilias* und der *Odyssee*, wer immer sich »in Wirklichkeit« so genannt haben mochte; ja, man sprach vom Autor der *Ilias* und der Odyssee, auch wenn es einen Autor dieser Werke »in Wirklichkeit« niemals gab und sie statt dessen (»in Wirklichkeit«) aus einem Gemenge von Anteilen verschiedener Autoren bestehen. Man sprach, mit einem Wort, von einem nichtphysischen Gegenstand der Kultur, der in dem metaphorischen »Raum« einer Tradition identifiziert wird. Genauso sprechen Mark und ich von dem George Bush unserer (Mini)Kultur; vielleicht ist er nur ein mythologischer Gegenstand, der nur wenig mit der wirklichen Welt zu tun hat, von dem wir aber doch sprechen, und wenn ein anderer, der nicht zu dieser Minikultur gehört, von George Bush spricht, spricht er von etwas anderem. Da aber Mark nicht zur Minikultur meiner Familie gehört und er nichts von den unter dem Tisch angeklebten Kaugummis (da, wo er nicht abwaschbar ist) und von geheimnisvollen Öffnungsmechanismen weiß, sprechen wir nicht von demselben Tisch, wenn wir beschließen, unseren Streit in einer Orgie von wohlmeinenden Gefühlen und harter Hausarbeit zu begraben.

Aber jetzt ist es mir vielleicht gelungen, dem unbestimmten Gefühl von vorhin, als ich feststellte, daß etwas nicht funktionierte, ein wenig Substanz zu verleihen. Es besteht jedoch wenig Veranlassung, darüber zu frohlocken, wenn man sich die Schlußfolgerungen ansieht, zu denen ich gelangt bin (oder zu denen ich an diesem Punkt gelangen mußte). Jeder von uns hat, darf man annehmen, seine je besondere Vorstellung von den meisten Dingen, sein besonderes Bild von ihnen, das auf den besonderen, unwiederholbaren Umständen beruht, die sein bisheriges Leben ausmachten. Dann ist aber ein jeder das einzige Mitglied einer besonderen (und sehr eingeschränkten) Minikultur: seiner eigenen. Jeder andere, worüber er auch spricht, welche Wörter er auch verwendet, spricht von Gegenständen, die er sich vorstellt, d.h. von *anderen* Gegenständen, von einer anderen Welt. Das schafft zwei Probleme. Erstens: Wie stellen wir es an, einander die für unser Überleben notwendigen Informationen zu übermitteln, zusammen zu handeln? Um auf eine Frage zurückzukommen, die ich oben zurückgestellt hatte, nämlich wie wir, wenn Mark und ich von zwei verschiedenen Tischen sprechen, es schaffen, zu beschließen (und uns als Konsequenz daran zu machen), denselben Tisch zu reinigen? Das zweite Problem ist viel allgemeiner und radikaler als das erste: Was machen wir auf diese Weise aus der Sprache? Die Sprache – so scheint es – dient dazu, etwas mitzuteilen, bestimmte Dinge (oder Informationen) *miteinander* zu teilen: Wenn das unmöglich ist, wenn es nichts Gemeinsames gibt, was man sprechend miteinander teilen kann, warum schweigen wir dann nicht einfach?

In Den Philosophischen Untersuchungen *bearbeitet Wittgenstein das Problem der sogenannten »Privatsprache«, d.h. einer Sprache, die im Prinzip nur einem einzigen Sprecher zugänglich ist; er findet diese Vorstellung aus Gründen, die im folgenden deutlich werden, abwegig: In einer derartigen Sprache wäre es unmöglich, brauchbare Kriterien für Erfolg und Mißerfolg (im besonderen für Wahrheit und Falschheit) anzugeben.*

Nehmen wir an, es liefe folgendermaßen: Es kommt nie vor, daß wir von denselben Dingen sprechen, aber es kommt oft vor, daß wir von ähnlichen Dingen sprechen. Unser Leben ist eine einzige und unwiederholbare Summe von Erfahrungen, gewiß, aber – für diejenigen wenigstens, die denselben sozialen Hintergrund haben, die auf dieselben Schulen gegangen sind und die sich in der gleichen Umgebung bewegen –, ist es eine (einzige und unwiederholbare) Summe von entsprechenden Erfahrungen. Die Details sind oft verschieden, aber oft zählen sie nicht, sie haben keine praktische Bedeutung, und das ist es, was uns jetzt interessiert. Mit einem Wort, wir kommunizieren und folglich beeinflussen wir uns auch mittels der Sprache gegenseitig, können wir mit Hilfe der Sprache Dinge gemeinsam machen, wobei wir die Ähnlichkeiten, die unbestreitbar zwischen unseren persönlichen Minikulturen bestehen, ausnutzen. Wenn es diese Ähnlichkeiten nicht gibt, wie es wahrscheinlich in der Mehrzahl der Fälle der Fall wäre, wenn ich es mit einem Chinesen zu tun hätte, kommunizieren wir nicht; wir kommunizieren auch nicht, wenn eines dieser Details »zählt«, die uns (was hin und wieder vorkommt) auch von unserem besten Freund unterscheiden, die aus einer Minikultur meine persönliche Minikultur machen.

Wenn wir von dem Tisch sprechen, spreche ich von dem meinen (von dem, den ich im Kopf habe) und Mark von dem seinen (von dem, den er im Kopf hat). Es ist im Grunde nachgerade unkorrekt zu sagen »wenn wir von dem Tisch sprechen«, denn es ist nicht *ein* Tisch, von dem wir sprechen: Es sind zwei. Mein Tisch läßt sich öffnen und trägt Spuren von Kaugummi, derjenige von Mark nicht; aber in der Mehrzahl der Fälle, in denen ich etwas von meinem Tisch sage, kann Mark das problemlos mit Bezug auf seinen interpretieren, weil es sich um etwas handelt, *das beide Tische haben.* Wenn ich sage »Fege die Krümel vom Tisch!«, versteht er mich, weil es auch auf dem Tisch, den er im Kopf hat, Krümel gibt; dasselbe gilt, wenn ich sage »Wir müssen alle Spuren, die unsere Becher auf dem Tisch zurückgelassen haben, beseitigen« oder »Der Tisch ist dermaßen schmutzig, daß er seine Farbe verändert hat«. Wenn ich aber zu ihm sagte »Beseitige auch die Spuren der Kaugummis!«, würde er es nicht verstehen, weil dieser Aspekt nicht zu seinem Tisch gehört, sondern nur zu meinem. Mit einem Wort, wenn Mark und ich uns etwas mitteilen, teilen wir nicht einen Gegenstand (einen Tisch zum Beispiel) miteinander und wir tauschen, wenn wir von ihm sprechen, keine diesbezüglichen Informationen aus, dadurch daß wir so auch diese miteinander teilen. Der Gegenstand ist nie derselbe für uns beide; höchstens ähneln mein Gegenstand und der von Mark einander. Was wir miteinader teilen, sind dieselben Informationen oder besser *einige* Informationen, in dem Sinne, daß wir beide bestimmte Aussagen (sprachliche Entitäten, etwas wie »Der Tisch in Ermannos Küche ist schmutzig«, »Der Tisch in Ermannos Küche hat vier Beine« und so weiter) für wahr halten. Mit diesen Informationen suchen wir uns gegenseitig zu beeinflussen; und uns zu beeinflussen heißt manchmal auch, den Umkreis der gemeinsamen Informationen zu erweitern. Zum Beispiel könnte ich zu Mark sagen: »Weißt du, dieser Tisch läßt sich (oder ließ sich vielleicht) öffnen«; wenn er daran glaubt, teilen wir eine Information mehr.

Dieser Lösungsansatz scheint sehr vernünftig, viel vernünftiger als die alternative Position (nennen wir sie die »realistische«), nach der wir alle von denselben Gegenständen sprechen, von den wahren, wirklichen, und nicht von denen, die wir uns vorstellen oder im Kopf haben. Dem Realisten zufolge müßten wir uns in der Tat, wo wir doch von denselben Dingen sprechen, im allgemeinen verstehen. Merkwürdigerweise wissen wir oft nicht, wovon wir sprechen (wir meinen zum Beispiel, wir sprächen vom Autor der *Ilias* und der *Odyssee*, und sprechen statt dessen von einem unbekannten Töpfer, wo doch dieser, wie unterstellt wurde, der *wahre* Homer war; folglich muß für den Realisten dieser der Gegenstand unserer Erörterung sein), aber wir sprechen doch von derselben (unbekannten) Sache und haben folglich eine solide Verstehensgarantie. Eine solide Garantie, die gänzlich ungerechtfertigt scheint: Die Gespräche der Menschen (wie die zwischen Mark und mir) sind oft mit abgrundtiefen Mißverständnissen durchsetzt; die Verwendung derselben Wörter vermehrt nur die Mißverständnisse, anstatt sie zu verringern. Ich beziehe mich hierbei nicht nur auf allgemeine Ausdrücke wie »der Volkswille« oder »das Gemeinwohl«, die gerade zu dem Zweck geprägt wurden, um eine Position zu verschleiern (und ihr einen demokratischen Anstrich zu geben), sondern auch auf viel harmlosere Ausdrücke. Wir sind sicher, daß sich zwei Eltern immer oder auch nur bisweilen verstehen, wenn sie »unser Kind« oder »meine Arbeit« sagen. Und wenn sie sich nicht verstehen, liegt das nicht vielleicht daran, daß ihre diesbezüglichen Erfahrungen praktisch unvergleichbar sind? Und daß die beiden, da sie (gemäß der Position, die ich hier artikuliere, nennen wir sie die »idealistische«) nicht über einen einzelnen, für beide identischen, physischen (oder im Fall der Arbeit sozialen) Gegenstand, sondern über diese Erfahrungen sprechen, am Ende nicht nur von verschiedenen Dingen sprechen (das wäre an sich noch kein Problem), sondern von Dingen, die einander nicht einmal ähnlich sind, jedenfalls nicht ähnlich genug, um ihnen zu ermöglichen, sich gegenseitig nutzbringend zu beeinflussen?

Also verharrt jeder von uns in seiner Welt, in der Welt seiner Erfahrung; wenn er spricht, spricht er von dieser seiner Welt, von den Gegenständen, die sie bevölkern. Aber häufig sind unsere Erfahrungen ähnlich, und so gelingt es uns oft, die Mitteilungen eines anderen ohne allzu große Verzerrung in das Innere unseres privaten Raums zu überführen, jedenfalls so, daß wir uns dessen bedienen können, um wirksam in der Welt zu agieren oder auch um unser System von Informationen (zum Teil) umzustrukturieren. All das ist sehr elegant, und gerade darin liegt seine Grenze: Die Wirklichkeit ist durchaus nicht so elegant. Die Wirklichkeit enthält auch tragische Irrtümer, und das idyllische Bild, das ich gerade eben gemalt habe, scheint nicht einmal für die kleinste Unvollkommenheit Platz zu haben.

Mein Problem kann auf eine einfache Frage reduziert werden: Wenn ich von dem Tisch spreche oder von Dante oder von George Bush, dann spreche ich doch von *meinem* Tisch, *meinem* Dante, *meinem* George Bush; wie kann ich jemals unrecht haben, mich irren, *was ich auch sage*? Nehmen wir an, der Tisch, der wirklich in meiner Küche steht, sei braun, nicht weiß; folglich würde ich, wenn ich sagte, er sei weiß, *und von diesem Tisch spräche*, etwas Falsches sagen, aber ich spreche niemals von diesem Tisch. Ich spreche immer nur von dem Tisch, den ich mir vorstelle, von meinem »privaten« Tisch, von dem Tisch »meiner Erfahrung«; und wenn ich (irrtümlicherweise, möchte ich sagen, aber können wir das noch sagen?) meine, der Tisch sei weiß, dann ist der Tisch, den ich mir vorstelle, mein privater Tisch, der Tisch meiner Erfahrung, effektiv weiß, und wenn ich sage, er sei weiß, dann sage ich damit etwas Wahres. Das gilt nicht nur für den Tisch, es gilt für alles, was immer ich *von* irgendetwas sage: Wenn ich es sage, drücke ich meine Sichtweise aus, und wenn ich von meiner Sichtweise spreche *und von nichts anderem*, habe ich durchaus recht mit dem, was ich sage.

Zuerst hatte ich den Verdacht, mit dieser Geschichte der »Privatsprache« würde das Sprechen zu einer völlig beliebigen Operation. Ich versuchte diese Ungereimtheit zu lösen, indem ich auf den Ähnlichkeiten zwischen den verschiedenen privaten Räumen bestand, aber jetzt ist mir klar geworden, daß ich damit nichts gelöst habe. Für jede wichtige Operation muß es wenigstens im Prinzip präzise Erfolgs- und Mißerfolgskriterien geben: Man muß zwischen Fällen unterscheiden können, in denen die Operation glückte, und denen, in denen sie nicht glückte. Nehmen wir zum Beispiel an, das Ersteigen eines Berges bestünde darin, seinen Fuß auf die höchste Spitze des Berges zu setzen und dort eine Fahne aufzupflanzen: Wenn wir dieses Kriterium akzeptieren, können wir immer zwischen demjenigen unterscheiden, der einen Berg erstiegen, und dem, der ihn nicht erstiegen hat (wieder im Prinzip; denn ein Sturm könnte die Sicht nehmen oder der Wind die Fahne zerreißen); das verleiht der Operation des Bergststeigens einen Wert, geradezu eine *Bedeutung.* Also alles in Ordnung, bis wir entdecken, daß man, um den Fuß auf den Gipfel zu setzen und dort die Fahne aufzupflanzen, auch mit dem Hubschrauber dorthin gelangen kann; folglich könnte nach unserem Kriterium jeder einen Berg ersteigen. Auch wenn sich de facto nicht alle danach drängen werden, den Hubschrauber zu nehmen, neigen wir spontan dazu, das Kriterium zu wechseln, den Hubschrauber und andere Abkürzungen auszuschließen, um eine eindeutige Unterscheidung zwischen dem Bergsteiger und dem, der nicht bergsteigt, aufrechtzuerhalten und auf diese Weise zu garantieren, daß man, wenn man von der Operation des Bergsteigens spricht, nicht von einer Banalität spricht.

Mit der Sprache ist es genauso. Auch hier müßte es im Prinzip präzise Kriterien geben, um angeben zu können, wann man richtig handelt (d.h. in diesem Fall, wann man richtig spricht) und wann nicht. Die realistische Position hat ihre eigenen Kriterien: Da wir alle von denselben Gegenständen sprechen, von denen, die die (allein) wirkliche Welt bevölkern, und da diese Gegenstände definierte Eigenschaften haben, diese und keine anderen, haben wir recht (d.h. benutzen wir die Sprache korrekt), ihnen die Eigenschaften, die sie haben, zuzuschreiben, und unrecht, ihnen Eigenschaften zuzuschreiben, die sie nicht haben. Ich zum Beispiel habe recht (wenn der wirkliche Tisch wirklich braun ist) mit der Behauptung, er sei braun, und unrecht mit der Behauptung, er sei weiß. Die idealistische Position dagegen scheint nicht über ein entsprechendes Kriterium zu verfügen und scheint deshalb die Operation des Sprechens auf dasselbe Niveau der Banalität zu reduzieren wie das Bergsteigen mit Hilfe des Hubschraubers. (Man könnte weiter auf der Analogie bestehen und folgendes sagen: Was im Fall des Bergsteigens mit dem Hubschrauber die Operation banal macht – wie ich vorhin feststellte –, ist nicht so sehr die Tatsache, daß es alle tun, sondern die Tatsache, daß alle es tun *können*; viele werden es vorziehen, sich dieser Möglichkeit nicht zu bedienen, aber es genügt, daß diese Möglichkeit besteht, um uns in eine Krise zu stürzen. Entsprechend könnte ich sagen, der Tisch sei grün, auch wenn ich meine, er sei weiß; damit hätte ich technisch unrecht, auch wenn ich von *meinem* Tisch spreche, aber das verwischt nicht den Eindruck der Banalität: Es ist doch möglich, daß ich mich niemals irre; im vorliegenden Fall habe ich nur beschlossen, von dieser Möglichkeit keinen Gebrauch zu machen).

Vielleicht sollte ich einige Schritte bis zu der Stelle zurückgehen, wo ich sagte, zwischen Homer, Dante, Perikles, George Bush und dem Tisch gäbe es nur einen »empirischen und zufälligen« Unterschied, der in keinem Fall die »prinzipielle« Frage beeinflussen könne, womit wir uns beschäftigen: Wovon sprechen wir, wenn wir sprechen? Vielleicht gibt es ein Glied in der Kette, wo der Unterschied wesentlich wird, und der ist an ihrem Ende, wenn man von Bush zu dem Tisch kommt.

Alle die anderen Beispiele, die ich betrachtete, sind Beispiele von etwas, *von dem ich nur habe sprechen hören.* Homer, Dante und Perikles liegen eindeutig außer Reichweite, aber auch der amerikanische Präsident hat mich bisher noch keiner Einladung zu einem Abendessen für würdig erachtet. (Hier gibt es eine Komplikation, weil ich von Bush Fernsehbilder gesehen habe, aber ich übergehe sie, weil sie die Unterscheidung, die ich treffen will, nicht berührt; wenn ein Herr X darauf bestünde, könnte ich Bush jederzeit durch General Noriega ersetzen). Mit einem Wort, alle diese Objekte sind nur als Gegenstände *des Diskurses* in mein Leben getreten, der Tisch aber nicht: Der Tisch steht hier vor mir, ich sehe ihn, ich berühre ihn, und wenn ich ihn ein bißchen zu heftig berühre (wie vorhin, als die Gemüter erhitzt waren und ich ihm einen kräftigen Faustschlag versetzte), tue ich mir weh. Auch wenn ich zugebe, daß Homer, Dante und so weiter (insoweit ich von ihnen spreche, nicht insoweit zum Beispiel ihre Ehefrauen hätten von ihnen sprechen können) Objekte der Kultur sind, die einem »idealen« und privaten Raum angehören, und daß folglich bis zu einem gewissen Punkt (vielleicht werden wir später verstehen können, an welchem) das, was von diesen Objekten gilt (was wahr ist), davon abhängt, was ich von ihnen denke, ist es bei dem Tisch etwas anders. Von dem Tisch habe ich eine unmittelbare Erfahrung und kann also sofort verifizieren, ob das, was ich über ihn denke, wahr ist. Mark und ich haben *zusammen* eine unmittelbare Erfahrung von ihm; wenn es also diesbezüglich zu einer Diskussion kommt, können wir zusammen verifizieren, wer von uns beiden recht hat. Wenn ich sage, der Tisch sei weiß, und er sagt, er sei braun, ist leicht zu verifizieren, daß der Tisch in der Tat braun ist und daß er also recht hat und ich unrecht. Daraus läßt sich schließen, daß es Fälle gibt, in denen, was wir sagen, fest in der Realität verankert ist und mit ihr konfrontiert werden kann; in diesen Fällen gibt es präzise Erfolgs- und Mißerfolgskriterien für die »Operation«, die darin besteht, von etwas zu sprechen. In den anderen Fällen ist man ein wenig freier, jedoch nicht vollständig frei, weil die beiden Typen von Fällen nicht gänzlich voneinander unabhängig sind und sich somit die »Verankerung«, die von den ersteren geliefert wird, auch auf die anderen ausdehnt. Der George Bush, von dem ich spreche, ist für mich nur ein Gesprächsgegenstand und wird folglich von den Vorstellungen, die ich von ihm habe, *definiert*; aber diese Vorstellungen sind nicht völlig willkürlich, und ich kann diesbezüglich nicht denken, was ich will. Wenn ich das glaubte, könnte es mir passieren, bald eine »direkte Erfahrung« mit der Irrenanstalt zu machen. (Hier sieht man also, bis zu welchem Grad das, was von einem Gesprächsgegenstand gilt, davon abhängt, was wir über ihn denken: bis zu dem Punkt, wo wir nicht mit etwas zusammenstoßen, das *nicht* nur ein Gesprächsgegenstand ist. Die Kriterien, die ich suchte, weiten sich wie ein Ölfleck auf dem Wasser aus, angefangen von den Dingen, von denen ich eine direkte Erfahrung habe, und von diesen nach und nach bis zu anderen, von denen ich keine direkte Erfahrung habe, die aber irgendwie mit Dingen, von denen ich eine direkte Erfahrung habe, zusammenhängen).

Die Unterscheidung zwischen direkter und indirekter Erfahrung eines Gegenstands hat eine lange Tradition. In diesem Jahrhundert ist sie mit Bezug auf unser Thema von Russell und von den Neopositivisten des Wiener Kreises (im besonderen von Moritz Schlick und Rudolf Carnap) benutzt worden. Damit mußten sich diese Autoren einer grundlegenden Mehrdeutigkeit im Begriff der direkten Erfahrung (der hier nicht erörtert wurde) stellen: ob das, wovon ich eine unmittelbare Erfahrung habe, physische Entitäten (die Position, die als Physikalismus *bekannt ist) oder psychische Entitäten (die Position, die als* Phänomenismus *bekannt ist) sind.*

Das ist eine sehr vernünftige Konzeption, die jedes Element an seinen Platz zu setzen und jede Ungereimtheit aufzulösen scheint. Es gehören die realen Gegenstände dazu, und mit ihrer Hilfe kann zwischen einer richtigen und einer falschen Aussage unterschieden werden. Aber es gehören auch die Erfahrungen dazu; man nimmt weiterhin an, daß man in vielen Fällen nicht von einem realen, sondern von einem kulturellen Gegenstand, der gegebenenfalls aus einer persönlichen Minikultur stammt, spricht; damit können wir wie vorhin den hohen Anteil an Mißverständnissen in unserer täglichen »Kommunikation« erklären. Ich kann aber nicht umhin festzustellen, daß dieses ganze kostbare Gleichgewicht im Grund auf einem Geheimnis beruht. Damit das Ganze funktioniert, muß man zugeben, es sei klar, was es heißt, (zum Beispiel) meinen Satz, daß der Tisch weiß ist, mit dem wirklichen Tisch zu »konfrontieren«, und das ist mir – ehrlich gesagt – keineswegs klar.

Mir ist klar, was es heißt, Dinge desselben Typs miteinander zu konfrontieren: zwei Zahlen zum Beispiel, um zu entscheiden, welche von ihnen größer ist, oder zwei Sätze, um zu entscheiden, welcher länger ist, oder zwei Tische. Bei der Gegenüberstellung eines Tischs und eines Satzes aber tappe ich im Dunkeln. Ich äußere den Satz in Gegenwart des Tischs, und wenn ich ihn äußere, dann im allgemeinen, weil ich ihn für wahr halte; vielleicht äußert Mark (auch er in Gegenwart des Tischs) einen anderen Satz, weil er eine andere Meinung darüber hat. Und dann? Was entscheidet zwischen diesen beiden Sätzen? Wie funktioniert die »Konfrontierung?« Wenn einer von uns weiterhin hartnäckig (und aufrichtig) an seiner Meinung festhält, wer hat dann recht, wer *kann* recht haben? Die Mehrheit? Ist die Wahrheit vielleicht demokratisch? Ich weiß schon, wie es enden wird: damit, daß wir anfangen, mit der Faust auf den Tisch zu schlagen und gegen die Wand zu treten, um nicht woandershin zu schlagen und zu treten.

IX. Der Computer und die Seele

Der Fall

Ich sitze verzweifelt am Computer vor dem leeren Bildschirm. Mein Sohn Thomas kommt dem Gerät gefährlich nahe. Er wüßte schon, was sich mit diesem komischen Ding mit den vielen Tasten anstellen ließe. Schon mehr als einmal hat er mir seine Absichten zu verstehen gegeben, und ich habe so getan, als sei ich tief in meine Arbeit versunken. Aber lange läßt sich diese Fiktion nicht durchhalten; da mir ohnehin nichts einfällt, kapituliere ich schließlich. »Willst du mal probieren, Thomas?« Er läßt sich nicht zweimal bitten: Er tritt heran und beginnt, die Tasten zu traktieren. »Langsam, langsam,« scherze ich, »du tust ihm weh!« Thomas sieht mich mißbilligend an: Mit sieben Jahren ist der Konformismus unerschütterlich, sind die Gewißheiten absolut, jede noch so geringe Abweichung von der Norm scheint abwegig. »Du spinnst;« erklärt er kategorisch, »er fühlt nichts.«

ANALYSE

Wie kommt Thomas darauf, daß der Computer nichts fühlt? Eine erste Antwort könnte so lauten: Der Computer sagt nichts diesbezügliches. Innerhalb gewisser Grenzen führen wir mit dem Computer wirklich ein Gespräch: Wir fragen ihn nach Daten, wir stellen ihm Aufgaben, und bisweilen fragt er uns seinerseits nach Informationen, die für sein Funktionieren notwendig sind. Es gibt sogar Fälle gescheiterter Kommunikation, wie es sie auch zwischen Menschen gibt; anstatt sich dann von ihm abzuwenden und ihn (vielleicht in Gedanken) zum Teufel zu schicken, schalten wir ihn einfach ab oder drücken die willkommene Taste »Escape«. In dieser »Konversation« ist jedoch nie von physischem Schmerz die Rede: Der Computer beklagt sich nicht. Und wenn er sich nicht beklagt, wo er doch kommunizieren kann, heißt das, daß er sich über nichts zu beklagen hat.

Diese Antwort hat aber nur ein kurzes Leben. Der Computer spricht die Sprache, die wir ihm für unsere Zwecke beigebracht haben. Wir sind daran interessiert, daß er uns die notwendigen Daten liefert, daß er die Ergebnisse unserer Arbeit speichert und uns wissen läßt, wenn etwas nicht funktioniert. Wir haben ihn so programmiert, eine Sprache zu verwenden, die es erlaubt, alle diese Inhalte auszudrücken. Uns interessiert aber nicht, ob er sich beklagt; also haben wir ihm auch nicht die Möglichkeit dazu eingeräumt. Auch wenn er sich unwohl fühlt, kann er uns das nicht sagen, weil er nicht die Mittel dazu hat, es uns zu sagen.

Die Sache endet hier übrigens nicht. Nehmen wir an, das Hämmern auf seinen Tasten sei für den Computer wirklich kontraproduktiv, es schädige seine delikaten elektronischen

Gleichgewichtszustände und beschwöre die Gefahr herauf, uns mitten in einer komplexen Operation ins Aus zu manövrieren. Dann müßten wir dieses unbedachte Verhalten vermeiden, und es wäre nützlich, wenn uns der Computer dabei hülfe, es zu vermeiden. Wahrscheinlich wären wir bereit, ihm dafür angemessene Ausdrucksmittel zu geben, ihn so zu programmieren, daß er uns zum Beispiel sagen könnte: »Vorsicht, du hämmerst zu kräftig auf die Tasten!« Und da das zu kräftige Hämmern etwas ist, das wir dem Computer antun und das für sein reibungsloses Funktionieren, vielleicht auch für seine Existenz kontraproduktiv ist, nicht mehr und nicht weniger wie wenn wir einen unseresgleichen mit Fäusten traktierten, was wäre dann Seltsames daran, wenn wir ihm statt dessen beibrächten, in derartigen Fällen zu sagen: »Vorsicht, du tust mir weh«? Und wenn wir ihm das beibrächten, wenn wir ihm diese Art Ausdrucksmöglichkeit verliehen, dürften wir dann noch sagen, er fühle nichts? Vielleicht fühlt er nicht so, wie wir fühlen; aber warum sollte er auch? Er fühlt so, wie es ihm angemessen ist, und er sagt es uns, jetzt, wo er uns das sagen kann.

»Aber nein«, möchte man erwidern: Auch in diesem Fall ist es durchaus legitim, dem Computer jegliche Sensibilität abzusprechen. Warum? Aus einem Grund, der eigentlich dem vorigen entgegengesetzt ist. Zunächst hatten wir festgestellt, der Computer könne zwar sprechen, über gewisse Themen spreche er aber nicht, woraus wir schlossen, er hätte dazu nichts zu sagen; jetzt aber besteht man spontan darauf, daß das, was der Computer auch immer »tut« (auch das ist eine unpassende Ausdrucksweise, wie wir sehen werden), sein »Tun« nicht »Sprechen« genannt werden kann. Sprechen heißt, nicht nur Laute zu äußern (vorausgesetzt, der Computer habe eine Stimme) oder vielleicht Zeichen oder Symbole auf einem Bildschirm zu produzieren; wenn das ausreichte, befänden wir uns in ernsthaften Schwierigkeiten. Nehmen wir zum Beispiel an, wir kombinierten willkürlich Wörter einer unbekannten Sprache, ohne auch nur von der Existenz dieser Sprache zu wissen: nur so aus Spaß am Blödsinn! Nehmen wir an, aus reinem Zufall ergäben unsere Kombinationen in dieser Sprache einen präzisen Sinn, wir brächten tatsächlich in der Situation, in der wir uns befinden, etwas Wahres zum Ausdruck! Zum Beispiel, es regnet, und wir »sagen«, indem wir auf gut Glück Wörter kombinieren, in dieser Sprache »Es regnet«. Nehmen wir schließlich an, vor uns stehe eine Person, die diese Sprache spricht, und diese Person antworte uns entsprechend. Wollen wir vielleicht behaupten, wir hätten mit ihr gesprochen? Oder um ein noch phantastischeres Beispiel zu wählen, wenn uns während eines Gewitters der Wind heftig »Es regnet« in die Ohren pfiffe, würde dann der Wind zu uns sprechen?

Offenbar nicht. Um zu sprechen oder besser: um sagen zu können, daß man spricht, – und allgemein –, daß man etwas *tut* (deswegen wurde dieser Ausdruck vorhin in diesem Zusammenhang nicht verwendet), reicht es nicht aus, auf bestimmte Weise zu agieren und gewisse Ergebnisse zu erzielen. Man muß diese Ergebnisse auch erzielen *wollen*, und zwar absichtlich: Man muß diese Bewegungen ausführen, *weil* man diese Ergebnisse erzielen will. Ich spreche mit dir und sage dir, daß es regnet, wenn ich in der Absicht, dir etwas mitzuteilen (zum Beispiel daß es angezeigt ist, den Schirm mitzunehmen), einen Ausdruck einer mir und, wie ich vermute, auch dir bekannten Sprache verwende, um dir die gewünschte Information zu geben. Ich spreche nicht mir dir, vielmehr spreche ich überhaupt nicht, führe überhaupt keine Handlung aus, wenn ich Laute äußere, die für mich sinnlos sind, und dabei zufällig einen Satz äußere, den du verstehen kannst (oder vielleicht müßte ich sagen; den du verstehen könntest, wenn es etwas zu verstehen gäbe, wenn ich dir wirklich etwas mitzuteilen versuchte). Aber der Computer hat keine Absichten, keine Zwecke, er *will* nichts von dem, was er »tut«, tun: Sein Verhalten geht auf die Instruktionen zurück, mit denen wir ihn programmiert haben. Er ist nur eine einfache Maschine, die vollständig determiniert ist, auf unsere Befehle zu reagieren. Was immer er auch an sinnvollen oder sinnlosen Äußerungen von sich gibt, er spricht nicht mehr, als der Wind oder der Regen sprechen. Mit einem Wort, der Computer hat keine Seele: Er besitzt keine Innerlichkeit, keine Intentionalität, keine Intelligenz, die seinem Verhalten Bedeutung verliehen. Wie strukturiert und komplex dieses Verhalten auch sei, es ist nicht sein Verhalten, sondern unseres (oder besser, das der Person, die ihn programmiert hat); genauso wie, wenn wir jemanden mit einem Stock schlagen, wir es sind, die ihn schlagen, und nicht der Stock. Sowohl im Fall des Stocks als auch in dem des Computers würde absolut nichts geschehen, wenn wir nicht die Initiative ergriffen, den Stock schwängen oder den Schalter betätigten: Weder der Computer noch der Stock besitzen die Möglichkeit, auf eigene Rechnung, spontan anzufangen zu agieren; das beweist einmal mehr, wenn es dafür eines Beweises bedürfte, daß es bloß Werkzeuge in unseren Händen sind, die keinerlei Individualität besitzen.

Dieses Kapitel beschäftigt sich mit dem metaphysischen Problem des Solipsismus: *Gibt es außer meinem Geist, meinem Bewußtsein, auch bei anderen Geist und Bewußtsein? Wie kann ich dessen sicher sein, wo doch jede Bewegung irgendeines (auch eines menschlichen) Körpers von einem bloßen Automatismus hervorgebracht werden könnte? Um diese Fragen (und um die möglichen Antworten darauf) kreisen viele Themen, die uns schon begegnet sind: unter anderem das Thema der Intentionen (Kapitel V), der Kommunikation (Kapitel VIII), der Spontaneität (Kapitel III) und der Verantwortung (Kapitel IV). Die besondere Formulierung des Problems des Solipsismus, die hier näher betrachtet wird, ist im Umkreis der Forschung zur sogenannten* Künstlichen Intelligenz *entstanden und stellt praktisch eine spiegelbildliche Fassung der klassischen Formulierung dar: Es handelt sich nicht mehr darum, ob der Begriff des Geistes über das Subjekt hinaus ausgedehnt werden kann, sondern darum, ob er nur auf Menschen angewendet werden darf.*

In beiden seiner Formulierungen hat das Problem des Solipsismus eine einfache, direkte (aber gewiß nicht endgültige) Lösung im kartesianischen System gefunden. Descartes unterscheidet zwischen einem ausgedehnten Etwas *(der Welt) und einem* denkenden Etwas *(dem Subjekt) – letzteres ist durch Bewußtsein und Intentionalität gekennzeichnet. Nachdem die Existenz Gottes bewiesen ist, bedient sich Descartes seiner, um die Richtigkeit seiner sichersten Überzeugungen, einschließlich der Existenz anderer Geistwesen – d.h. anderer denkender Dinge – zu garantieren. Bei der Natur dieser Lösung (die buchstäblich auf dem Eingreifen eines* Deus ex machina *aufgebaut ist) braucht man sich nicht zu wundern, daß ihr Anwendungsbereich so eingeschränkt wie möglich ist: Descartes spricht in der Tat Tieren Bewußtsein in jedweder Form ab und betrachtet sie als bloße Automaten.*

In der zeitgenössischen Diskussion über die künstliche Intelligenz sind die Phänomenologen die unmittelbarsten Fortsetzer der kartesianischen Position: Das heißt, sie bestehen auf der Nichtrückführbarkeit des Begriffes Bewußtsein und auf der »prinzipiellen« Unmöglichkeit, daß der Computer sich intelligent verhält.

Doch das reicht nicht aus. Zunächst tut man gut daran, sich von der Illusion zu lösen, eine Bezugnahme auf die Spontaneität könnte die Erörterung abschließen. Es gäbe viel zu sagen zu dem Problem, wie spontan unsere Handlungen sind, inwieweit wir oft selbst Gefahr laufen, bloß Werkzeuge zu sein; aber wir brauchen uns auf eine so langwierige und komplizierte Debatte nicht einzulassen. Man braucht bloß festzuhalten, daß auch wir, um spontan zu sein, um für eine Handlung die Initiative zu ergreifen, gewisse operative Voraussetzungen benötigen. Der Blutzuckergehalt muß sich genauso wie der Alkoholgehalt und so weiter innerhalb gewisser Grenzen halten: Jenseits dieser Grenzen sind wir so leblos wie ein ausgeschalteter Computer. Warum sollten wir in Anbetracht der Tatsache, daß unsere Intelligenz, Innerlichkeit und Handlungsfähigkeit von so vielen biochemischen Faktoren abhängen, es dem Computer verübeln, daß er elektrische Energie benötigt? Warum sollten wir ihm alle diese schönen Gaben absprechen, die wir uns ohne Bedenken zuerkennen? Weil ihm die Elektrizität von außen zugeführt wird? Aber auch den Zucker führen wir uns von außen zu. Weil wir ihn anstellen? Aber jenseits gewisser funktionaler Mindestgrenzen (d.h. unter Bedingungen, die einem abgeschalteten Computer entsprechen) müßten auch wir uns unbedingt Nahrung zuführen, bevor wir uns wieder in Bewegung setzen und selbständig für unsere Erhaltung sorgen können.

Lassen wir also die Spontaneität beiseite und wenden wir uns den Intentionen zu, die wir angeblich alle haben, der Computer aber nicht! Bei genauerem Hinsehen tue ich das meiste, was ich tue, ohne daran zu denken, ohne mir dessen bewußt zu sein, daß ich es tun will. Wenn ich gehe, wenn ich die Treppe hinauf- oder hinabsteige oder auch wenn ich zu dir sage »Es regnet«, geht mir nie durch den Kopf, daß ich die Absicht habe, zu gehen oder Treppen zu steigen oder zu sprechen: Ich tue es und damit gut. Aber, wird man einwenden, um die

Absicht zu haben, etwas zu tun, brauchen wir uns einer derartigen Absicht nicht bewußt zu sein, während wir es tun oder bevor wir es tun: Es reicht, daß die Intention impliziert ist, d.h. daß wir, *wenn uns einer fragte, warum wir das tun, was wir tun,* mit der Kundgabe dieser Absicht antworten. An diesem Punkt komplizieren sich aber die Dinge. Zuerst schien es so, als ob die Entscheidung, ob man ein bestimmtes Verhalten »sprechen« oder allgemein »handeln« nennen soll, nicht nur auf der reinen Verhaltensebene gefällt werden könne: Man mußte sich auf das berufen, was *hinter* dem Verhalten steht, auf die Absicht, in der man sich so verhält. Wenn wir aber implizite Intentionen zulassen und die Existenz einer impliziten Intention auf der Grundlage eines Verhaltens bestimmen, d.h. wie jemand (ich zum Beispiel) auf eine bestimmte Frage antwortet, stehen wir wieder am Anfang. Woher weiß ich, ob dieses Verhalten (d.h. meine Antwort) von mir beabsichtigt ist, ob ich so habe antworten wollen? Möglicherweise war auch in diesem Fall die Intention implizit und folglich müßte ich mir eine weitere Frage stellen und immer so weiter.

Das ist noch nicht alles. Was soll man von Fällen sagen, in denen ich nicht behaupte, Absichten zu verfolgen – nicht einmal implizite (d.h. nicht einmal solche, die ich auf Aufforderung formulieren könnte) –, und in denen ein Psychoanalytiker trotzdem sagen würde, es läge eine unbewußte Absicht vor? Ich bin überzeugt davon, keine Absicht damit zu verfolgen, es nicht *tun* zu wollen, wenn ich mir zum Beispiel den Bart kraule oder unter der Dusche ein Liedchen vor mich hin trällere, wenn ich von einer Bahnreise träume oder davon, wie ein Vogel zu fliegen, wenn mir »versehentlich« etwas aus der Hand fällt und dabei zerbricht; aber für einen Freudianer wären diese Vorfälle höchst bedeutsam: Für ihn würde ich wirklich sprechen, würde ich Inhalte meines geistigen Lebens ausdrücken und sie in einem gewissen Sinne auch ausdrücken wollen, auch wenn ich mir darüber nicht im klaren bin, auch wenn ich mir *darüber nicht im klaren sein will.* Und noch einmal, wie entscheidet der Psychoanalytiker, ob ich diese Absichten und diese Inhalte habe? Indem er mein Verhalten beobachtet, versucht, dessen Logik zu ergründen, und dabei völlig von meiner sogenannten Innerlichkeit absieht, von dem »letzten Wort«, das ich geneigt bin, mir vorzubehalten, wenn es sich um mich handelt. Er ist es, der mir sagt, welche Absichten ich habe, was ich tun will, und wenn wir nicht einig sind, hat er recht und ich unrecht. Aber wenn ich die Rechtmäßigkeit dieser Deutungen akzeptiere, wenn ich zugebe, auch in diesen Fällen etwas zu tun – im besonderen etwas mitzuteilen –, kann ich dann noch meinen Fall von dem des Windes oder von dem, in dem ich willkürlich Wörter einer mir unbekannten Sprache kombiniere, unterscheiden? Ich kenne die »Sprache«, wie man sich den Bart krault, nicht und kenne nicht einmal die Sprache der Träume. Nur der Psychoanalytiker kennt sie, wie es in den anderen Fällen der Hörer war, der verstand, nicht der »Sprecher«. (Im Grunde braucht man nicht an die Psychoanalyse zu glauben, um Probleme dieser Art aufzuwerfen: Ist es vielleicht nicht so, daß viele *im Schlaf sprechen*?) Ich, der ich unerschrocken mit der Vorstellung ausgezogen war, ein für allemal die Intelligenz des Computers zu widerlegen, sehe mich zu einem hastigen Rückzug gezwungen und genötigt, meine eigene Intelligenz mit Klauen und mit Zähnen zu verteidigen.

Der klassische Widersacher von Descartes ist Hume, der bestreitet, daß das Bewußtsein eine Form des direkten und bevorzugten Zugangs zum eigenen Ich ist: Wenn ich in mich selbst hineinblicke, sagte Hume, sehe ich nie-

mals mich, ich sehe immer etwas anderes. So fällt dieser prinzipielle Unterschied zwischen meinem Geist (den ich danach direkt erkenne) und dem Geist eines anderen (den ich danach nur unterstellen kann) weg, woraus sich das Problem des Solipsismus ergibt.

In unserer Zeit hat Gilbert Ryle in Der Begriff des Geistes *eine scharfe Attacke gegen den kartesianischen »Mythos« des »Phantasmas in der Maschine« geritten. Er erklärt, der Geist sei ein Gesamt von Verhaltensmodalitäten (überlegt handeln zum Beispiel heißt nicht, zwei Dinge tun, d.h. handeln und überlegen, sondern nur eins tun, d.h. auf eine bestimmte Weise, ohne Überstürzung, mit Methode und so weiter handeln); und derartige Modalitäten würden bei anderen nach genau denselben Kriterien überprüft, nach denen sie auch bei uns überprüft werden (d.h. dadurch, daß man die Logik unseres Verhaltens oder die eines anderen studiert).*

Aber vielleicht habe ich mich auf eine Reihe unnützer Komplikationen eingelassen. Es kann auch sein, daß der Sprachgebrauch es nicht zuläßt, eindeutige Unterscheidungen zwischen Mensch und Maschine zu treffen: Im Grunde bräuchte man sich darüber nicht zu wundern, wo doch diese besonderen Maschinen – die Computer – eigens für die Sprachverwendung konstruiert sind. Genauso könnten wir vielleicht große Schwierigkeiten haben, zu beweisen, daß ein Auto nicht wirklich läuft, nicht in dem Sinn, in dem ein menschliches Wesen läuft, oder daß ein mechanisches Klavier nicht spielt. Wie dem auch sei, wir können die Sprache ganz beiseite lassen: Unser ursprüngliches Problem (vielmehr das Problem von Thomas – oder war es für ihn gar kein Problem?) hatte mit dem vom Computer empfundenen (oder *nicht* empfundenen) physischen Schmerz zu tun. Um dieses Problem zu lösen, erscheint ein einfacherer und direkterer Ansatz zu genügen: Der Computer empfindet keinen Schmerz, weil er kein lebender Organismus ist. Wir können zugeben, daß eine Ameise Schmerz empfindet, wenn wir ihr die Beine ausreißen, auch wenn die Ameise sicherlich keine Möglichkeit hat, mit uns zu kommunizieren; wir können sogar annehmen, daß ein Baum Schmerz empfindet, wenn wir ihm die Rinde aufritzen, auch wenn der Baum durchaus nicht in der Lage ist, irgendeine Reaktion auf unser Verhalten zu zeigen. Wir können das zugeben, weil die Ameise und der Baum organische, also lebende Wesen sind: Der Computer hingegen ist nichts anderes als eine Kiste, und die Kisten sind leblose Gegenstände, vielleicht nützlich und möglicherweise auch unzerstörbar, aber leblos und damit empfindungslos.

Das ist eine beruhigende Antwort, die an alte (und folglich fest gefügte) Einteilungen aus den Grundschulzeiten erinnert. Es gibt das Tierreich, das Pflanzenreich und das Reich der Gesteine: Die Mitglieder des ersten werden geboren, wachsen, vermehren sich, sterben und sind darüberhinaus (im allgemeinen) mit der Fähigkeit begabt, sich selbständig fortzubewegen; die Mitglieder des zweiten Reichs tun alle dasselbe außer dem letzten, und die Mitglieder des dritten tun nichts davon. Es ist keineswegs klar, bis wohin die Empfindungsfähigkeit reicht, ob sie auf das erste Reich beschränkt ist oder sich auch auf das zweite erstreckt, aber gewiß ist, daß das dritte Reich davon ausgeschlossen ist; also ist das Problem gelöst.

Oder vielleicht auch nicht. Vielleicht sind es gerade die »Grundschul«-Gewißheiten, die zu Fall gebracht werden müssen. Es ist ja gar nicht wahr, daß der Computer eine Kiste ist. Ein menschliches Wesen *ist* nicht ein Körper, sondern *hat* einen Körper; das ist so wahr, daß es, wenn der Mensch stirbt, den Körper noch gibt, nicht aber den Menschen mehr (oder vielleicht ist der woanders). Auf dieselbe Weise, könnte man sagen (auch wenn man es heutzutage nicht sagt und es deshalb etwas merkwürdig klingt), daß ein Computer keine Kiste ist, sondern eine Kiste hat. Der Computer ist das Programm, das diese Kiste *beseelt*: Er wird geboren, indem man die notwendigen Informationen eingibt, er wächst, indem er weitere Informationen speichert und sie benutzt, um eine bestimmte Anzahl von Aufgaben in Angriff zu nehmen und zu lösen, er wird krank und stirbt vielleicht, wenn er von einem Virus befallen wird, der ihn infiziert und lahmlegt (man sagt wirklich so, als wenn er ein organischer Körper wäre). Was dann seine Fortpflanzungsfähigkeit angeht, so ist bekannt, daß hochentwickelte Programme in der Lage sind, von sich selbst oder von Teilen von sich Kopien anzufertigen; gewiß, die Fortpflanzung ist asexuell, aber das gilt auch für viele Tiere.

Noch einmal, es ist nicht nur die Unterscheidung zwischen dem Computer und der Ameise, die in eine Krise gerät, sondern geradezu die Unterscheidung zwischen dem, was ich (ein wenig übereilt) eine Kiste genannt hatte, und mir selbst. Denn auch ich habe ein (genetisches) Programm, das für meine individuellen Merkmale und meine Handlungsfähigkeiten geradesteht, auch ich habe dieses Programm von außen (von meinen Eltern) empfangen in Koinzidenz mit der Episode, die (einige Zeit später) zu meiner Geburt geführt hat, und auch ich werde weiterexistieren, solange das Programm weiterfunktioniert. Worin besteht also der Unterschied? *Gibt es* einen Unterschied? Oder sind wir alle auf den Rang von Kisten herabgesunken?

Den Unterschied gibt es, könnte man antworten, und er besteht darin, daß Wörter wie »essen«, »wachsen«, »geboren werden« und »sterben« sich nur in metaphorischem, bildlichem Sinn auf den Fall des Computers anwenden lassen. Im wortwörtlichen Sinne beziehen sich diese Wörter auf die Assimilation und den Stoffwechsel physischer, konkreter Substanzen, während die Informationen und die Programme, die der Computer »konsumiert«, Abstraktionen, immaterielle Wesenheiten, sind. Einverstanden, auch wir haben ein Programm, aber die Analogie ist nicht zu ernst zu nehmen. Wir haben Zellen, die auf eine bestimmte Art gebaut sind; diese Zellen werden geboren, wachsen und vermehren sich, indem sie konkrete Elemente der Umwelt assimilieren; im Fall des Computers dagegen dienen die konkreten Elemente wie die Kathodenröhren oder Mikrochips höchstens als Stütze für die Phänomene, die wir »Geburt«, »Wachstum« und so weiter genannt haben. Wenn der Computer »wächst«, vermehren sich nicht die konkreten Elemente: Es vermehrt sich etwas viel Flüchtigeres und Ätherischeres, etwas, das keine Konkretheit und Festigkeit besitzt, das ohne wirkliche »Substanz« ist. Also nur aus Höflichkeit, einer Höflichkeit, aus der man besser kein Kapital schlägt, akzeptieren wir bisweilen, daß eine organische (aber letzten Endes unpassende) Terminologie für diese Phänomene verwendet wird.

Es ist kurios, wie mystifizierend Rationalisierungen sein können. Nehmen wir diese letzte zum Beispiel: Die Ideologie, die sie zum Ausdruck bringt, steht ganz auf der Seite der physischen, soliden, konkreten Realität und im Gegensatz zu dem Abstrakten und »Ätherischen«. Wenn wir aber darangehen zu prüfen, worauf die ganze Argumentation gegründet ist, erwartet uns eine Überraschung: darauf nämlich, wie unsere Sprache, d.h. etwas typisch Abstraktes und Ätherisches – vielleicht das Paradigma der Abstraktion selbst –, heute strukturiert ist. Wenn wir im Lexikon Wörter wie »essen« oder »wachsen« nachschlagen, führen die Definitionen, die wir finden, mit Sicherheit physische und konkrete Substanzen an; folglich ist es wahr, daß eine Ameise oder ein Elefant im wortwörtlichen Sinne essen und wachsen, während ein Computer im übertragenen Sinn ißt und wächst. Aber was bedeutet das? Nur, daß wir es bisher passend gefunden haben, die Wörter so zu verteilen. Wer sagt uns, daß wir sie morgen nicht anders verteilen: daß die Computer nicht eine solche Bedeutung gewinnen, daß wir auch auf sie Wörter anwenden, die heute für uns »reserviert« sind, und daß wir so schrittweise die Grenzen des »Wortwörtlichen« und des »Übertragenen« verschieben? Wollen wir uns wirklich darauf zurückziehen, die Konkretheit der physischen Dinge – oder besser, die Bedeutung einer solchen Konkretheit – auf so unsicheren und veränderlichen Grundlagen wie dem Sprachgebrauch und den Sprachgewohnheiten zu verteidigen?

Somit sind wir in einer anderen Sackgasse gelandet. Und doch gibt es etwas Unwiderstehliches an der von Thomas geäußerten Überzeugung! Ich selbst habe diese Diskussion aus Spaß begonnen; bloß weil ich den unbeugsamen, aber ein wenig irrealen Gesetzen des philosophischen Spiels folgte, bin ich bis hierher gekommen. Wenn ich mich für einen Augenblick davon löse, kann ich nicht umhin, mit meinem Sohn übereinzustimmen und zu mir selbst zu sagen: «Gehen wir, nehmen wir diesen Unsinn nicht weiter ernst: *Das* hier wird niemals meine Sensibilität haben können! Es kann ausgehen, entzweigehen, Schaden nehmen und mir vielleicht auch einen Augenblick, bevor er seinen Geist aufgibt, ankündigen, daß es seinen Geist aufgibt; aber eine wirkliche Empfindung, etwas, das dieselbe Wahrnehmungsqualität meines Schmerzes oder meiner Lust hat, wird es niemals haben.« Dann aber gehe ich wieder ins Spiel zurück, und diese meine so absolute und unwiderstehliche Überzeugung wird ein Gegenstand der Diskussion und eine Beute des Zweifels.

Das Bestehen auf dem absolut primären und undiskutablen Charakter der Empfindungen – insofern sie einen Gegensatz, beispielsweise zu Erörterung und Reflexion bilden – ist für die als Empirismus *bekannte philosophische Richtung charakteristisch. Angesichts des streng privaten Charakters der Empfindungen (jeder empfindet auf seine Weise) ist leicht zu verstehen, daß der Empirismus immer von einem solipsistischen Ausgang bedroht war: In diesem Jahrhundert ist Bertrand Russell einem solchen Ausgang nahegekommen.*

Sicher steckt ein stark emotionales Element in dieser ganzen Frage: Der Schmerz, *mein* Schmerz ist für mich eine unmittelbare überaus mächtige Erfahrung. Der Schmerz erfordert Aufmerksamkeit, bringt jedes Interesse zum Schweigen, ist drängend in seinem Verlangen. Wenn ich mir die Finger an einem Streichholz verbrenne, muß ich sofort etwas tun: das Streichholz wegwerfen, die Hand unter kaltes Wasser halten oder vielleicht auch nur schreiend durch das Zimmer hüpfen und fluchen. Wenn ich vorher mit einem Freund über eine interessante philosophische Frage diskutierte, höre ich sofort mit Sprechen auf, und ich höre auf, das zu tun, was ich gerade tat (ach!), auch wenn ich mich gerade aufs angenehmste mit einer entzückenden jungen Dame unterhielt. Aber ich kann mir nicht vorstellen, daß man diese Plötzlichkeit, diese Eile, etwas so »Kaltem« und Unerschütterlichem wie einem Computer zutrauen kann.

Ich habe gut (oder vielleicht schlecht?) daran getan, Freud ins Spiel zu bringen, erstens weil seine stumme Gegenwart mich jetzt in erster Linie mir selbst gegenüber kritisch und mißtrauisch macht. Ein ziemlich verbreiteter Abwehrmechanismus ist der psychoanalytischen Theorie zufolge die Projektion: Ich wehre den Haß ab, den ich für dich empfinde (oder besser: Ich wehre mich dagegen, die Motive für diesen Haß anzuerkennen), indem ich in ihm eine Folge des (viel größeren) Hasses sehe, den du in meinen Augen für mich empfindest (und von dem du wahrscheinlich nicht einmal träumst). Dasselbe kann für jedes andere Gefühl gelten. Es könnte im besonderen für die Adjektive gelten, mit denen ich gerade eben den Computer gekennzeichnet habe: Mit anderen Worten, ist er kalt und unerschütterlich oder bin ich es ihm gegenüber?

Ich will das erklären. Es gibt nichts einzuwenden gegen das, was meinen eigenen Schmerz betrifft; aber bedenken wir, daß es zwischen meinem Schmerz und dem eventuellen Schmerz des Computers viele Zwischenstufen gibt! Es gibt zum Beispiel den Fall meines Sohns, der bei seinen waghalsigen Unternehmungen (meistens beim Fußballspiel) oft hinfällt und sich ziemlich schmerzhafte Prellungen an verschiedenen Stellen des Körpers zuzieht. Wie oft habe ich ihn schon von einem Augenblick zum anderen von sorglosem Überschwang in ein heftiges Weinen wechseln und verletzt und blutend zu mir kommen sehen! In allen diesen Fällen handelte ich spontan mit großer Dringlichkeit und Entschlossenheit, wie ich es getan hätte, wenn es meine eigenen Blutergüsse gewesen wären; aber habe ich vielleicht seinen Schmerz so *empfunden*, wie ich meinen eigenen empfinde? Hatte ich vielleicht die Gewißheit, das, was er empfand – was immer das auch war –, wäre qualitativ dem ähnlich, was ich an seiner Stelle empfunden hätte? Nein, es ist klar: Ich habe ihn verschiedene Dinge tun sehen, möglicherweise auch *sagen* hören, er hätte sich weh getan; und auf der Grundlage dessen, was ich ihn tun sah und sagen hörte, schloß ich (glücklicherweise sehr schnell), daß ihm etwas Schlimmes zugestoßen war. Über das Schlußfolgern und Handeln hinaus empfand ich offenkundig auch Gefühle, aber wohlgemerkt Gefühle, die im allgemeinen verschieden von seinen (oder besser, von denen, die ich ihm zuschrieb) waren: Ich war zum Beispiel besorgt und aufgeregt, während er (offenbar) physischen Schmerz empfand. Jedenfalls sind meine Gefühle Ausdruck meiner besonderen Zuneigung zu ihm, meiner besonderen Neigung, mit ihm und anderen mir lieben Personen zu »sympathisieren«. Ich bin Thomas gegenüber »warm«herzig, lasse mich von seinen Gefühlsausbrüchen berühren (übrigens nicht immer: Wenn er morgens vor der Schule über Kopf- oder Bauchschmerzen klagt, bin ich oft viel kälter und unerschütterlicher), leihe ihm sozusagen meine Gefühle und akzeptiere, daß sie von seinem Verhalten bedingt werden: Ohne diese Verfügbarkeit könnte ich auch effizient und nutzbringend handeln, um ihm aus seinen Schwierigkeiten zu helfen; aber ich würde buchstäblich nichts empfinden, und folglich hätte die Situation für mich nicht diese Dringlichkeit und Unmittelbarkeit, wie wenn ich mir die Finger verbrenne.

Was sagt mir das alles? Es sagt mir, daß die Kälte und Unerschütterlichkeit, die ich dem Computer zuschreibe, sehr wohl Projektionen *meiner* Kälte und Unerschütterlichkeit auf ihn sein könnten. Vielleicht hat er seine eigene äußerst verfeinerte Empfindlichkeit, und ich spreche sie ihm ab, weil ich mich nicht in seinen Fall hineinziehen lasse, nicht mit ihm *mit*fühle, d.h. mich nicht mitreißen lasse, mich mit ihm zu identifizieren, stellvertretend etwas von den Gefühlen, die er empfindet, zu empfinden. Ohne diese Möglichkeit der Identifizierung käme mir nicht nur der Computer, sondern auch die ganze übrige Menschheit, *alles das, was ich nicht bin*, kalt und unerschütterlich vor.

Halt, wird man sagen, das geht zu schnell! Einverstanden, ich empfinde nicht den Schmerz einer Ameise, eines Baums und nicht einmal den meines Sohns: Während in meinem Fall die Erfahrung direkt und unmittelbar ist, muß ich im Fall jedes anderen Wesens über einen mehr oder weniger bewußten deduktiven Prozeß gehen, also über eine Identifikation, wenn ich wirklich etwas empfinden will. Das ist aber weniger willkürlich, als man denken könnte. Meine Schlußfolgerungen gründen auf der *Ähnlichkeit* dieser anderen Wesen mit mir selbst: Je ähnlicher sie mir sind, desto berechtigter bin ich, ihnen etwas zuzuschreiben, das meinen Erfahrungen, den Wahrnehmungsqualitäten meiner Erfahrungen, ähnelt, und eventuell dieses Etwas für sie und mit ihnen zu empfinden. Die Schlußfolgerung wird bei Thomas in hohem Maße wahrscheinlich, ja praktisch sicher sein; sie wird es etwas weniger sein bei einem Ochsen, noch weniger bei einer Mücke und sehr zweifelhaft bei einem Computer. Bis zum Beweis des Gegenteils ist folglich nichts daran auszusetzen, wenn man sich gegenüber einem Computer kalt und unerschütterlich fühlt oder wenn man ihn als kalt und unerschütterlich empfindet: Es handelt sich um ein von mir – physisch – allzu verschiedenes Objekt, als daß man vernünftigerweise annehmen könnte, er zeige Reaktionen desselben Typs.

Aber nicht einmal diese Argumentation schließt die Erörterung ab. Vielmehr öffnet sie sie weiter und wirft noch viel allgemeinere und schwierigere Fragen auf. Nehmen wir an, wir wollten alles, was es auf der Welt gibt, auf der Grundlage ihrer Ähnlichkeit mit mir anordnen! Auf dem einem Extrem gibt es meine nächsten Verwandten, auf dem anderen Steine und Teppiche und in der Mitte alles übrige: Männer und Frauen aus anderen Familien und anderen Rassen, Schafe, Rinder, Gliederfüßler und Computer. Zugegeben, wenn zwei Dinge gegeben sind, kann man immer sagen, daß mir das eine mehr und das andere weniger ähnelt (es könnte in einigen Fällen auch unmöglich sein, und das würde die Situation weiter komplizieren, aber nicht die Substanz des Problems, das mich jetzt beschäftigt, ändern); auf diese Weise täte sich ein weites Spektrum auf, in dem alles seinen Platz fände, so wie alles seinen Platz im Farbspektrum findet. So weit so gut; aber jetzt legt man auf das Ähnlichkeitsspektrum – wie auf das Farbspektrum – ein eindeutiges und präzises Sprachgitter ohne Bedeutungsschattierungen. Es gibt unendlich viele Abstufungen zwischen rot und rosa: Einige sind eindeutig rot, andere eindeutig rosa, und bei anderen weiß man es noch nicht so genau. Unsere Sprache verfügt aber nicht über so viele Abstufungen und muß sie deswegen alle mit nur zwei Wörtern abdecken: »rot« und »rosa«. Auch wenn die Entscheidung in Einzelfällen schwierig ist und vielleicht jede Entscheidung gewaltsam wirkt, gibt es keine Alternativen: In diesem Teil des Spektrums ist alles entweder rot oder rosa. (Ich vereinfache offenkundig, aber die Schwierigkeit bleibt bestehen, wenn es statt zwei Wörtern zehn oder zwanzig gibt. Wenn außer »rot« und »rosa« »alpenveilchenfarbig«, »fuchsienfarbig« und wer weiß was sonst noch zur Verfügung stehen, bleibt es doch so, daß wir jedem dieser Wörter eindeutige Grenzen seiner Anwendung ziehen müssen). Dasselbe gilt für das Ähnlichkeitsspektrum. Hier ist es noch viel brutaler, denn es handelt sich darum, das ganze Spektrum in zwei Teile aufzuteilen: Fühlendes und Fühlloses, oder wenn man lieber will, Beseeltes und Unbeseeltes. Wenn wir davon ausgehen, daß einiges mir mehr ähnelt als anderes, wieviel muß es mir ähneln, um in die erste Klasse zu fallen, mit der ich mich identifizieren kann?

Es handelt sich nicht nur um ein Sprachproblem: Es sind auch wichtige praktische Entscheidungen involviert. Bei Rot und Rosa handelt es sich möglicherweise für einen Händler um die Entscheidung, in welche Schublade er ein bestimmtes Garnknäuel legen soll, aber im Fall der Seele sind die Probleme ganz andere. Es gab zum Beispiel eine Zeit, da war man der festen Überzeugung, Frauen besäßen keine Seele; auf dieser Grundlage entschied man für sie über ihr Leben; dann blühte den Negern, den Indianern und verschiedenen anderen »Andersartigen« ein ähnliches Schicksal. In allen diesen Fällen wurden damit, daß man sie als »nicht ähnlich genug« ansah, um eine Identifikation zu ermöglichen, Unterdrückung, Ausbeutung und bisweilen Ausrottung gerechtfertigt. Heute hat sich möglicherweise die Grenzlinie der Ähnlichkeit verschoben, aber wie kann ich sagen – wie könnte es irgend jemand sagen –, der Punkt, wohin sie sich verlagert hat, sei der rechte? Heutzutage sind Unterdrückung, Ausbeutung und Ausrottung das Schicksal vieler Tierarten; viele rechtfertigen das mit der Begründung, diese Arten seien nicht wie wir, *fühlten* nicht wie wir, hätten keine Intentionalität und Innerlichkeit, keine Seele; aber schon regen sich Widerstände gegen diese These, schon gibt es Leute, die sich dafür einsetzen, daß die Tiere unter *für sie* erträglichen, artgerechten Bedingungen gehalten werden. Worauf läuft diese Entwicklung noch hinaus? Wird man am Ende auch die Computer einbeziehen? Werden wir uns eines Tages auch mit ihnen identifizieren? Wie können wir das wissen? Und wie können wir, ohne es zu wissen, *jetzt* sicher sein, daß der Computer kalt und unerschütterlich ist? Daß er keine Seele hat? Daß er keinen Schmerz empfindet?

Es ist vielleicht an dieser Stelle angezeigt, auf eine Betrachtung in der Einleitung zurückzukommen. Ich hatte dort gesagt, ich würde in diesem Buch vermeiden, Themen von offenkundiger und dramatischer sozialer Bedeutung als Sprungbrett für meine philosophischen Analysen zu benutzen:

keine Predigten oder Festreden! Trotzdem haben wir mehrmals gesehen, daß sich mit der Entfaltung von scheinbar bescheidenen Themen und mit dem Aufwerfen von ausgefallenen und abstrusen Problemen (wie hier des Solipsismus) nach und nach viele jener Themen wie selbstverständlich einbeziehen lassen. Es gibt ein Gewebe von subtilen und tiefen Beziehungen zwischen dem täglichen Leben und den ausgefallensten Theorien, zwischen dem philosophischen »Spiel« und unseren mehr oder weniger bewußten existentiellen Wahlen. Um sich das klar zu machen, gib es nichts Besseres, als mit philosophischen Gedanken zu spielen.

An dieser Stelle scheint alles eher beliebig. Die offenbar unübersteigbare Schranke zwischen dem Lebendigen und Fühlenden auf der einen Seite und dem Leblosen und Fühllosen auf der anderen scheint zu einer bloßen Konsequenz bestimmter eingefleischter Gewohnheiten zu werden: Bis jetzt haben wir die Dinge auf bestimmte Weise (wahrscheinlich auf der Grundlage bestimmter Interessen) katalogisiert, aber morgen könnten wir sie genausogut anders katalogisieren. Wir könnten auch eine entgegengesetzte Richtung einschlagen und den Kreis des uns Ähnlichen einengen, anstatt ihn zu erweitern. Einige beklagenswerte Ereignisse dieses Jahrhunderts legen nahe, die Möglichkeit eines solchen Richtungswechsels nicht auf die leichte Schulter zu nehmen; »unveräußerliche Errungenschaften« wie die der irreduziblen und indiskutablen *Menschlichkeit* jedes Menschen könnten sonst in eine Krise geraten und ganze Völker als Sachen angesehen (und behandelt) werden. Man könnte geradezu so weit gehen, daß nichts als mir ähnlich genug zählt und ich folglich das einzige fühlende Wesen bin, das einzige, mit dem ich mich identifizieren kann. Bisweilen träumt man von derartigen Situationen; es gibt eine ganze (hoffentlich phantastische) Literatur, die von diesen

Träumen (oder Alptäumen) handelt. Man erwacht am Morgen, und alle um uns herum verhalten sich genauso wie vorher, auf die richtige Weise, so, wie man es erwartet. Doch etwas Unerklärliches überzeugt uns davon, daß es sich nicht um wirkliche Personen handelt, um Personen, mit denen wir am Abend zuvor zusammen waren: Während der Nacht wurden diese Personen auf mysteriöse Weise durch Automaten ersetzt, die ohne Leben sind und in denen kein Geisthauch atmet (also im besonderen Wesen, die wir ohne Gewissensbisse zerstören könnten). Wie stelle ich es da an herauszufinden, ob das nur Literatur (oder vielleicht Wahnsinn) ist, ob ich mit der Projektion meiner Sensibilität auf die mir »Ähnlichen« nicht einen groben Irrtum begehe, weil mir keiner wahrhaft ähnlich ist: der Computer gewiß nicht, nicht der Baum oder die Ameise, und nicht einmal Thomas, der liebe, süße Thomas? Woher weiß ich, daß ich nicht allein auf der Welt bin – d.h. der einzige mit einer Seele bin?

X. Epilog

Der Fall

Wir sind ans Ende gekommen: Wir haben zusammen einen weiten Weg zurückgelegt und viele verschlungene Pfade erkundet. Wir könnten natürlich in unserer Suche fortfahren, denn keiner dieser Durchgänge hat ein bestimmtes Ende, alle sind immer noch offen, immer dafür gut, uns mit einer neuen Wendung, mit einer neuen Sackgasse, zu überraschen. Aber vielleicht können wir unsere Suche an dieser Stelle auf eigene Faust fortsetzen. Wir werden dann sicher die Erfahrung machen, daß etwas (oder vieles) von dem, was auf diesen Seiten gesagt wurde, nicht funktioniert, daß es revidiert und berichtigt oder vielleicht einfach verworfen wird; ich hoffe wenigstens, daß es zu etwas nutze war, bevor es in den Müll wandert.

Analyse

Schön, diese feierlichen Phrasen, diese Bescheidenheit im letzten Augenblick, nachdem man die Geduld des Lesers über mehr als zweihundert Seiten skrupellos ausgenutzt hat! Und doch frage ich mich, ob ihre aufgeblasene Banalität ihren größten Fehler darstellt: ob sich nicht hinter dem Anschein beruhigender Vertraulichkeit (in der Art der weisen Worte eines alten

Onkels) ungeheuere Fragezeichen verstecken, ob dieses ganze Gebäude der guten Gefühle nicht leise und unbemerkt von Termiten befallen wurde und von einem Augenblick zum anderen mit großem Getöse einzustürzen droht.

Lassen wir den (pseudo-)literarischen Elan der verwickelten Durchgänge und das barocke Interesse an etwas, das unseren Geist immer dem Wunder zu öffnen vermag, beiseite, und konzentrieren wir uns auf die gewichtigere Behauptung des Epilogs, das heißt, auf den (aller Rhetorik entkleideten) Satz: »Einige der in diesem Buch enthaltenen Sätze sind falsch«. Eine offenbar ziemlich einleuchtende These: Ich möchte mich nicht zu dem letzten Slogan aus dem Film *Manche mögen's heiß* (»Nobody is perfect«) äußern, aber ich stehe nicht an zu erklären, daß ich alles andere als vollkommen bin. Und trotzdem . . .

Nehmen wir das Buch *ohne* Epilog und unterstellen wir der Vereinfachung halber, es bestehe aus einem Gesamt von wahren oder falschen Sätzen (dabei bleibt es natürlich nicht, denn es gibt auch Fragen, Ausrufe, Aufforderungen und Hypothesen; wir können uns jedoch eine »gereinigte« Fassung ohne alle diese nichtdeklarativen Verwendungen der Sprache vorstellen und sie als den Spiegel des authentischen Inhalts des Buches, seines Inhalts in Großgeld sozusagen, ansehen). Selbstverständlich sind also die Sätze, die den Inhalt des Buches bilden, *entweder* alle wahr, *oder* einige sind falsch (wobei der Plural nicht zu ernstgenommen wird: Unter »einigen« verstehe ich »einen oder mehrere«). Die Behauptung in dem Epilog verpflichtet mich zu einer dieser Möglichkeiten – zur vorsichtigsten und achtbarsten. Eine solche Behauptung ist natürlich ihrerseits entweder wahr oder falsch: Sie ist wahr, wenn das Buch einen einzigen falschen Satz enthält, und andernfalls falsch. Wenn sie wahr ist, habe ich mich im voraus abgesichert (und sei es auch auf pauschale Weise); damit versuche ich auch (ein bißchen plump), mir unter Umständen die Kritiker gewogen zu machen; wenn sie falsch ist, umso besser für mich, daß ich keine Fehler gemacht und keine irritierende Überheblichkeit an den Tag gelegt habe. Wo liegt also das Problem?

Das Problem liegt darin, daß der Epilog Teil des Buches ist und folglich die Behauptung, von der wir reden (nennen wir sie der Kürze halber *A*), auch selbst ein Satz des Buches ist – einer dieser Sätze ist, die entweder wahr oder falsch sind *und von denen A aussagt, daß einige falsch sind.* Mit dieser Einzelheit im Sinn betrachten wir wieder die oben aufgeführten Alternativen: *Entweder* sind alle Sätze in diesem Buch wahr, *oder* einige sind falsch. Frage: Handelt es sich noch um zwei Alternativen, die beide möglich sind? Antwort: Nein, an diesem Punkt ist nur eine einzige Möglichkeit übriggeblieben.

Nehmen wir an, alle Sätze in diesem Buch seien wahr. Also ist auch *A* als ein Satz in diesem Buch wahr. Aber *A* ist die Behauptung »Einige Sätze in diesem Buch sind falsch«, folglich ist, wenn *A* wahr ist, auch wahr, daß einige Sätze in diesem Buch falsch sind. Aber die Sätze in diesem Buch können nicht wahr *und gleichzeitig* einige von ihnen falsch sein; folglich können nicht alle Sätze in diesem Buch wahr sein (es ist eine Hypothese, die uns in Widersprüche verstrickt, wie wir gerade sahen). So ist uns nur eine Möglichkeit geblieben: daß einige Sätze in diesem Buch falsch sind.

Die Schlußfolgerung ist merkwürdig, aber die Merkwürdigkeiten haben gerade erst begonnen. Nehmen wir an, wir sagten: »Einverstanden: Einige Sätze in diesem Buch müssen falsch sein! Aber im Grunde ist das kein großes Problem; denn es wurde gerade gesagt, daß ›einige‹ auch ›einer‹ heißen kann.

Könnte nicht zum Beispiel *A* selbst der falsche Satz sein, der uns hilft?« Wieder lautet die Antwort »Nein«. Wenn einige Sätze in diesem Buch falsch sind, dann ist *A, das heißt die Behauptung »Einige Sätze in diesem Buch sind falsch«*, wahr, und wenn das, wie wir gesehen haben, die einzige offen gebliebene Möglichkeit ist, dann muß *A* wahr, und zwar *notwendigerweise* wahr sein. Das heißt, der falsche Satz in diesem Buch muß ein anderer sein. Das ist wahrhaftig sehr seltsam.

Warum? Nehmen wir einen einfacheren Fall! Nehmen wir an, wir schrieben fünf Sätze an die Tafel, auf die wir uns nicht festlegen können, auf die sich möglicherweise keiner festlegen könnte – sagen wir, fünf ungelöste wissenschaftliche Vermutungen! Da wir an dieser Stelle nicht weiterkommen, beschließen wir (nur um überhaupt etwas zu tun), noch einen Satz hinzuschreiben (nennen wir ihn *B*): »Einige Sätze an dieser Tafel sind falsch«. Da auch *B* an der Tafel steht, können wir genau dieselbe Überlegung wie im Fall *A* anstellen und folgendes schließen: Erstens ist wenigstens einer der Sätze an der Tafel falsch; zweitens kann dieser Satz nicht *B* sein. Also ist (drittens) wenigstens eine der ungelösten wissenschaftlichen Vermutungen falsch.

Wenn das nicht ausreicht, um die Merkwürdigkeit der Situation aufzuzeigen, kann ich die Dinge weiter verschlimmern. Nehmen wir an, wir hätten *fünf* Tafeln und würden auf jede von ihnen *nur eine* unserer ungelösten wissenschaftlichen Vermutungen schreiben. Auf die erste Tafel schreiben wir zum Beispiel das letzte Theorem von Fermat: »Wenn q größer ist als 2, existieren keine Terne ganzer Zahlen m, n und p, so daß $m^q + n^q = p^q$.« Auf die zweite Tafel schreiben wir Goldbachs Vermutung: »Jede ganze Zahl, die größer ist als 2, ist die Summe von zwei Primzahlen«. Und so weiter. Dann schreiben wir noch *B* an alle Tafeln: »Einige Sätze an dieser Tafel sind falsch«. An diesem Punkt können wir anhand der üblichen Überlegungen folgendes schließen: Erstens, an jeder Tafel steht mindesten ein falscher Satz; zweitens, dieser falsche Satz kann niemals *B* sein. Folglich (drittens) muß in jedem Fall der falsche Satz an jeder Tafel der andere sein: nämlich die ungelöste wissenschaftliche Vermutung. Folglich (viertens) sind *alle* diese Vermutungen falsch.

Was aber an dem Ganzen merkwürdig ist, ist nicht die Schlußfolgerung an und für sich: Im Grunde könnten diese fünf Vermutungen sehr wohl falsch sein. Aber die Art und Weise, wie man zu ihr gelangt, ist merkwürdig. Die Vermutungen werden nicht einmal untersucht: Alles, was wir tun, ist, sie an die Tafel zu schreiben, und solange nur sie an der Tafel stehen, ist noch nichts geschehen, sind die Vermutungen noch ungelöst. Dann schreiben wir noch einen weiteren Satz an die Tafel, der da gar nicht hinpaßt, der mit den Vermutungen nichts zu tun hat, der nur zufällig mit ihnen zusammen an der Tafel steht, weil ich es (willkürlich) so entschieden habe, und dieses zufällige Zusammentreffen löst die Vermutung, *zwingt* uns, ihre Falschheit zu akzeptieren. Hier liegt der Ursprung der Merkwürdigkeit: Gewöhnlich sind wir der Ansicht, die Lösung eines Problems erfordere ein Verständnis seiner Struktur; wenn sich uns eine theoretische Entscheidung als notwendig aufdrängt, wenn wir schließen, es könne sich nur so und nicht anders verhalten, dann deswegen, weil uns die Situation klar ist und weil sich diejenigen Elemente, die anderen (oder auch uns selbst zunächst) zufällig erscheinen konnten, sich vollkommen, jedes an seinem Platz, in das Mosaik einpassen lassen. Hier verbindet sich dagegen die Notwendigkeit der Schlußfolgerung mit einer totalen Zufälligkeit: Es gibt offenkundig keine Beziehung zwischen Primzahlen und dem Aufschreiben eines Satzes an die Tafel, und doch lassen sich auf geheimnisvolle, fast magische Weise Probleme mit Primzahlen dadurch lösen, daß man Sätze an die Tafel schreibt. Dasselbe gilt für dieses Buch und seinen Epilog: Es ist durchaus möglich, daß das Buch ohne Epilog falsche Sätze enthält; aber wie können wir akzeptieren, daß nur dadurch, daß wir den Epilog schreiben, das heißt, daß wir andere Sätze hinzufügen, die damit nichts zu tun haben, sich das, was zuvor nur eine Möglichkeit war, nun als einzig gangbarer Weg aufdrängt?

Das ist aber noch nicht alles. In den Fällen, die ich bisher betrachtete habe, erlaubte mir mein magischer und geheimnisvoller »Trick«, über die Wahrheit (vielmehr über die Falschheit) gewisser, andernfalls unentschiedener Sätze zu entscheiden. Die Fälle betrafen ungelöste Vermutungen und ein Buch, von dem ich gerne annähme, es enthielte keine Fehler, für das ich aber meine Hand nicht ins Feuer legen will. Die Reichweite der Anwendung des Tricks endet hier aber nicht, sondern greift auch erbarmungslos auf die Sätze über, die für mich schon entschieden sind. Was würde geschehen, wenn an meiner Tafel (außer *B*) der Satz »Heute ist ein sonniger Tag« stünde? Dann könnte ich über jeden Zweifel hinaus, mit zwingender Notwendigkeit, »beweisen«, daß heute *kein* sonniger Tag ist. Das schafft mir mindestens drei Probleme.

Erstens, heute *ist* ein sonniger Tag, und folglich steht mein Beweis in völligem Widerspruch zu den verfügbaren Daten. Meine Augen sagen mir, daß die Sonne scheint, und mein »Verstand« (aber ist das noch Verstand oder schon Wahnsinn?) sagt mir, dem sei nicht so. Wenn diese beiden Informationsquellen nicht übereinstimmen, wem soll ich dann glauben? Im allgemeinen würde man sagen, »dem zweiten«, das heißt dem

Verstand, denn die Sinne täuschen uns oft. Nehmen wir einen Stock, tauchen ihn ins Wasser, und der Stock erscheint uns gebrochen (unsere Sinne – unser Gesichtssinn in diesem Fall – lassen ihn uns als gebrochen erscheinen); dann ziehen wir ihn heraus, und er sieht noch heil aus. Mit Hilfe des Verstandes schließen wir, daß der Stock nie gebrochen war und nur die Brechung des Lichts im Wasser uns die Illusion gibt, er sei gebrochen. Dies ist ein typischer Fall, wo der Verstand den Sieg über die Sinne davonträgt, und es gibt viele, ungezählt viele andere. Wollen wir dann sagen, der Verstand habe auch jetzt recht? Obwohl es offenkundig ein sonniger Tag ist, sei es durchaus keiner?

Bevor ich auf diese Fragen antworte, sollten wir das zweite Problem überdenken. Nehmen wir an, wir hätten *zwei* Tafeln und schrieben den Satz »Heute ist ein sonniger Tag« an die eine und »Heute ist *kein* sonniger Tag« an die andere! Dann schreiben wir *B* an beide Tafeln: Der Trick erlaubt uns jetzt zu beweisen, daß es kein sonniger Tag ist (der Satz an der ersten Tafel muß falsch sein) *und daß er es ist* (aus den üblichen Gründen muß auch der Satz an der zweiten Tafel falsch sein). Bin ich bei so viel Verwirrung noch bereit, meinem Gesichtssinn abzuschwören, der mich mit absoluter Sicherheit über die Wirklichkeit zu informieren scheint?

Das dritte Problem ist vielleicht das beunruhigendste von allen. Nehmen wir an, wir wären nicht in der Lage, zu sehen oder zu fühlen, wie das Wetter ist: wir wären zum Beispiel in einer schalldichten und künstlich konstant temperierten Zelle eingeschlossen. Alles was wir in der Zelle zur Verfügung haben, ist eine Tafel und Kreide: Wenn wir *B* zusammen mit »Heute ist ein sonniger Tag« an die Tafel schreiben, können wir beweisen, daß heute *kein* sonniger Tag ist. Ist das plausibel?

Ist es »vernünftig«, daß man entscheiden kann, wie das Wetter ist, indem man Sätze an eine Tafel schreibt – besonders wenn man sich die Tatsache vor Augen hält, daß wir, wenn wir andere Sätze (*B* und *»Heute ist kein sonniger Tag«*) geschrieben hätten, genau das Gegenteil hätten beweisen können?

Ich könnte in diesem Ton fortfahren, den Trick anwenden, um zu »beweisen«, daß zwei und zwei nicht vier sind oder ein Dreieck keine drei Seiten hat, aber ich will diese Einzelheiten lieber beiseite lassen und gleich zu dem problematischsten Fall kommen: zu dem Fall, dessen Existenz ich von Anfang argwöhnte, als ich von riesigen Fragezeichen und leisen Termiten sprach, und der mir jetzt am Ende dieses Leidensweges immer merkwürdigerer Beispiele schließlich in seiner ganzen tragischen Wirklichkeit aufgegangen ist.

Treten wir an die gewohnte Tafel heran, nehmen wir die Kreide in die Hand und schreiben wir *einen einzigen Satz* an: *B* (das heißt: »Einige Sätze an dieser Tafel sind falsch«). Oder werfen wir das ganze restliche Buch weg und halten uns bloß an den Epilog (in der bereinigten Fassung). Der Epilog ist *jetzt* das Buch und enthält einen einzigen Satz: *A* (das heißt: »Einige Sätze in diesem Buch sind falsch«). Was können wir in diesem Fall über die Wahrheit von *A* und *B* aussagen?

Nehmen wir *A* (*B* täte es genauso). Unterstellen wir, *A* sei wahr! Dann enthält das Buch mindestens einen falschen Satz. *Aber es gibt nur einen einzigen Satz in dem Buch: A.* Folglich ist *A* falsch. Da *A* nicht zugleich wahr und falsch sein kann, habe ich die Hypothese, er sei wahr, widerlegt: Wenn er es wäre, müßte er auch falsch sein, wie wir gerade sahen. Und wenn *A* nicht wahr sein kann, dann ist er falsch.

Gut, wird man sagen: interessante Schlußfolgerung. Aber leider ist das noch nicht die Schlußfolgerung. Nehmen wir jetzt an, *A* sei falsch. Da *A* der Satz ist »Einige Sätze in diesem Buch sind falsch«, ist es falsch, daß es in diesem Buch falsche Sätze gibt. Folglich sind alle Sätze in diesem Buch wahr. *Aber A ist ein Satz in diesem Buch,* folglich ist *A* wahr. Da *A* nicht zugleich wahr und falsch sein kann, habe ich die Hypothese widerlegt, er sei falsch: Wenn er es wäre, müßte er, wie wir gerade sahen, auch wahr sein. Und wenn *A* nicht falsch sein kann, dann ist er wahr. Als Schlußfolgerung (und das ist wirklich die Schlußfolgerung, eine verheerende Schlußfolgerung), habe ich also mit absoluter Notwendigkeit bewiesen, daß *A wahr ist und daß A falsch ist.* Aber *A* kann nicht zugleich wahr und falsch sein!

In diesem Kapitel ist schließlich von Logik die Rede, das heißt, von einer Disziplin, die oft als das Vorzimmer der Philosophie angesehen wird: das, was man unbedingt wissen muß, bevor man Philosophie treibt. So stehen zum Beispiel in der traditionellen Ausgabe der Werke von Aristoteles die logischen Abhandlungen (die zusammen »Organon«, *das heißt »Werkzeug« genannt werden) am Anfang. Wenn ich mich dazu entschloß, von ihr am Schluß zu sprechen, dann aus zwei Gründen. Erstens ist (wie ich in der Einleitung andeutete) das, was man wirklich nötig hat, um Philosophie zu treiben (oder jede beliebige andere Tätigkeit, die ein Mindestmaß an intellektuellem Engagement erfordert), die Praxis und nicht die Theorie des richtigen Denkens; aber die Logik kann uns nur über die Theorie belehren (folglich könnte man sie, wie oben von der Grammatik gesagt wird, nicht einmal unterrichten, wenn wir nicht schon richtig dächten). Zweitens betreffen die logischen Probleme das Werkzeug des Denkens, nicht die Inhalte, auf die das Werkzeug angewendet wird; folglich neigen sie dazu, viel abstrakter zu sein als zum Beispiel jene metaphysischen oder ethischen Probleme (die sich statt dessen auf das, was es in der Welt gibt, oder auf das richtige Handeln beziehen). Es ist also besser, die konkreteren Probleme zuerst zu behandeln.*

Das auf diesen Seiten untersuchte Problem geht mindestens auf den grie-

chischen Philosophen Eubulides aus der megarischen Schule zurück und ist als Antinomie des Lügners *bekannt: Die Person, die sagt »Ich lüge«, behauptet eine Absurdität. Von den unzähligen Wiedergeburten dieser Antinomie wurde eine für pädagogische Zwecke besonders taugliche benutzt: das »Paradox der Einleitung« (aus dem hier das Paradox »des Epilogs« wurde), das von Arthur Prior in* Gegenstände des Denkens *behandelt wird.*

Vielleicht gibt es aber einen Ausweg aus der Falle; wenn er in diesem Extremfall funktioniert, können wir ihn auch auf alle die Fälle von vorhin anwenden und so nicht nur die Absurdität, bei der wir jetzt gelandet sind, sondern auch alle die Merkwürdigkeiten vermeiden, die sie mir beschert haben. Wenden wir uns für einen Augenblick zurück! An einer Schlüsselstelle meiner Überlegungen hatte ich gesagt: »Wenn *A* nicht wahr sein kann, dann ist *A* falsch«. Und ein wenig später hatte ich an einer anderen Schlüsselstelle gesagt: »Wenn *A* nicht falsch sein kann, dann ist *A* wahr«. Diese Behauptungen sind aber von einer Voraussetzung abhängig, das heißt, daß *A entweder wahr oder falsch* sein muß. Wenn man diese Voraussetzung akzeptiert, dann ist der Beweis, daß *A* nicht wahr sein kann, gleichbedeutend mit dem Beweis, daß er falsch ist, und der Beweis, daß *A* nicht falsch sein kann, gleichbedeutend mit dem Beweis, daß *A* wahr ist; sicher, ich habe bislang diese Voraussetzung akzeptiert, und zwar nicht nur in dieser Überlegung, sondern auch in allen vorangehenden. *Muß* ich sie aber akzeptieren? Gewiß, es scheint mir unbestreitbar, unbezweifelbar, daß *A* – daß jeder beliebige Satz – nicht zugleich wahr *und* falsch sein kann (deswegen ist meine Schlußfolgerung absurd); aber ist es genauso unbestreitbar, daß *A* das eine oder das andere ist? Was hindert mich zu denken, daß es wahre Sätze gibt (zum Beispiel »Heute ist ein sonniger Tag«), falsche Sätze (zum Beispiel

»Heute ist *kein* sonniger Tag«) und Sätze, die weder wahr noch falsch sind (zum Beispiel *A oder B*)? Schließlich gibt es auch andere Fälle, in denen mir ein Satz, wie soll ich sagen? »unangemessen« vorkommt, das heißt, als ein solcher, den sowohl zu bestätigen, als auch zu leugnen sinnlos ist. »Der Atlantik ist fischreich« ist wahr und »Der Atlantik ist nicht fischreich« ist falsch; aber was sollen wir von den Sätzen »Der Atlantik ist intelligent« oder »Die Quadratwurzel des Atlantiks ist kleiner als 2« sagen? Gewiß, die beiden letzten Sätze sind nicht wahr, aber wollen wir vielleicht sagen, sie seien falsch, das heißt, der Atlantik sei *nicht* intelligent oder die Quadratwurzel des Atlantiks sei *nicht* kleiner als 2? Es schiene natürlicher zu sagen, daß die Frage falsch gestellt ist: daß das nicht der Typ von Sätzen ist, die wahr oder falsch sein können. Also, wenn wir zugeben, daß es solche Sätze gibt, führt die Überlegung von vorhin nicht zu einer absurden, sondern vielmehr zu einer äußerst interessanten Schlußfolgerung: das heißt, sie erlaubt uns zu *beweisen*, daß *A* vom selben Typ ist wie »Der Atlantik ist intelligent«. Es reicht aus, was ich weiter oben an den beiden »Schlüsselstellen« sagte, und meine Überlegung klärt mich darüber auf, daß *A* weder wahr noch falsch sein kann. Wenn das feststeht, kann ich die merkwürdigen Fälle von vorhin auf dieselbe Weise lösen, und mir so meine Gewißheit, daß zwei und zwei vier sind und heute ein sonniger Tag ist, sowie mir meine (vielmehr unsere) Ungewißheit über das letzte Theorem von Fermat erhalten.

*Die hier skizzierte Position modifiziert eine These, die in Kapitel VI betrachtet wurde, die These lautet: Ein existierendes Objekt weist immer – das gilt für jedes beliebige Merkmal – entweder dieses Merkmal oder dessen Negation auf. Hier wird statt dessen behauptet, daß nicht alle Merkmale sinnvoll von jedem Objekt ausgesagt werden können: Für jeden Objekt*typ *gibt es Merkmale, die für diesen Typ sinnvoll sind, und Merkmale, die es nicht sind (zum Beispiel sind geistige Eigenschaften wie* intelligent *nicht sinnvoll für Ozeane. Doch bleibt der in Kapitel VI formulierte Gegensatz zwischen existierenden und nichtexistierenden Objekten gültig: Ein nichtexistierendes Pferd wie Pegasus ist im allgemeinen auch in Hinsicht auf Merkmale unbestimmt, die sinnvollerweise von Pferden ausgesagt werden (wie zum Beispiel die Größe).*

Aber das funktioniert nicht. Kehren wir noch einmal zu unserer Tafel zurück und schreiben den folgenden Satz an (nennen wir ihn *C*): »Einige Sätze an dieser Tafel sind nicht wahr«. Nehmen wir an, *C* sei wahr. *Aber C ist der einzige Satz an dieser Tafel*: Folglich ist *C* entgegen unserer Hypothese nicht wahr. Also wird die Hypothese zurückgewiesen; entsprechend läßt sich auch die Hypothese, daß *C* falsch ist, zurückweisen. Die einzig übriggebliebene Möglichkeit ist, daß *C* weder wahr noch falsch ist; aber wenn wir diese Hypothese aufstellen, müssen wir zugeben, daß an der Tafel ein Satz steht, der weder wahr noch falsch ist (das heißt *C*), folglich ein nichtwahrer Satz ist, *was genau C aussagt.* Folglich ist *C* wahr und kann weder wahr noch falsch sein. Er kann nicht wahr sein, er kann nicht falsch sein *und er kann weder wahr noch falsch sein.* Und so stehen wir wieder am Anfang.

Vielleicht müßte ich das Problem völlig anders anpacken. Solange normale Sätze an der Tafel (oder im Buch) stehen, gibt es keine Schwierigkeiten; dann schreibe ich *B* (oder *A*), und alles verwirrt sich. Oder besser: Alles verwirrt sich, wenn ich *B* (oder *A*) schreibe *und sie als normale Sätze behandle.* Aber *B* ist kein normaler Satz! Die normalen Sätze handeln vom Wetter, Primzahlen oder schönen Mädchen. *B* hingegen ist ein Satz, der *von anderen Sätzen* handelt, und wird folglich anders behandelt, wird streng von Sätzen unterschieden, die vom Wetter, Primzahlen oder schönen Mädchen handeln.

Ich will das erklären. Vor allem anderen gibt es die Welt: Die Dinge, die existieren, und die Ereignisse, die vorfallen. Alles dies könnte sehr gut lautlos existieren (oder vorfallen), ohne daß jemand davon redete oder es beschriebe. Aber außer der Welt gibt es noch die Sprache, in der man von der Welt sprechen kann: sagen kann, daß Dinge existieren und Ereignisse vorfallen. Man sagt man zum Beispiel: »Die Erde dreht sich um die Sonne« (oder auch fälschlicherweise »Die Sonne dreht sich um die Erde«), »Gestern gab es eine Sonnenfinsternis« und so weiter. An diesem Punkt aber ist es gerade deswegen, weil es außer der Welt auch die Sprache gibt, möglich, außer von der Welt auch *von der Sprache* zu sprechen. Von ihr spricht man zum Beispiel, wenn man sie unterrichtet oder sie erlernt; in diesen Fällen benutzt man bisweilen dieselbe Sprache und manchmal auch eine andere. So würde ich, wenn ich dir Deutsch beibrächte, deutsch sprechen und zu dir etwa sagen »Die Mehrzahl von ›Kirsche‹ ist ›Kirschen‹.« Wenn ich statt dessen Latein unterrichten wollte, würde ich *nicht* das Lateinische benutzen, sondern weiterhin das Deutsche, wenn ich etwa sage: »Der Nominativ Plural von ›rosa‹ ist ›rosae‹.« Wie man sieht, kann die Tatsache, daß man manchmal, wenn man von einer Sprache spricht, sich einer anderen bedient, als ein wichtiges Indiz dafür genommen werden, daß von einer Sprache zu sprechen etwas fundamental anderes ist, als von der Welt zu sprechen; es bedeutet, *auf einer anderen Ebene* zu sprechen. Wenn wir uns vorstellen, es gäbe zwei parallele Ebenen, die Sprache und die Welt, eine über der anderen, und das, was man auf der höheren Ebene tut, bestünde in dem Versuch zu beschreiben, was es auf der unteren Ebene gibt (oder was auf ihr geschieht), können wir, wenn von der *Sprache* die Rede ist, *eine dritte* Ebene *über der Sprache* vorsehen, so wie die Ebene der Sprache über der Welt liegt. Und auf dieser (dritten) Ebene versuchte man das, was auf der zweiten existiert (oder geschieht) zu beschreiben. Und so weiter: Das heißt, man kann auch eine vierte Ebene vorsehen, auf der man das, was auf der dritten existiert (oder vorfällt), beschreibt, und eine fünfte und eine sechste . . .

Ich will damit sagen, daß Sätze wie »Die Erde dreht sich um sich selbst« und »Einige Sätze in diesem Buch sind falsch« (das heißt *A*) zwei verschiedenen Diskursebenen angehören, daß sie nicht miteinander verwechselt werden dürfen und daß alle meine Schwierigkeiten genau aus einer derartigen Verwechslung herrühren. Um sie zu vermeiden, könnte ich mich dazu entschließen, es immer so zu halten, wie wenn man Latein mit Hilfe des Deutschen unterrichtet: Das heißt festlegen, daß, wenn man von einer bestimmten Sprache (von Sätzen in dieser Sprache, von Wörtern in dieser Sprache und so weiter) spricht, schon deswegen automatisch das, was man sagt, einer *anderen Sprache* angehört. Möglicherweise sind die beiden Sprachen einander sehr ähnlich und doch werden sie streng voneinander getrennt gehalten, denn sie sprechen von verschiedenen Dingen, auf verschiedenen Ebenen. Auch dann, wenn es so aussieht, als hätten sie Wörter gemeinsam, täuscht der Eindruck, so wie es irrig wäre, anzunehmen, das deutsche Wort »ab« sei identisch mit dem lateinischen Wort »ab«.

Eine unmittelbare Konsequenz dieser Entscheidung ist folgende: Kein Satz (in keiner Sprache) kann jemals *von sich selbst* handeln; denn, wenn ein Satz *F* von einem Satz *G* handelt, dann gehören *F* und *G* verschiedenen Sprachen an und können folglich nicht derselbe Satz sein. Aber das war es ja gerade, was oben zu Schwierigkeiten führte! Als ich sagte »Einige Sätze in diesem Buch sind falsch«, ging alles gut, bis ich von *anderen* Sätzen, *nicht von diesem* sprach. Dann sagte ich »Auch das ist ein Satz in diesem Buch«, und da fingen die Probleme an. Das heißt, die Probleme fingen an, als mein Satz anfing, (auch) von sich selbst zu handeln. Mit der Unterscheidung von Sprachebenen, die ich jetzt vorgeschlagen habe, kann das ein Satz aber niemals tun, und so entstehen keine Probleme. Ich kann noch sagen »Einige Sätze in diesem Buch sind falsch«, aber der Satz, den ich gerade aussprach, befindet sich nicht unter denen, auf die ich mich beziehe. Ich kann natürlich auch von diesem Satz sprechen und zum Beispiel sagen »Dieser Satz besteht aus sieben Wörtern«: Was ich da sage, gehört zu einer noch anderen Sprachebene, noch viel weiter von der Welt weg, und so weiter.

Die hier skizzierte Theorie der Sprachebenen verdankt man Alfred Tarski, der auch die Widersprüchlichkeit jeder »semantisch geschlossenen Sprache« bewiesen hat, das heißt, einer Sprache, der es möglich ist, in ihrem Inneren von der Wahrheit und Falschheit ihrer Sätze selbst zu handeln. Alle Sprachen, die wir sprechen, sind semantisch geschlossen und folglich widersprüchlich. Diese Schlußfolgerung ist einer der Gründe für das große Interesse, das von den Philosophen in diesem Jahrhundert den künstlichen *Sprachen entgegengebracht wurde, die ein Gutteil der Ausdrucksmächtigkeit der* natürlichen *Sprachen besitzen, ohne deren Probleme zu teilen. Die Kehrseite dieser Probleme zeigt sich aber bald an den weitreichenden Beschränkungen und engen Grenzen dieser künstlichen (oder formalen) Sprachen.*

Wenn es so liefe, wäre ich aus dem Schneider. Das Problem besteht aber in folgendem: *Läuft* es wirklich so? In der Situation, die ich durchdacht habe, mit all den verschiedenen, übereinanderliegenden, aber nicht miteinander kommunizierenden Sprachebenen (oder Sprachen), würde keine der Schwierigkeiten, die mich bisher geplagt haben, entstehen; aber ist das die Situation, in der ich mich befinde? Oder habe ich einfach aufgehört, meine Sprache zu beschreiben, weil mich das in Schwierigkeiten stürzte, und bin dazu übergegangen, eine *andere* zu beschreiben?

Nehmen wir an, eine Person von wenig vertrauenerweckendem Äußeren verkündete mit einem unbestimmten Lächeln um die Mundwinkel »Ich treffe nur mehrdeutige Aussagen«. Hätte ich vielleicht keine Veranlassung, ihre soeben geäußerten Worte in den Aktionskreis ihres Satzes miteinzubeziehen? Das heißt, diesen Satz (auch) auf sich selbst bezogen zu verstehen? Was ist daran verkehrt, ihn so zu verstehen? Wird er nicht so verstanden? Und wenn ein anderer Herr, der für seine Korrektheit und Vertrauenswürdigkeit bekannt ist, fälschlicherweise der Lüge bezichtigt würde und entrüstet erwiderte »Ich kann lügen wie alle, aber ich sage immer, was ich für wahr halte«, würde ich dann nicht vielleicht annehmen, daß dieser Satz (unter anderem) seine tiefe Überzeugung von der Wahrheit *dieses Satzes selbst* impliziert? Auch jetzt sagt er, was er für wahr hält, auch jetzt kann er wie alle irren und sagt (unter anderem) *auch das*.

Gewiß, bisweilen gerät der Mechanismus ins Stocken. Wenn einer meiner Freunde, der an Depressionen leidet, auf dem Gipfel dieser seiner Krise ausruft »Es ist hoffnungslos; alles, was ich tue oder sage, ist falsch, auch das, was ich jetzt sage, ist wahrscheinlich falsch«, ergeben sich die gewohnten Probleme – nämlich die mit den Sätzen *A*, *B* und *C*. Wenn, was er jetzt sagt, falsch ist, dann ist das, was er sagt (das heißt, daß es falsch ist) wahr und folglich nicht falsch. Das ist absurd. Was helfen mir aber angesichts dieser Absurdität die Sprachebenen von vorhin? Mein unglücklicher Freund hat gerade einen Satz geäußert, der von sich selbst handelt, einen (absurden) Satz, der nach jener Theorie unmöglich ist, weil ein Satz, der von sich selbst handelt, gleichzeitig zwei verschiedenen Sprachebenen angehören müßte. *Aber die Tatsache, daß er unmöglich (und absurd) ist, hindert ihn nicht daran, vorzukommen* und geäußert zu werden. Also spricht, wie ich vermutete, die Theorie, so elegant, so leistungsfähig sie auch sei, in Wirklichkeit von etwas anderem, von einer anderen Situation, nicht von uns und von unserer Sprache und von unseren Problemen.

Ob das wirklich die richtige Einstellung wäre? Ich sagte vorhin, es gäbe zwei Fälle, in denen »der Mechanismus ins Stocken gerät«. Welcher Mechanismus? Wenn es die Welt wäre, die ins Stocken geriete, wenn es die Dinge wären, die sich widersprächen und uns keinen verstehbaren Ausweg ließen, hätten wir keine andere Wahl, als uns diesem grausamen Schicksal zu beugen. Wir könnten hoffen, daß sich die Situation klärt, daß sich die Absurditäten als nur scheinbare entpuppen, aber solange das nicht geschieht, können wir nichts machen. Hier sind es aber nicht die Dinge, die widervernünftig sind: Es sind die Wörter, die Sätze, das heißt letzten Endes menschliche Hervorbringungen, die sich, wenn sie nicht funktionieren, auch ändern lassen.

Nehmen wir an, wir erfänden ein Spiel wie *Monopoly*: Wir dächten uns Spielregeln aus, lüden Freunde ein und begännen mit einer Partie. An einem gewissen Punkt aber »gerät der Mechanismus ins Stocken«: An einem bestimmten Kästchen angekommen, geht es nicht weiter, bis der Spieler zu unserer Rechten nicht eine bestimmte Karte gezogen und sich seinerseits weiterbewegt hat; aber wenn der Spieler zu unserer Rechten eine Karte zieht, die ihm sagt: »Du darfst nicht weitergehen, bis der Spieler zu deiner Linken sich bewegt hat«, was würden wir an diesem Punkt tun? Natürlich würden wir die Spielregeln ändern, und die Angelegenheit würde keine großen theoretischen Schwierigkeiten heraufbeschwören. Es wäre uns vielleicht ein bißchen peinlich, daß wir diesen Fall nicht vorausgesehen hatten; aber im Grunde kann man nicht von vornherein alle erdenklichen Situationen voraussehen, wenn man einen eher komplizierten Mechanismus in Gang setzt; also darf man (wenigstens teilweise) mittels Versuch und Irrtum vorgehen. Warum also können wir uns nicht die Sprache genauso als einen (sehr komplizierten) Mechanismus vorstellen, dessen Regeln uns gelegentlich Absurditäten bescheren, und folglich mittels Versuch und Irrtum (teilweise) korrigiert werden? Wenn mein Freund mit seinem Hang zu Depressionen seinen (deprimierenden) Satz äußert, der von sich selbst handelt, könnte ich zu ihm sagen: »Schau, wenn du so redest, gerätst du am Ende noch ganz durcheinander. Ich weiß, bisher war das für dich ganz natürlich, aber du hast ernsthaft riskiert, dir selbst zu widersprechen, und jetzt widersprichst du dir tatsächlich. Es liegt in deinem Interesse, anders zu reden: eine Sprache mit anderen Regeln zu sprechen (zum Beispiel mit den Regeln von vorhin, die sich auf die Sprachebenen beziehen)«. Wenn diese anderen Regeln dann auch Fälle ausschließen, in denen der Mechanismus *nicht* ins Stocken gerät (Fälle wie die des verdächtigen Subjekts mit dem mehrdeutigen Lächeln oder der Fall des integren Menschen, der tief an das, was er sagt, glaubt) – nur Geduld! Besser mit sicheren und begrenzten Regeln operieren, als eine große Verwirrung stiften.

Die Idee, die Sprache als ein Spiel anzusehen, geht auf den Begriff des »Sprachspiels« zurück, der von Wittgenstein in seinen Philosophischen

Untersuchungen *vorgestellt wurde. Mit diesem Begriff reagiert Wittgenstein auf einen zu »reinen« und abstrakten Begriff von Sprache – die von Philosophen oft als ein ätherisches und unbeteiligtes Medium zur Beschreibung der Welt angesehen wird – und betont dagegen, daß Sprechen einerseits ein* Handeln *(mit seinen Regeln genauso wie ein Spiel) und andererseits auch ein Mittel ist, um andere Menschen zu bestimmten* Handlungen *zu veranlassen (wenn ich zum Beispiel zu dir sage »Ich will fünf Äpfel«, erreiche ich oft, daß du mir fünf Äpfel gibst).*

Aber vielleicht ist das wenig realistisch. Einverstanden, die Sprache funktioniert ein bißchen wie ein Spiel: Beide besitzen Regeln. Aber auch unser Stoffwechsel funktioniert nach Regeln, auch die Wirtschaft eines Landes, auch die Energiepolitik, in allen diesen Fällen wenden wir Menschen Regeln an und können diese auch bis zu einem gewissen Grad ändern. Aber nur bis zu einem gewissen Grad: Darin besteht der große Unterschied zwischen Monopoly und dem »Spielen« mit dem An- und Verkauf von wirklichen Häusern und Hotels (es wird zu einem großen Problem, wenn das jemand vergißt).

Was die Sprache dem Monopoly ähnlicher erscheinen läßt als den »ernsten« Spielen des Lebens, über die wir keine absolute und bisweilen *überhaupt keine* Kontrolle haben, ist, daß wir die Sprache offenbar alle in der Schule lernen. Als Kinder hatten wir alle Grammatikunterricht, lernten wir alle die Regeln anhand eines Buchs, alle übten wir uns darin, fehlerfreie Sätze zu schreiben; das kann den Eindruck erwecken, wir könnten, wenn wir nur aus einem anderen Buch lernten und jene Regeln änderten, wenn wir uns nur anderen Übungen unterzögen, ohne Schwierigkeit eine andere Sprache sprechen – ich meine nicht Französisch statt Deutsch, denn alle die aktuell verfügbaren Sprachen haben die Probleme, mit denen wir uns hier befaßt haben, sondern eine *sehr viel* andere, eine *ohne* diese Probleme. Der Eindruck täuscht aber.

Wenn man in der Schule die Grammatik lernt, lernt man die Sprache nicht von Grund auf neu, man läßt nicht Regeln in eine präexistente Leere fallen, in ein Ausdruckschaos, das durch diese Regeln organisiert und strukturiert wird: In der Schule wird man sich nur der Ausdrucksmöglichkeiten bewußt, über die man schon verfügt, und vielleicht vervollkommnet und verfeinert man sie auf diese Weise, aber das ist auch alles. Wenn man die Sprache nicht schon bis zu einem gewissen Grade beherrschte, würde man sie niemals aus einer Grammatik lernen können, unter anderem schon deswegen nicht, weil die Grammatik (ich meine das Grammatikbuch) *in jener Sprache abgefaßt ist.*

Wenn wir auf die Welt kommen, gibt es die Sprache schon, die wir sprechen werden. Viele Einzelheiten ändern sich an ihr im Laufe unseres Lebens, für einige dieser Veränderungen könnten wir auch direkt verantwortlich sein: Wir könnten erfolgreich ein neues Wort oder einen neuen Slogan »lancieren«. Es handelt sich aber um Veränderungen an einem schon existierenden Korpus, an einem schon funktionierenden Organismus, an einem kulturellen Organismus, den sich niemand am grünen Tisch ausgedacht hat, sondern der sich in den Jahrhunderten zusammen mit unserem Wirtschaftssystem, unserer sozialen Struktur, unseren Rechtsgebräuchen entwickelte. Unsere Möglichkeit, in ein so weitläufiges Gefüge einzugreifen, ist sehr beschränkt: Es ist gar nicht gesagt, daß es zum Beispiel ausreicht, Änderungen vornehmen zu *wollen*, um sie auch tatsächlich durchzusetzen. Aber alles das sind empirische, nicht notwendige Schwierigkeiten, wird man sagen, die mit einer überdurchschnittlichen Anstrengung überwunden werden können. Mag sein, aber da gibt es noch etwas anderes: Es gibt auch die Tatsache, daß wir wahrscheinlich über keine größeren Eingriffsmöglichkeiten verfügen *möchten*, daß das nicht in unserem Interesse liegen könnte.

Vorhin hatte ich erklärt »Besser mit sicheren und beschränkten« Regeln operieren; aber jetzt fange ich an zu zweifeln, ob das tatsächlich besser ist oder inwieweit *man wissen kann*, ob das besser sei. »Versuch und Irrtum« kann in derart komplexen und delikaten Fällen äußerst riskant sein. Als Nixon sich dazu entschloß, die Vereinbarungen von Bretton Woods und besonders die Konvertibilität des Dollars in Gold für ungültig zu erklären, handelte es sich praktisch darum, etwas für ungültig zu erklären, das bloß auf dem Papier stand (keiner hätte auch nur im Traum daran gedacht zu konvertieren); und doch löste das ein Erdbeben auf den Finanzmärkten aus, dessen Folgen keiner vorhersehen konnte. Dasselbe geschähe, wenn wir an einem gewissen Punkt beschlössen, auf ein Präsidialsystem überzugehen oder den Drogenkonsum straffrei zu machen. Um zu erfahren, was passieren würde, wie stark unser Leben davon beeinflußt würde, gibt es im Grunde nur eine einzige Strategie: es zu tun und abzuwarten. Die Beziehungen zwischen den verschiedenen Elementen des Systems sind zu kompliziert und zu zahlreich, als daß man hoffen könnte, es vorher zu wissen. Und hinterher könnte es zu spät sein.

Mit der Sprache ist es genauso; ja, vielleicht noch schlimmer. Die Sprache durchsetzt nicht nur unser ganzes soziales Leben: sie ist auch ein wesentliches Werkzeug unseres inneren Lebens, das ein jeder von uns mit sich selbst lebt, *wenn er denkt.* Die Struktur der Sprache zu ändern bedeutet, eine Reaktion aufzupfropfen, die uns zu ganz anderen Wesen machen könnte: Wesen, die nicht nur anders sprechen, sondern auch anders denken, imaginieren, reflektieren. Vorhin habe ich die Situation ein wenig vereinfachend und zu optimistisch dargestellt: Es gibt dieses kleine Problem mit den Sätzen, die von sich selbst handeln; ändern wir also einige Regeln, und das Problem ist aus der Welt! Aber was würde geschehen, wenn wir diese Regeln änderten? Nicht alle Folgen unterliegen unserer Kontrolle, es ist nicht wie beim Monopolyspiel; äußerstenfalls kann man die Partie abbrechen. Unsere jetzige Sprache erlaubt einem Satz, sich auf sich selbst zu beziehen, und auf diese Weise erlaubt sie die Konstruktion absurder, widersprüchlicher Sätze; aber was würde es uns kosten, diese Möglichkeit auszuschließen? Ich will hier nur einen Preis, den wir dafür zahlen müßten, andeuten. Gibt es vielleicht nicht einen intrinsisch *reflexiven* Aspekt unseres Bewußtseins, das heißt einer Gabe, auf die wir so stolz sind, daß wir sie oft als die edelste der menschlichen Fähigkeiten ansehen? Besteht dieses Bewußtsein vielleicht nicht in einer Art Rückbezug auf sich selbst: handeln und sich gleichzeitig handeln sehen? Hätten wir noch die Mittel dazu, wenn unsere Sprache (oder ein System von Sprachebenen) »sterilisiert« würde wie jene, die ich oben in Erwägung zog? Oder gibt es nicht vielmehr ein notwendiges, unauflösliches Band zwischen dieser Reflexivität und dem Risiko von Widersprüchlichkeit und Absurdität?

Inhalt

Gareth B. Matthews
Philosophische Gespräche mit Kindern
mit 10 Illustrationen von Rolf Sünkler
158 S., engl. Broschur, DM 25,– ISBN 3-88942-008-7

Wie entstehen Wörter?
Können Pflanzen glücklich sein?
Ist das restaurierte Schiff noch das alte Schiff oder nur eine Nachbildung des Originals?

Anhand von protokollierten Gesprächen mit acht- bis elfjährigen Kindern zeigt Matthews, zu welch erstaunlichen Einsichten Kinder in einer philosophischen Untersuchungsgemeinschaft gelangen können. Viele Kernprobleme der Philosophie kommen zur Sprache: So kreisen die Gespräche um die Frage nach dem Glück, dem Wissen, der Tapferkeit, dem Denken, der Sprache, der Identität.
Matthews führt anschaulich vor, wie der Erwachsene mit kindlichen Fragen und Bemerkungen so umgehen kann, daß das Selbstdenken seines kindlichen Gesprächspartners nicht lahmgelegt wird und er selbst intellektuellen Gewinn aus derartigen Gesprächen ziehen kann.

»Wer sich informieren möchte, wie mit Kindern zu philosophieren sei, findet in diesem Buch anregende Beispiele und weiterführende Texte.«

Frankfurter Allgemeine Zeitung

Gareth B. Matthews
Denkproben
Philosophische Ideen jüngerer Kinder
144 S., engl. Broschur, DM 25,– ISBN 3-88942012-5

Jeder, der mit ihnen vertrauteren Umgang hat, weiß von Fragen und Bemerkungen von Kindern zu berichten, die der Philosoph als wahrhaft philosophische wiedererkennt. In *Denkproben* erzählt und deutet der renommierte Philosoph G. B. Matthews Anekdoten solcher erstaunlicher Gedankenblitze von Kindern. Er erschließt dem philosophisch weniger geschulten Leser die philosophische Dimension und Tragweite des Denkens von Kindern.

Matthews' Buch *Denkproben* will Eltern und Erzieher ermuntern, sich dem philosophischen Gehalt kindlicher Fragen zu stellen. In zahlreichen Beispielen für philosophische Diskussionen mit Kindern, die für beide Seiten, Kinder und Erwachsene erhellend und lohnend sind, zeigt Matthews modellhaft, wie auch der nicht philosophisch geschulte Erzieher sich mit Gewinn der Herausforderung kindlichen philosophischen Denkens stellen kann.

»Dies wahrhaft erfrischende kleine Buch sollte von jedem, der an Philosophie oder an Kindern interessiert ist, verschlungen werden. In klarer, präziser und unterhaltender Weise erinnert Gareth B. Matthews an einige einfache, wichtige, jedoch halbvergessene Erkenntnisse über beide.« *Times Literary Supplement*

Ein Klassiker für Kinder und Erwachsene

Edmondo de Amicis
CUORE
Eine Kindheit vor hundert Jahren
mit 15 Illustrationen der Prachtausgabe von 1892
285 S., geb., DM 24,– ISBN 3-88942-005-2

»Den komplizierten Auseinandersetzungen über die Begründung, die zeitliche Anordnung, die Mittel der moralischen Erziehung stelle ich mit CUORE eine in sich geschlossene und in meinem Urteil rundum gelungene Praxis aus dem Jahre 1882 gegenüber . . .

Es ist diese Stetigkeit, die die Lektüre so tief befriedigend macht. Nur für einen Erwachsenen wie mich, der über moralische Erziehung nachdenkt? Ich habe meinen zehnjährigen Schülern ausgiebig aus dem Buch vorgelesen. Sie waren atemlos aufmerksam und haben eifrig eigene Erlebnisse erzählt; sie waren zugleich ernst und froh . . . Und ein belesener urteilskräftiger Kollegiat, den das Wort Tugend ›deprimiert‹, war nach der Lektüre so heiter, wie er nur sein kann. Er hatte ein neues Wort für Moral gefunden: CUORE.«

H. v. Hentig

»Ein Buch für Kinder auch heute noch? Das wäre einen Versuch wert . . . Ein Buch auch für Erwachsene? Das allemal . . . Wir sind nicht mehr gewohnt, daß in einem Kinderbuch von Dankbarkeit, Hilfsbereitschaft, Mitleid, Achtung vor dem Nächsten, Wertschätzung der Arbeit bis hin zur Opferbereitschaft die Rede ist . . . Manchmal fragt nman sich bei der Lektüre, ob uns das alles schon so fremd geworden ist, daß wir es gar nicht mehr wagen, es jungen Lesern anzubieten.«

H. Pleticha

»Ich habe CUORE verschlungen, und jetzt ist meine zwölfjährige Tochter davon so gefangen, daß wir täglich lange Gespräche über das ›Wahre, Edle, Gute‹ führen.«

G. Brecko